Jobst | Geschichte der Ukraine

Reclam Sachbuch

Kerstin S. Jobst

Geschichte der Ukraine

Reclam

RECLAMS UNIVERSAL-BIBLIOTHEK Nr. 19320
2010, 2015 Philipp Reclam jun. GmbH & Co. KG,
Siemensstraße 32, 71254 Ditzingen
Aktualisierte Ausgabe 2015
Gestaltung: Cornelia Feyll, Friedrich Forssman
Kartenzeichnung: Inka Grebner
Druck und Bindung: Eberl & Koesel GmbH & Co. KG,
Am Buchweg 1, 87452 Altusried-Krugzell
Printed in Germany 2022
RECLAM, UNIVERSAL-BIBLIOTHEK und
RECLAMS UNIVERSAL-BIBLIOTHEK sind eingetragene
Marken der Philipp Reclam jun. GmbH & Co. KG, Stuttgart
ISBN 978-3-15-019320-4

Auch als E-Book erhältlich

www.reclam.de

Kerstin S. Jobst ist Professorin für Osteuropäische Geschichte an der Universität Wien.

Inhalt

Vorwort 7

1 Die »Ukraine-Krise« 2014 und ihre Vorgeschichte 11
2 Die Ukraine und ihre Erinnerungskulturen 44
3 Die ukrainischen Staatssymbole 62
4 Von der frühesten Zeit bis zur Entstehung der Kiever Rus' 65
5 Der Zerfall der Rus' in Teilfürstentümer – das Fürstentum Halyč-Volhynien 81
6 Die ukrainischen Länder als Teil Polens und Litauens 92
7 Kosakenzeit und Kosakenmythos 102
8 Die ukrainischen Länder unter russischer Herrschaft 120
9 Die ukrainischen Länder unter der Herrschaft des Habsburgerreichs 142
10 Die ukrainischen Länder im Ersten Weltkrieg 162
11 Die Zwischenkriegszeit (Polen, ČSR, Rumänien) 180
12 Die Ukrainische Sozialistische Sowjetrepublik (USRR) 193
13 Die ukrainischen Länder im Zweiten Weltkrieg 202
14 Die ukrainischen Länder nach dem Zweiten Weltkrieg 222

15 Das ukrainische »Traumagedächtnis«:
   Holodomor und Čornobyl' 234
16 Die Krim-Frage, die Annexion durch die
   Russländische Föderation 2014 und
   das Problem ethnischer Sondergruppen 253

Weitere Überblicksdarstellungen 273

Vorwort

»Die Ukrainer sind keine Russen«, so lautete die kategorische Feststellung des Wiener Osteuropahistorikers Andreas Kappeler im Dezember 2014 in seinem Beitrag in der österreichischen Tageszeitung *Der Standard* zur Ukraine-Krise. Der renommierte Forscher sah sich zu dieser Aussage gezwungen, da sich die Erkenntnis, dass es sich bei Ukrainern eben nicht um Russen handele, sondern um eine vom großen nördlichen Nachbarn trotz aller kulturellen, sprachlichen und historischen Berührungspunkte distinkte Nationalität, ganz offenbar in Teilen der deutschsprachigen Öffentlichkeit immer noch nicht durchgesetzt hat. Folgt man den seit dem Beginn der sog. Ukraine-Krise im Herbst 2013 geführten Debatten in Deutschland, der Schweiz oder auch Österreich, frappiert nämlich in der Tat zumal bei einigen ehemals exponierten oder noch aktiven Politikern die Geringschätzung des von Russland unabhängigen ukrainischen nationalen Projekts, welches seit 1991 trotz aller Probleme besteht. Dennoch wird in deutschsprachigen Feuilletons und Talkshows das russische Vorgehen in der Ukraine häufig als legitim gedeutet; die Russländische Föderation habe demnach ein ›Recht‹ auf eine exklusive ›Einflusszone‹, die das Territorium der 1991 auseinandergebrochenen Sowjetunion umfasse, so ist zuweilen zu hören. Diese Stimmen bewerten also den ›Anspruch‹ der ehemaligen Weltmacht (und eines der größten Rohstofflieferanten der Welt) weitaus höher als den der Ukraine und ihrer Bürgerinnen und Bürger auf die Integrität ihrer staatlichen Grenzen und auf nationale Selbstbestimmung. Ein Grund für diese Einschätzung liegt wohl darin, dass die Ukraine mit ihren Bewohnern für viele Menschen im westlichen Europa immer noch eine weithin unbekannte Weltgegend ist und dass in der Politik das Recht des Mächtigeren, des Stärkeren häufig akzeptiert und toleriert wird. In jedem Fall ist Folgendes festzuhalten: Die 2010 bei der Veröffentlichung der ersten Auflage der nun aktualisiert vorliegenden *Geschichte der Ukraine* im Vorwort geäußerte Hoffnung, dieses schöne und große, sich von den Karpaten bis an das Schwarze Meer erstreckende Land möge für die Westeuropäer nicht länger eine *terra incognita* sein, hat sich leider nur sehr partiell erfüllt. Dies gilt auch für die akademische Landschaft, denn es gibt immer noch keine Professur für Osteuropäische Geschichte im deutschsprachigen Raum, welche speziell diesem Gebiet gewidmet ist. Und wenn die Ukraine in den letzten Jahren in die Schlagzeilen geriet, dann zumeist weniger wegen positiver Neuigkeiten, wie beispielsweise anlässlich der alles in allem doch letztlich gut organisierten Fußballeuropameisterschaft 2012, die gemeinsam mit Polen ausgerichtet wurde. Im Westen wurde die Ukraine eher – und dies nicht ohne Grund – als Krisenland wahrgenommen; die schlechte wirtschaftliche Lage und die in der Inhaftierung der Oppositionsführerin Julija Tymočenko kulminierende politische Krise waren beständige Themen auch in deutschsprachigen Medien. Gleichwohl kam der Euromajdan, der im Herbst 2013 begann, den Wunsch vieler Ukrainerinnen und Ukrainer nach einem politischen Neubeginn auszudrücken und letzteren schließlich machtvoll einforderte, für viele Beobachter überraschend. Vieles ist im Fluss: Gegenwärtig versucht das gebeutelte Land abermals nach der letztlich gescheiterten Orangen Revolution von 2004 einen Neuanfang. Dafür ist dem Land, aber auch Europa insgesamt viel Glück zu wünschen. Gerade die Europäische Union, welche der Ukraine nach 2004 nicht die notwendige Unterstützung gewährt hat, ist nun gefordert. Die vorliegende kleine aktualisierte Einführung in die Geschichte mag, so steht zu hoffen, das Verständnis für die Region und seine Bewohnerinnen und Bewohner wecken und die Kenntnisse über die Hintergründe der politischen Ereignisse erweitern.

Zahlreiche deutschsprachige Osteuropaforscher haben sich in den letzten fünfzehn Jahren allerdings mit einigem Erfolg bemüht, die Geschichte der ukrainischen Länder auch in unseren Breiten bekanntzumachen. Die von Andreas Kappeler 1994 veröffentlichte Monographie zur Geschichte der Ukraine oder der von Frank Golczewski ein Jahr vorher herausgegebene Sammelband zum gleichen Thema trugen dazu ebenso bei wie die Arbeiten Ernst Lüdemanns, Gerhard Simons oder Kathrin Boeckhs und Ekkehard Völkls zur Entwicklung des Landes seit der Unabhängigkeit. Gemeinsam mit den englischsprachigen Werken Orest Subtelnys und Paul Robert Magocsis (siehe Literaturhinweise) gehören diese Darstellungen zu den wesentlichen Überblicksdarstellungen. Der vorliegende Band berücksichtigt besonders die zahlreichen, oft widersprüchlichen historiographischen Diskurse. Diese Darstellung folgt im Wesentlichen einer zeitlichen Chronologie, die allerdings an einigen Stellen durchbrochen wird. Dem komplexen Thema des ukrainischen Opfergedächtnisses wird am Beispiel der ukrainischen Hungerkatastrophe zu Beginn der 1930er Jahre und des Reaktorunglücks von Čornobyl' genauso ein zeitübergreifendes Kapitel gewidmet wie den nationalen Minderheiten. Vereinfachungen und Auslassungen der so viel komplexeren ›eigentlichen‹ ukrainischen Geschichte sind diesem Vorhaben immanent, die deshalb zu erwartende Kritik ist anzunehmen. Ein ursprünglich beigegebenes Kapitel über die transnationale Prozesse so trefflich beleuchtende Literatur der ukrainischen Länder konnte (genauso wie ein ausführliches Literaturverzeichnis) aus verlagsinhaltlichen Gründen nicht in diesem Band berücksichtigt werden. Es wird alsbald als Open-Access-Dokument jedoch verfügbar sein. Ich danke Herrn Dr. Rudolf A. Mark (Hamburg), Prof. Alois Woldan (Wien) sowie meinem Mann Dr. John Zimmermann für die Anregungen und die substantielle Kritik.

Kapitel 1
Die »Ukraine-Krise« 2014 und ihre Vorgeschichte

Gegenwärtig befindet sich der ukrainische Staat in der schwierigsten Situation seit Erlangung seiner Unabhängigkeit im Jahr 1991. Es ist sogar berechtigt zu konstatieren, dass die ukrainischen Länder, d.h. die Territorien der ehemaligen Ukrainischen Sozialistischen Sowjetrepublik (USSR), welche bis zum März 2014 die Ukraine bildeten, seit dem Zweiten Weltkrieg (vgl. Kapitel 13) keine größere Krise durchlebten. Und dies, obwohl die Jahre nach der Befreiung von den nationalsozialistischen Besatzern seit 1944 alles andere als leicht gewesen waren: Die weitläufigen Zerstörungen durch Kampfhandlungen, die rücksichtslose, auch wirtschaftliche Ausbeutung der sog. Kornkammer Europas und der gnadenlose Vernichtungskrieg, mit dem die Deutschen und ihre Verbündeten die ukrainischen Länder genauso überzogen wie die übrigen Territorien der UdSSR, derer sie Herr werden konnten, hatten eine unvorstellbare Schneise der Verwüstung geschlagen. Auf Bevölkerungstransfers großen Ausmaßes im Weltkrieg (so 1941, als sog. Russlanddeutsche auch auf dem Gebiet der USSR von den sowjetischen Behörden umgesiedelt wurden), den nationalsozialistischen Judenmord sowie die Verschleppung sowjetischer Zwangsarbeiterinnen und Zwangsarbeiter für den Arbeitseinsatz im Deutschen Reich folgten großangelegte und brutal durchgeführte Deportationen seitens der sowjetischen Macht, die heutzutage als ethnische Säuberungen qualifiziert werden würden.

Diese von Stalin angeordneten Maßnahmen betrafen beispielsweise die krimtatarischen Muslime (vgl. Kapitel 16) oder die Polen in den neu der UdSSR zugeschlagenen Gebieten in der Westukraine, die in der Zwischenkriegszeit zum polnischen Staat gehört hatten. Es folgten die schweren Jahre des Wiederaufbaus und der neuerlichen politischen Pressionen von 1948 bis zu Stalins Tod im Jahr 1953. In den nächsten Jahrzehnten durchlebte die ukrainische Sowjetrepublik im Wesentlichen alle Höhen und Tiefen, welche die UdSSR als Gesamtorganismus durchlief – die sog. Tauwetterperiode nach 1956 (vgl. Kapitel 14), die Erlangung eines gewissen gesamtgesellschaftlichen Wohlstandes, welcher den Krieg nicht vergessen machen konnte, aber die klaffendsten Wunden wenigstens etwas zu schließen vermochte. Es folgten die ›bleiernen‹ Jahre der späten Brežnev-Zeit, die auch für die ukrainischen Territorien eine Phase der politisch-gesellschaftlichen Stagnation darstellten. Einen gemeinschaftlichen Aufbruch bedeutender Teile der ukrainischen Bevölkerung wie der Sowjetunion insgesamt bewirkte erst eine Katastrophe, nämlich der Reaktorunfall von Čornobyl' im April 1986 (vgl. Kapitel 15). In der Rückschau markierte dieser technische ›Größte Anzunehmende Unfall‹ (GAU) ein nicht gering zu schätzendes Ereignis, das den Zerfall des Vielvölkerstaates zumindest beschleunigte.

Die Ukraine, so viel mag deutlich geworden sein, war auch schon vor 2014 keinesfalls eine Insel der Seligen, sondern ein Gebiet in der Mitte Europas, welches historisch immer Durchzugs- und Interessengebiet auswärtiger Akteure gewesen ist. Dies ist ein Grund dafür, dass erst nach dem Zerfall der Sowjetunion eine unabhängige Ukraine entstehen konnte, der eine längere Lebensdauer beschert ist als deren Vorgängerprojekten. Trotz aller Widrigkeiten ist die Ukraine – von den drei baltischen Republiken einmal abgesehen – derjenige aus der Erbmasse der UdSSR hervorgegangene Staat, welcher in den Jahren seit 1991 am konsequentesten den Weg zur Demokratie zu beschreiten versuchte. Das zeigte sich nicht zuletzt in den Ereignissen im Dezember 2004, als das alte Regime nach gefälschten Präsidentenwahlen auf Druck großer Teile der Bevölkerung hinweggefegt wurde; dass dieser dann als Orange Revolution bezeichnete Umsturz keine Revolution gewesen ist, darauf wird noch zurückzukommen sein. In jedem Fall hatten sich Ansätze einer profunden zivilgesellschaftlichen Entwicklung gezeigt, denn ukrainische Staatsbürgerinnen und Staatsbürger gleich welcher ethnischen Herkunft hatten ihr eigenes politisches »Personal« zu einem Politikwechsel gezwungen. Leider sollte dieses Personal in der Folge nicht immer die richtigen Weichenstellungen treffen. Unter anderem deswegen kam es zu der sog. Ukraine-Krise 2014, die eben auch – aber nicht nur – als eine Art Bürgerkrieg anzusehen ist. Doch der Reihe nach:

Am 21. November 2013 hatte der ukrainische Ministerpräsident Mykola Azarov die Aussetzung des bereits im Sommer 2012 paraphierten Assoziierungsabkommens zwischen der Europäischen Union und der Ukraine verkündet, das einige Tage später bei einem Treffen der EU-Regierungsspitzen mit dem seit 2010 amtierenden ukrainischen Präsidenten Viktor Janukovyč im litauischen Vilnius feierlich hätte unterzeichnet werden sollen. Der Präsident reiste zwar an und erklärte sein ungebrochenes Interesse daran, sein Land näher an die EU zu binden, verlangte aber eine Beteiligung der Russländischen Föderation an diesem Abstimmungsprozess, was Brüssel seinerseits ablehnte. Das politische Europa zeigte sich bass erstaunt über das Vorgehen Kiews, weil man im Assoziierungsabkommen für das osteuropäische Land auf längere Sicht nur Vorteile erkennen wollte, versprach es doch Freihandelselemente sowie eine wechselseitige Marktöffnung für Waren. Kurzfristig hätte es gleichwohl, dies war vielen Beobachtern durchaus klar, zu gewissen Problemen in der seit der Krise von 2008 ohnehin gebeutelten ukrainischen Wirtschaft führen können. Die von der EU geforderte Anpassung an die eigenen Gesetze und Normen war dennoch eine Kröte, die zu schlucken war. Die für die ukrainische Seite so wichtige Visumsfreiheit ihrer Staatsbürger bei Reisen in die EU war außerdem nicht Bestandteil der Vereinbarungen gewesen, obgleich man diese umgekehrt für EU-Bürger bereits 2005 eingeführt hatte. Immerhin: Wenn die Ukraine sich denn an europäische Standards angepasst hätte, sollte ihr dereinst der Status eines EU-Beitrittskandidaten zuerkannt werden; dies war insofern bemerkenswert, als die Möglichkeit einer ukrainischen Mitgliedschaft im exklusiven europäischen Klub lange Zeit für dessen politische Verantwortliche undenkbar gewesen war. Vielen europäischen Politikern (und vielen Bürgern der EU!) galt (und gilt) dieser Staat als ›zu wenig‹ europäisch, ungeachtet seiner geographischen Lage und seiner großen kulturellen Leistungen etwa auf dem Gebiet der Literatur, oder als wirtschaftlich zu rückständig, was allerdings bei der Integration anderer Länder Südosteuropas in die EU offenbar keine Rolle gespielt hatte. Mancher Europäer fürchtete zudem in Anbetracht der innerhalb der Union garantierten Arbeitnehmerfreizügigkeit den ungebremsten Zuzug ukrainischer Bürgerinnen und Bürger, was in vergleichbaren Fällen der Osterweiterung von 2004 aber durch entsprechende Regelungen gelöst worden war.

Besonders im deutschsprachigen Raum sprach und spricht sich eine meinungsstarke Gruppe zumeist nicht mehr aktiver Politiker wie die ehemaligen deutschen Bundeskanzler Helmut Schmidt, Helmut Kohl oder Gerhard Schröder demgegenüber für die – nach ihrer Auffassung – Wahrung legitimer russischer Interessen aus. Im veröffentlichten Diskurs werden die ehemaligen Kanzler zumeist euphemistisch als »Russlandversteher« bezeichnet; letztlich sind diese aber der Auffassung, dass die Anerkennung doch ebenfalls legitimer ukrainischer Interessen, über wirtschaftliche, politische oder militärische Bündnisse selbständig entscheiden zu können – seien es Mitgliedschaft in der Europäischen Union oder in der NATO –, irgendwie unangemessen sei. Unangemessen deshalb, da die freie Entscheidung eines unabhängigen Staates wie der Ukraine dann geringer zu veranschlagen sei als die Interessen der Russländischen Föderation. Dabei wird offenbar vergessen, dass sich die Sowjetunion im Dezember 1991 mit der Deklaration von Alma-Ata/Almaty aufgelöst hat.

Auch wenn die ›Argumente‹ der sog. Russlandversteher also problematisch erscheinen, unstrittig ist, dass die Russländische Föderation die Annäherung der Ukraine an die EU mit Misstrauen begleitete – und mit konkreter Politik zu verhindern trachtete: Seit Sommer 2013 behinderte die Russländische Föderation in erprobter Manier – wie etwa im Falle Georgiens im Vorfeld des russisch-georgischen August-Krieges von 2008 – die Einfuhr ukrainischer Waren, drohte mit Preiserhöhungen für russisches Erdgas oder der Einführung der Visumspflicht für ukrainische Staatsbürger. In Anbetracht ca. 300 000 bis 400 000 ukrainischer ›Gastarbeiter‹ in Russland und ungezählter grenzüberschreitender menschlicher Kontakte war das für Kiev ein bedrohliches Szenario. Hinter dieser Politik der Einschüchterung stand zum einen die nicht nur in Kreml-Kreisen, sondern bei der ganz überwiegenden Zahl der russischen Bevölkerung stark ausgeprägte Überzeugung, bei den Ukrainern handle es sich letztlich (wie auch bei der quantitativ sehr viel kleineren weißrussischen Nationalität) um einen integralen Bestandteil der ostslavischen Völkerfamilie (vgl. Kapitel 2). Zum anderen galt es, ganz pragmatisch vermeintlich vitale wirtschaftliche Interessen Russlands zu verteidigen: Das Regime Putin plante bekanntlich seit längerem, die Ukraine zum Beitritt in die Russisch-Weißrussische-Kazachische Zollunion zu bewegen. Der ukrainische Präsident Janukovyč, ohnehin mehr an Moskau als an Brüssel orientiert, hatte seinerseits offenbar lange geglaubt, die Ukraine könne zweigleisig fahren. Er wurde allerdings im Herbst 2013 u. a. vom Präsidenten der EU-Kommission, José Manuel Barroso, eines Besseren belehrt, was die schließlich erfolgte Verweigerung der Unterzeichnung des Abkommens mit Brüssel am 21. November nicht unwesentlich beeinflusst haben dürfte.

Was Janukovyč und die ihn umgebende Nomenklatura aber genauso wenig erwarteten wie Beobachter im Ausland, waren die spontanen Reaktionen in vielen Teilen der Ukraine: Noch am selben Tag kam es in der Hauptstadt Kiev auf dem Unabhängigkeitsplatz (ukr.: Majdan Nezaležnosti) zu ersten Demonstrationen gegen die Regierung und für die politische Annäherung an die Europäische Union. In den nächsten Wochen und Monaten folgten trotz eisiger Temperaturen weitere machtvolle Kundgebungen für einen europafreundlichen Kurs. Vor allem im Zentrum des Landes und im insgesamt stärker ukrainisch-national geprägten Westen sprachen sich die Massen für die Unterzeichnung des Abkommens mit Brüssel aus. Die Menschen verbanden damit nicht nur die Hoffnung auf eine Verbesserung der wirtschaftlichen Lage, sondern auch auf demokratische Standards und eine größere Rechtssicherheit; insbesondere das Thema der Korruption trieb die Bevölkerung um. Im Osten, vor allen Dingen in den Regionen von Donec'k und Luhans'k, kam es zu ganz anders gearteten Aufmärschen: Hier war die Beteiligung geringer als im Westen, wesentlich war aber deren meist anti-europäische oder auch pro-russische Tendenz.

Im Unterschied zu der bereits erwähnten Orangen Revolution von 2004 erwies sich die bald als Euromajdan (ein Kompositum aus »Europa« und »Majdan«, s. o., wohl ursprünglich erstmalig als Hashtag auf Twitter verwandt) apostrophierte Bewegung nicht gewaltarm, was nicht zuletzt dem rücksichtslosen Einsatz der Sicherheitskräfte einschließlich der dem Innenministerium unterstellten Spezialeinheit »Berkut« (ukr.: Steinadler) zuzuschreiben ist. Schnell zeigte sich, dass die Mehrheit der Demonstranten und ihrer Unterstützer keineswegs allein für die Unterzeichnung des Assoziierungsabkommens mit der EU auf die Straße gingen und dafür bei frostigen Temperaturen den zentralen Kiever Platz – eben den Majdan – besetzt hielten, sondern dass sie grundsätzliche Veränderungen der politischen Lage verlangten. Zentral waren die Forderung nach dem Rücktritt Janukovyčs und seiner Regierung sowie die Rückkehr zur sog. Orangen Verfassung, welche seinerzeit die präsidiale Macht beschränkt hatte. Man wollte den Einfluss der Oligarchen beschnitten sehen, auf deren Unterstützung das System Janukovyč mit seiner »Partei der Regionen« rechnen konnte und das die schamlose Bereicherung der ihm nahestehenden politischen Kaste garantierte. Und man wollte endlich die Implementierung rechtsstaatlicher Verhältnisse, von denen man sich seit 2010 eher wieder entfernt hatte. Ein besonderes Ärgernis war (und ist) die alltägliche Korruption: Laut dem Bericht der Antikorruptionsorganisation Transparency International von 2014 rangiert die Ukraine auf dem 142. Platz von 175 erfassten Ländern weltweit.

In der Summe darf die Bilanz des Präsidenten Janukovyč nicht einmal als durchwachsen gelten, zumal er selbst seine politischen Unterstützer im Osten des Landes nicht wirklich zufriedengestellt hatte: Seine Versprechen etwa, die (mit Ausnahme der Halbinsel Krim) strikt zentralverwaltete Ukraine zu föderalisieren und damit den Regionen mehr Entfaltungsmöglichkeiten zu bieten, waren genauso wenig umgesetzt worden wie die besonders in den russischsprachigen Regionen von Donec'k und Luhans'k sehnsüchtig erwartete Zusage, das Russische zur zweiten Staatssprache zu machen. Nur in wenigen Gebieten, in denen das Russische aber ohnehin schon dominierte, erhielt es den Status der zweiten Amtssprache. Die Wirtschaft erholte sich kaum, zumal der von Moskau diktierte Gaspreis nicht so stark gesunken war wie erhofft, auch wenn sich das Verhältnis zu Russland, wie schon angedeutet, allmählich entspannt hatte. Die im Juni 2012 gemeinsam mit Polen ausgerichtete Fußball-Europameisterschaft verlief insgesamt immerhin weitaus erfolgreicher als prognostiziert. Das galt zwar weniger in fußballerischer Hinsicht, wo die Ukraine bereits nach der Gruppenphase als Dritter in der Gruppe D nach England und Frankreich, aber noch vor Schweden ausgeschieden war. Doch trotz vielstimmiger Befürchtungen, die Stadien würden nicht rechtzeitig fertig, die Hotelkapizitäten seien nicht ausreichend und die Ukraine sei überhaupt nicht dazu in der Lage, ein internationales Ereignis dieser Größenordnung auszutragen, zeigte sich das Land als kompetenter EM-Gastgeber, was auch der Begeisterung der ukrainischen Bürger und Bürgerinnen geschuldet war.

Zumindest in der westlichen Presse, deutlich weniger in der ukrainischen oder russischsprachigen, war das Bild der Präsidentschaft von Viktor Janukovyč von seinem Rachefeldzug gegen seine langjährige politische Gegenspielerin Julija Tymošenko (s. u.) und andere vermeintliche und tatsächliche ehemalige Opponenten geprägt, die er mit einer Reihe von politisch motivierten Prozessen überzog; u.a. wurde Tymošenko ein Prozess wegen vermeintlicher Kompetenzüberschreitung als Ministerpräsidentin bei der Neuaushandlung der Gasverträge mit der Russländischen Föderation im Jahr 2009 gemacht, der sie im August 2011 tatsächlich hinter Gitter brachte. Obgleich der Prozess national und international (u.a. auch im Zusammenhang mit der Fußball-Europameisterschaft und den Verhandlungen mit der EU) wiederholt als ein politischer kritisiert wurde und dem Ansehen der Ukraine und Janukovyčs schadete, blieb Tymošenko bis zum Ende von dessen Regime in

Haft. Überhaupt ist bemerkenswert, dass insbesondere ukrainische Frauen die ansonsten eher geringe Aufmerksamkeit der westlichen Öffentlichkeit auf sich zogen: Neben Tymošenko ist hier vor allen Dingen FEMEN zu nennen. Dabei handelt es sich um eine mittlerweile weit über den ukrainischen oder osteuropäischen Raum hinaus agierende, sich selbst als neu-feministisch bezeichnende Frauenbewegung. Ende der sog. Nullerjahre in Kiev formiert, macht FEMEN seitdem mit Aktionen für Frauenrechte (u.a. im Kontext der EM gegen Sextourismus und Prostitution) und gegen allgemeine Verletzungen der Demokratie (u.a. gegen den sog. Pussy-Riot-Prozess in der Russländischen Föderation 2012) auf sich aufmerksam. Prägnant ist dabei die allerdings gerade angesichts feministischer Ansprüche diskussionswürdige Barbusigkeit der Aktivistinnen.

Im Januar und Februar 2014 hatte sich die Situation in der Ukraine dramatisch zugespitzt, war es doch sowohl auf Seiten der Bevölkerung als auch der staatlichen Organe bereits zu Toten und Verletzten gekommen, was das Regime Janukovyč spürbar erschütterte. Anders als 2004 (s.u.), als die europäische Gemeinschaft sich nur zögerlich einbrachte, reagierte diese nun umgehend: Am 21. Februar 2014 wurde unter Vermittlung Deutschlands, Polens sowie Frankreichs eine Vereinbarung über die Beilegung der Krise in der Ukraine vom Regierungslager und der politischen Opposition unterzeichnet – u.a. vertreten durch den ehemaligen Boxweltmeister Vitali Klyčko von der Partei UDAR (Ukrainische Demokratische Allianz für Reformen, ukr.: Ukraïns'kyj Demokratičnyj Al'jans za Reformi, zugleich ukr. für ›Schlag‹), Oleh Tjahnybok (Allukrainische Vereinigung Svoboda) sowie von Arsenij Jazenjuk von der Partei Allukrainische Vereinigung Vaterland. Ob dieses nicht unwesentlich die Forderungen der Opposition berücksichtigende Abkommen die Lösung gewesen wäre, ist nicht mehr zu beurteilen, überschlugen sich doch die Ereignisse: Der Präsident, der nicht zuletzt die politische Verantwortung für die bis dahin mehrere Dutzend Toten hätte übernehmen müssen, zog die Flucht in die Russländische Föderation vor. Daraufhin setzte ihn am 22. Februar das ukrainische Parlament (ukr.: Verchovna Rada) ab. Das von seiner Partei der Regionen dominierte Kabinett wurde ebenfalls abgesetzt. Und obwohl dieser Vorgang mit der ukrainischen Verfassung nicht unbedingt in Einklang zu bringen ist, meinten die Akteure in Anbetracht der eskalierenden Gewalt und der Flucht des gewählten Präsidenten offenbar keine andere Wahl zu besitzen. Tatsächlich führte diese spezifische Form des Notstands dazu, dass die neue Regierung von den meisten Staaten – eine Ausnahme war freilich Russland – als rechtens anerkannt wurde. Die Russländische Föderation unter dem wiederamtierenden und innenpolitisch nicht unumstrittenen Präsidenten Vladimir Putin hatte sich im Angesicht des Euromajdan und der Olympischen Winterspiele im russischen Soči, die quasi zeitgleich zur Flucht Janukovyčs, nämlich am 23. Februar 2014 endeten, anfänglich erstaunlich zurückgehalten. Zwar hatten die staatsnahen russischen Medien bereits einen Krieg der Worte gegen die von ihnen so bezeichneten Faschisten auf dem Majdan begonnen und damit ein Wort instrumentalisiert, welches Russen gleich welchen Alters mit dem wohl traumatischsten Ereignis im kollektiven Gedächtnis verbanden, nämlich dem deutschen Überfall auf die Sowjetunion im Zweiten Weltkrieg. Dennoch zeigten sich selbst Kenner der osteuropäischen Verhältnisse vom weiteren dramatischen Verlauf überrascht. Als Ende Februar auf der mehrheitlich russisch bewohnten Halbinsel Krim bestens ausgerüstete Kämpfer ohne Hoheits- und Rangabzeichen auftauchten und dies zur zweiten Annexion der Krim nach 1783 durch Russland führte (vgl. hierzu Kapitel 16), begann die Fragmentierung der seit 1991 unabhängigen Ukraine. Deren Ende ist gegenwärtig nicht abzusehen.

Dies gilt auch für den Konflikt im Osten der Ukraine, vor allen Dingen in den bereits erwähnten Regionen von Donec'k und Luhans'k. Von den insgesamt bislang mehr als fünftausend Toten ist der weitaus größte Teil dort zu beklagen. Im Frühjahr 2014 waren die meisten Bewohner dieser Region vermutlich gar nicht für einen Anschluss an Russland, wohl aber für weitergehende föderale Eigenständigkeit, die – das gilt es nicht zu vergessen – gerade ›ihr‹ Kandidat, Viktor Janukovyč, nicht umgesetzt hatte. Weniger sprachliche Probleme mit der Kiever Zentrale als vielmehr eine recht vage Hoffnung auf wirtschaftliche Prosperität mochte Einwohner dieser Region im Verlauf der Krise diffus pro-russisch gestimmt haben. In jedem Fall erklärten sich die genannten Gebiete im April 2014 zu unabhängigen »Volksrepubliken«; sie hatten ohnehin durch das jahrelange Meinungsmonopol der Partei der Regionen wenig Deutungskompetenz hinsichtlich der Ereignisse auf dem Majdan, so dass die Meistererzählung von ›den Faschisten aus dem Westen‹ dort verfing. Gemünzt war diese Narration vor allen Dingen auf die in der Tat aus der westlichen Perspektive sehr problematischen Parteien des extremen rechten politischen Spektrums wie die bereits erwähnte »Svoboda« oder der »Rechte Sektor« (»Pravyj Sektor«), die bei den Wahlen zum Parlament vom Oktober allerdings marginalisiert wurden: Erste erhielt 4,7, letztere 2,4 Prozent.

Im Mai 2014 war bereits ein neuer Präsident gewählt worden: der sog. Schokoladenkönig Petro Porošenko, ein politisch offenbar recht flexibler Oligarch, der dem orangen Regime genauso gedient hat wie dem blauen des Viktor Janukovyč. Zugute zu halten ist ihm jedoch, dass er sowohl während der Krise zum Jahreswechsel 2013/14 mit seinem Fernsehkanal die Verbreitung von nicht-regierungskonformen Positionen gewährleistete als auch dezidiert für eine pro-europäische Ausrichtung der Ukraine stand. Den andauernden Konflikt im Osten des Landes wollte oder konnte er aber nicht verhindern: Die ukrainische Armee begann im Sommer 2014 im Osten eine sog. Anti-Terror-Operation gegen die in ihrer Wahrnehmung separatistischen Gruppen. Diese scheinen allem Anschein nach von Russland militärisch, logistisch und personell unterstützt zu werden, was der Kreml und Putin aber bestreiten. Ein tragischer und wohl in der Bewältigung und Handhabung solcher Unglücke präzedenzloser und würdeloser Tiefpunkt ist ohne Zweifel der Abschuss des Malaysia-Airlines-Fluges 17, eines internationalen Linienflugs von Amsterdam nach Kuala Lumpur, der am 17. Juli 2014 im Luftraum über dem zwischen ukrainischen Streitkräften und Separatisten umkämpften Gebiet von einer Rakete getroffen wurde, wobei alle 298 Insassen ums Leben kamen. Vermutlich handelte es sich dabei um einen versehentlichen Abschuss durch eine Flugabwehrrakete im Zusammenhang mit dem Konflikt in der Ostukraine. Auch wenn sich die Schuldfrage nicht abschließend klären lässt, nachhaltig verstört das Verhalten der zu dem Zeitpunkt das Gebiet kontrollierenden Separatisten, die Plünderungen nicht verhinderten oder sich sogar selbst daran beteiligten bzw. den internationalen Bergungs- und Untersuchungskräften den Zugang zum Absturzort lange verweigerten.

Die Parlamentswahlen im Oktober 2014 brachten schließlich eine Mehrheit für die alles in allem als gemäßigt zu bezeichnenden Parteien, über deren Fortune gegenwärtig noch nicht geurteilt werden kann. Fest steht allerdings, dass das Sterben in der Ostukraine weitergeht. Das abermals unter Vermittlung der EU und der OSZE sowie unter der Beteiligung der Russländischen Föderation, der Ukraine sowie der Separatisten der sog. Volksrepublik Donbass bestätigte Minsker Abkommen von Anfang September 2014 hat weder zur Einstellung der Kampfhandlungen geführt noch zur Aufnahme tatsächlicher Verhandlungen zwischen den Konfliktparteien. Mittlerweile befinden sich – einmal mehr kaum beachtet von westlichen Medien – mehrere Hunderttausend Menschen auf der Flucht aus den Kampfgebieten bzw. der annektierten Krim. Da diese mehrheitlich innerukrainisch unterwegs sind bzw. in der Russländischen Föderation und damit bei einem hauptverantwortlichen Akteur der Krise Zuflucht suchen, bleibt das Interesse des westlichen Europa gering – wie so häufig im Zusammenhang mit der Ukraine. Dabei hatte alles so hoffnungsvoll angefangen.

Der Auftritt Ruslanas beim – wie es im Volksmund immer noch heißt – Grand Prix Eurovision de la Chanson in

Istanbul 2004 war in musikalischer Hinsicht ein weiterer Meilenstein des Siegeszugs des sog. Ethnopops. Dieser vermischt Elemente zeitgenössischer populärer Musik mit denen der Volksmusik und entwickelte sich seit Ende der 1990er Jahre höchst lukrativ. Vor allen Dingen die Vertreter des ehemaligen Ostblocks hatten schon einige Jahre zuvor damit begonnen, diese musikalische Symbiose aus Tradition und modernem Stil auf diesem Musikfestival zu popularisieren – wenn auch nicht gleichermaßen erfolgreich. Der Auftritt Ruslanas und ihrer Mitstreiter verband allerdings sehr medienwirksam archaisch präsentierten Sex mit stampfenden Rhythmen, welche sich, so konnte man allerorten lesen, an der traditionellen Musik der in den Karpaten beheimateten Volksgruppe der Huzulen orientiert haben sollen. Er wäre vermutlich dennoch rasch vergessen worden, hätte jene Ruslana nicht eine gewisse Rolle beim politischen Umbruch in ihrer Heimat nur wenige Monate später gespielt: bei den Ereignissen rund um die Präsidentschaftswahlen in der Ukraine nämlich, der Orangen Revolution. Gerade die Musik – eine spezifische, ukrainische Popularmusik – spielte bei diesem Umbruch eine kaum zu unterschätzende Rolle. Ein ukrainischer Historiker sprach in diesem Zusammenhang begeistert von einem »ukrainischen Woodstock« auf dem Majdan, dem Kiever Hauptplatz – wobei das ukrainische Woodstock jedoch ungleich stärker politisiert war als sein vermeintliches historisches Vorbild aus dem Jahr 1969. Manche mochten sich allerdings daran erinnern, dass bereits der Systemwechsel in der Ukraine in den Jahren 1990 bis 1992 musikalisch begleitet gewesen ist: Wie auch im Baltikum, wo im estnischen Fall sogar von einer »Singenden

Revolution« die Rede war, gehörte Musik zwar zu den unabdingbaren Bestandteilen der abgehaltenen Volksversammlungen, doch ganz anders als fünfzehn Jahre später in der Ukraine.

In der Umbruchphase der Sowjetunion stand traditionelles Liedgut, oft mit stark religiösen Texten, nämlich im Mittelpunkt der Aufmärsche. Das von Mykola Lysenko (1842–1912), einem der bedeutendsten ukrainischen Komponisten der Neuzeit, vertonte Gedicht Hyrhorij Konys'kyjs etwa, »Großer Gott, Du Einziger, schütze unsere Ukraine« (»Bože Velykyj, Jedynyj, Nam Ukraïnu chrany«), erklang beispielsweise Anfang der 1990er Jahre buchstäblich aus aller Munde. 2004 hingegen stand Ruslana gemeinsam mit ihren Kollegen und den Politikern, die sich im Wahlbündnis »Naša Ukraïna« (»Unsere Ukraine«) zusammengefunden hatten, auf dem Majdan in Kiev und hatte aus Protest gegen den zweiten, allem Anschein nach gefälschten Wahlgang um die Präsidentschaft vom 21. November 2004 einen Hungerstreik angekündigt. Auffällig viele dieser Musiker, die für den oppositionellen Kandidaten Viktor Juščenko und für den politischen Wechsel in der Ukraine eintraten, stammten aus dem westlichen Landesteil, dem ehemaligen Galizien, der im Allgemeinen als Hort des ukrainischen Nationalismus gilt; nicht nur Ruslana selbst, auch die Gruppe »Tartak«, die mit dem Lied »Ja ne choču bohater Ukraïny« (»Ich will kein Held der Ukraine sein«) reüssierte, die Sängerin Talita Kum sowie die mittlerweile über die Ukraine und die Russländische Föderation hinaus sehr populäre Band »Okean Elsy« (»Elsas Ozean«). Mit deren Sänger Svjatoslav Vakarčuk hatte Ruslana übrigens einige Zeit später noch mehr gemein: Nach

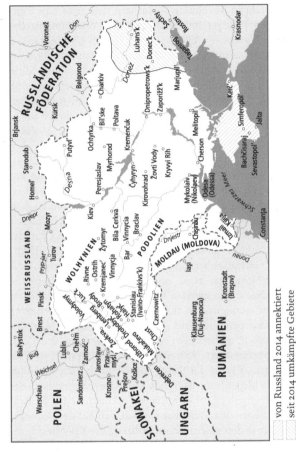

Die Ukraine seit 1991

der Orangen Revolution versuchten sich beide eine Zeitlang als Politiker. Für das siegreiche Wahlbündnis des neuen Präsidenten Viktor Juščenko »Naša Ukraïna« saßen sie als Abgeordnete im ukrainischen Parlament, der »Verchovna Rada«: Ruslana zwischen Anfang 2006 und Mitte 2007, und Vakarčuk demissionierte im September 2008 nach nur zwölf Monaten. Dem Vernehmen nach sollen beide von der auch nach dem politischen Umbruch ungelösten Dauerkrise des Parlaments enttäuscht gewesen sein.

Enttäuschung herrschte mittlerweile bei vielen Ukrainern, welche im kalten Winter 2004/2005 die Orange Revolution begeistert mit Demonstrationen, Streiks und zivilem Ungehorsam unterstützt hatten. Die politischen Verhältnisse blieben instabil, die Weltwirtschaftskrise hatte das Land mit voller Wucht getroffen, und der seit dem Umbruch allwinterliche Gaskrieg mit der Russländischen Föderation zermürbte viele. Dabei war anfangs, zwischen November 2004 und Januar 2005, die Euphorie groß: Nach dem zweiten Wahlgang der Präsidentschaftswahlen versammelten sich Hunderttausende täglich trotz Minustemperaturen auf dem Unabhängigkeitsplatz der Hauptstadt. Sie tauchten ihn in ein Meer aus Blau-Gelb, den ukrainischen Nationalfarben, und Orange, welche seitdem als Farbe des Sieges gilt. Gewählt hatte diese der spätere Sieger Juščenko schon zwei Jahre vorher, nach der Besteigung des höchsten Bergs der Ukraine, des Goverlo in den Karpaten. Offenbar hatte er sich bei der Farbwahl von der in den 1980er Jahren während des Kriegsrechts im polnischen Wrocław entstandenen oppositionellen »Pomarańczowa Alternatywa« (»Orange Alternative«) inspirieren lassen, die auf ironische Art und Weise mit vielen Aktionen auf die politischen Umstände aufmerksam machte.

Ein erster Wahlgang am 31. Oktober 2004 hatte keinem der beiden erstplatzierten Kandidaten, Juščenko und Viktor Janukovyč, amtierender Ministerpräsident und Wunschkandidat des Präsidenten Leonid Kučma (geb. 1938), die notwendige Mehrheit beschert. Die regelhaft zu Wahlen in der ehemaligen Sowjetunion ausschwärmenden Beobachter der OSZE beurteilten die Vorgänge bei diesem Urnengang als problematisch und reklamierten noch eine Verschlechterung gegenüber der letzten Wahl von 1999, bei der Kučma in seinem Amt bestätigt worden war. Die Bevölkerung nahm diese Einschätzung noch mehr oder weniger ruhig auf. Alle Hoffnungen derjenigen ukrainischen BürgerInnen, die auf einen politischen Wechsel setzten und mehrheitlich im Zentrum und im Westen des Landes beheimatet waren, ruhten nämlich auf der für den 21. November anberaumten Stichwahl. Aus dieser ging Janukovyč mit einem Vorsprung von drei Prozentpunkten hervor. Allerdings mussten die von der OSZE entsandten Wahlbeobachter, im Gegensatz zu ihren Kollegen aus der Russländischen Föderation, noch gravierendere Verstöße feststellen als bereits im Oktober: Zu den systematischen Übertretungen zählten sie nun u.a. die Zerstörung von Wahlurnen, Mehrfachwahlen, Erpressung von Wählern, Bestechung und spürbaren Druck auf WählerInnen und WahlhelferInnen. Massenproteste in Kiev und bald in weiten Teilen des Landes waren die Folge. Schon zwei Tage nach der Wahl annullierte der Oberste Gerichtshof das Ergebnis und ordnete für den 26. Dezember eine Wiederholung an. Diese verlief den Verlautbarungen nach korrekt ab. Juščenko konnte sie eindeutig mit einem Vorsprung von fast acht Prozent der Stimmen für sich entscheiden. Die Orange Revolution hatte gesiegt.

Dass der Abstand zwischen Juščenko und seinem Opponenten Janukovyč indes weitaus weniger deutlich ausgefallen war als erwartet, lag an dem vom Zentrum und dem Westen des Landes stark abweichenden Wahlverhalten im Osten: Nicht nur auf der primär russischsprachigen Halbinsel Krim, ohnehin ein »Sorgenkind« ukrainisch-nationaler Zentralisten, sondern auch in den übrigen Gebieten der ehemaligen, im Zarenreich als Süd- oder Neurussland bezeichneten östlichen Bezirke hatte der als prorussisch geltende Ministerpräsident gesiegt. Seine eigentliche Basis aber lag im Donec'k-Gebiet, wo angeblich 96 Prozent für ihn gestimmt haben sollen, traut man den von dort eingelangten, allerdings zu bezweifelnden Zahlen. Als ehemaliger Gouverneur war er dieser Region stark verbunden, hatte sich für die Subventionierung der stark defizitären Kohlegruben eingesetzt und dafür gesorgt, dass Löhne, Gehälter und Pensionen auch zu einem Zeitpunkt pünktlich ausgezahlt wurden, als dies in den meisten anderen Gebieten der Ukraine eher die Ausnahme war. Dieser Verlierer wollte sich trotz seiner unzweideutigen Niederlage nicht gleich in sein Schicksal fügen, musste dem Druck der Demonstranten allerdings bald weichen, nachdem sein bisheriger Mentor Kučma die Zeichen der neuen Zeit erkannt hatte und sich dem Wechsel nicht länger verschloss. Selbst Russlands damaliger Präsident Putin, der sich mit erheblichen finanziellen Mitteln und seinem Know-how für ihn engagiert hatte, wandte sich von dem

Garanten einer dezidiert prorussischen Politik ab. Ende Oktober 2004 hatte er noch gemeinsam mit Janukovyč und Kučma in Kiev eine Militärparade abgenommen, die viele Beobachter an eine Inszenierung im sowjetischen Dekor erinnerte. Der Sieg der Orangen Revolution galt nicht umsonst als eine der größten außenpolitischen Schlappen Putins seiner ersten beiden Amtszeiten. Gleichwohl ist der Terminus »außenpolitisch« insofern verhandelbar, als weite Kreise der russischen Nomenklatura die ukrainische Frage auch nach der Auflösung der UdSSR weiterhin als Teil der eigenen Innenpolitik ansehen. Dem Kreml gelten die ehemaligen Gebiete der untergegangenen UdSSR jedenfalls als »nahes Ausland« und damit als ureigene russische Interessensphäre. Dass in Russland die Auffassung von einer kulturellen, religiösen und ethnischen Einheit der Russen, Weißrussen und Ukrainer zu einer festverwurzelten Denkgewohnheit gehört, belegte nicht erst die Krise von 2014, sondern beispielsweise bereits eine in der Russländischen Föderation im Jahr 1997 durchgeführte Befragung. Darin zeigten sich 56 Prozent der befragten Russen davon überzeugt, es handle sich bei diesen drei Gruppen um *ein* Volk. Sie teilen somit die Meinung politischer oder intellektueller Vordenker wie des mittlerweile verstorbenen Bürgermeisters von St. Petersburg, Anatolij Sobčak. Wie immer man auch zu dieser Frage stehen mag, der russische Faktor in Abgrenzung *und* in der Symbiose ist nicht nur für die weitere Entwicklung der Ukraine von großer Bedeutung, er war es auch in der Vergangenheit.

Inzwischen nahmen aber nicht nur die politischen Vertreter des – in großrussischer Diktion – nördlichen Brudervolks der Ukraine Anteil an den Ereignissen des Spätherbstes 2004, sondern auch die Europäische Union. Der bisher ignorierte östliche Nachbar, dessen mögliche Mitgliedschaft im exklusiven Klub der Europäer bis dahin nicht einmal angedacht worden war (auch in Rücksicht auf die Empfindlichkeiten der Russländischen Föderation), weckte nunmehr erstmalig zögerliches Interesse: Ende November machte sich der damalige Koordinator der EU-Außenpolitik, Javier Solana, auf den Weg nach Kiev, um auf eine friedliche Lösung des zu eskalieren drohenden Wahlkrimis hinzuwirken. Dies geschah vor allem auf die Intervention derjenigen neuen Mitgliedsstaaten der EU hin, deren Geschichte selbst eng mit der ukrainischen verbunden war, nämlich Litauens und Polens. Polens damaliger Premier Aleksander Kwaśniewski soll Solana zu der Reise nach Kiev überredet und die Idee des »Runden Tisches« eingebracht haben, welcher während der polnischen Umbruchphase der Jahre 1988/89 so zentral gewesen war und dem Land schließlich den demokratischen Wechsel gebracht hatte. Auf dem Höhepunkt der Emotionen Ende November 2004 wurde ein Gespräch zwischen Solana, Kwaśniewski sowie dem litauischen Premier Adamkus auf Seiten der Union und Kučma, Janukovyč und Juščenko anberaumt. Das versetzte den polnischen Journalisten Adam Krzemiński in historisch-nostalgische Verzückung: Man könne meinen, so schrieb er, »dass da für einen Augenblick der Geist der alten polnisch-litauischen Union, der Rzeczpospolita«, geweht habe. Als weiterer Beleg galt ihm, dass bei dem orangen Happening auf dem Unabhängigkeitsplatz zuweilen der Ruf »Pol'ša z nami« (»Polen ist mit uns«) erklungen war. Auch wenn dies nicht ganz überzeugen kann, der polnische Faktor spielt in der ukrainischen Geschichte und im Prozess der ukrainischen Nationsbildung gleichsam eine zentrale Rolle. In diesem Kontext markierte Polen, indem es 1991 als erster Staat die Unabhängigkeit der Ukraine anerkannte, in Anbetracht des über lange Zeit schwierigen polnisch-ukrainischen Verhältnisses einen veritablen Neuanfang. Gegenwärtig (2014) ist Polen ohne Zweifel wieder ein Sprachrohr ukrainischer Interessen in der Europäischen Union, was in der Ukraine sehr dankbar aufgenommen wird.

Offensiver als die zögerliche und – im Hinblick auf die Abhängigkeit von russischen Energielieferungen und den guten persönlichen Beziehungen einzelner damaliger europäischer Politiker zum russischen Staatschef Putin – wenig ausgegorene EU-Außenpolitik gegenüber der Ukraine war das Engagement der Vereinigten Staaten von Amerika. Die Administration Clinton hatte schon länger auf Juščenko als kommenden Mann der Ukraine gesetzt. Dies lag nicht allein an dessen in Chicago geborener exilukrainischer Ehefrau, die jahrelang in der Menschenrechtsabteilung des US-Außenministeriums tätig war. Auch der immer noch einflussreiche ehemalige Sicherheitsberater des US-amerikanischen Präsidenten Carter, Zbigniew Brzesiński, selbst ein Angehöriger der »Polonia«, der polnischen Diaspora, hatte in den 1990er Jahren auf die Bedeutung der Ukraine als zentralen Bezugspunkts der US-amerikanischen Außenpolitik in Osteuropa hingewiesen. Im Jahr 2003, also bereits unter der Regierung George W. Bushs, stellte die Agentur der US-Regierung für Auslandshilfe, USAid, 55 Millionen Dollar bereit, zur Förderung der Demokratie in der Ukraine, wie es hieß. Einige Dutzend oppositionelle Organisationen des osteuropäischen Landes erhielten modernste technische Ausrüstung wie Mobiltelefone und Computer. Amerikanische Mitarbeiter von USAid schulten potentielle Wahlhelfer Juščenkos. Die oppositionelle Studentenbewegung »Pora« schließlich, was in etwa mit »Es ist an der Zeit« oder »Es ist genug« zu übersetzen ist, erhielt mittelbare US-amerikanische Hilfe: Alexander Marić, ein Vertreter der serbischen Organisation »Otpor« (»Widerstand«), die einige Jahre zuvor maßgeblich von den USA im Kampf gegen Slobodan Milosević unterstützt worden war, bereiste bereits Monate vor der Wahl die Ukraine, um die erfolgreiche Kampagne des Juščenko-Lagers vorzubereiten. Die Angst Washingtons vor einer stärkeren Bindung der Ukraine an die Russländische Föderation, welche in der zweiten Amtszeit Kučmas bereits deutliche Konturen angenommen hatte, war der Grund für derlei Aktionen. Hinzu mag die Lobby-Arbeit der in Nordamerika auch wirtschaftlich sehr erfolgreichen ukrainischen Diaspora gekommen sein. Selbst in der dritten oder vierten Generation nach der Emigration ist diese in vielen Fällen immer noch stark mit ihrem Herkunftsland verbunden. Diese Emigrationsgemeinschaft setzt sich primär aus Westukrainern zusammen und gilt somit stärker ukrainisch-national mobilisiert als Einwanderer mit ostukrainischem Hintergrund. Deswegen waren die US-amerikanischen Klagen über ein als unangemessen empfundenes russisches Engagement bei der ukrainischen Präsidentschaftswahl für Janukovyč naturgemäß recht laut.

Aber warum war der Wunsch nach dem politischen Wechsel in der Ukraine überhaupt so wirkungsmächtig geworden? Wieso brach sich ausgerechnet im Herbst

2004 ein jahrelang aufgestauter Zorn seine Bahn? Politikwissenschaftler erklären den kollektiven Aufbruch der bis dahin zumeist als passiv und lethargisch geltenden Ukrainer als Folge eines seit der Unabhängigkeit unvollständigen Transformationsprozesses und der unvollständigen Ausbildung einer Zivilgesellschaft, auch als Folge des sowjetischen Erbes. Für viele Bürger des Landes stellte sich das Problem allerdings sehr viel handfester dar: Ein für die Masse spürbar niedrigerer Lebensstandard als noch zu Zeiten der Sowjetunion, als Folge von Misswirtschaft und Korruption, sowie die schamlose Bereicherung der Oligarchie wollten fast eineinhalb Jahrzehnte nach der Unabhängigkeit nicht mehr länger klaglos hingenommen werden. Hinzu traten die immer offensichtlicher werdenden Verstrickungen höchster politischer Kreise in etliche Skandale. Einen Höhepunkt bildete dabei ohne Zweifel das Jahr 2000, in dem die persönliche Verstrickung des Präsidenten Kučma in die Ermordung des regierungskritischen Journalisten Georgij Gongadse ruchbar geworden war. Als es daraufhin Anfang 2001 zu ersten großen Anti-Kučma-Demonstrationen kam, hatte sich der Präsident allerdings vorausschauend schon im Frühjahr 2000 die Erweiterung seiner präsidialen Machtfülle per Volksabstimmung genehmigen lassen. Damit war ein wesentlicher Schritt zur Einführung einer Präsidialdemokratie nach russischem Vorbild vollzogen worden; ein Schritt im Übrigen, der nach der Revolution wieder rückgängig gemacht worden war. Bereits im März 2002 strafte das Wahlvolk Kučma und seine Anhänger deutlich ab. Nicht der sich aus ehemaligen Kommunisten zusammensetzende Präsidenten-Block erhielt bei den Wahlen zum ukrainischen Parlament die Mehrheit, sondern die Partei des ehemaligen Premiers Juščenko, »Unsere Ukraine«, die »wirkliche« Demokratie, »wirkliche Marktwirtschaft« und einen insgesamt westintegrativen Kurs propagierte. Die Unabhängigkeitserklärung vom August 1991 war im Dezember desselben Jahres durch ein Referendum bestätigt worden. Über neunzig Prozent der Wähler hatten dafür gestimmt, selbst in den eher prorussischen Gebieten. Weder der erste Präsident, Leonid Kravčuk (geb. 1934), noch sein Nachfolger Kučma konnten die hochgesteckten Erwartungen erfüllen. Obgleich die Ukraine im Vergleich mit anderen Teilen der ehemaligen Sowjetunion eher günstige Startbedingungen vorweisen konnte, machten Korruption, eine falsche Privatisierungspolitik wie auch ein nicht so schnell wie erwartet aufzuholendes Modernisierungsdefizit in Wirtschaft und politischer Kultur viele Hoffnungen zunichte. Immerhin, und das ist in der Rückschau kein kleines Verdienst, war die Unabhängigkeit der Ukraine zu keinem Zeitpunkt seit 1991 ernsthaft gefährdet.

Das ausgemachte Demokratiedefizit blieb ein wesentlicher Grund dafür, dass sich bei vielen Ukrainern der Wille zum Wechsel Bahn brach, selbst als es wirtschaftlich nach einer langen Abschwungphase wieder aufwärts ging: 2004 war die ukrainische Wirtschaft um zwölf Prozentpunkte gewachsen und hatte damit den großen Bruder im Norden auf diesem Gebiet hinter sich gelassen. Die Lebensbedingungen der breiten Masse hatten sich dadurch freilich nicht wirklich verbessert.

Wie beispielsweise in Georgien, wo sich im November 2003 in der sog. Rosenrevolution mit Micheil Saakaschwili ein Politiker durchgesetzt hatte, der innerhalb der postsowjetischen Nomenklatura aktiv gewesen war, so setzte auch die Mehrheit der ukrainischen Wähler im Jahr 2004 ihre Hoffnungen auf Politiker, welche einmal dem Kučma-Kreis nahegestanden hatten. Dies gilt sowohl für Viktor Juščenko als auch für die als »Jeanne d'Arc der Revolution« oder »Gasprinzessin« bezeichnete Julija Tymošenko, welche unter dem Präsidenten Juščenko zweimal als Ministerpräsidentin amtierte. Beide hatten zuvor durchaus von dem System profitiert, das sie später bekämpften, Juščenko vor allem als ukrainischer Ministerpräsident seit 1999. Obwohl er dann im April 2001 an einem von der Kommunistischen Partei eingebrachten Misstrauensvotum scheiterte, setzte er während seiner Amtszeit wichtige ökonomische Akzente. Auf diesem Gebiet wusste er zuvor bereits als Präsident der ukrainischen Nationalbank (seit 1993) zu überzeugen: Die Einführung der Landeswährung Hryvnja ging ebenso auf seine Initiative zurück wie der Erfolg, deren Wechselkurs sogar während der großen russischen Finanzkrise des Jahres 1998 einigermaßen stabil zu halten. Trotzdem verdankte er seine Berufung in das hohe Regierungsamt in erster Linie freilich Kučma – und angeblich Washington. Gemeinsam mit dem Weltwährungsfond hatten die USA nämlich in Anbetracht der Ende der 1990er Jahre katastrophalen wirtschaftlichen Lage erheblichen Druck auf Kiev ausgeübt, den Kučma an die *Verchovna Rada* weitergab: Unter der Androhung, das Parlament ansonsten aufzulösen, stimmte eine Mehrheit der Abgeordneten schließlich für den als wirtschaftlichen Reformer geltenden Juščenko.

Unterstützt wurde er zu diesem Zeitpunkt schon von Julija Tymošenko, die alsbald als charismatische Ergänzung zu dem in der Öffentlichkeit nicht so recht zündenden Juščenko avancierte. Tymošenko war damals übrigens noch brünett und ihr Haupthaar noch nicht zu jenem heiligenscheinähnlichen Zopf geflochten, der an die traditionelle Haartracht ukrainischer Bäuerinnen gemahnen soll und zu Tymošenkos Markenzeichen werden sollte – so sehr, dass nach dem Machtwechsel 2004 mit Haarnadeln zu befestigende Kunstzöpfe in Kiev eine Zeitlang zum *dernier cri* unter den feilgebotenen postrevolutionären Devotionalien gerieten. Die 1960 in Dnipro-Petrovs'k geborene Tymošenko war Mitte der 1990er Jahre als Leiterin der Vereinigten Energiesysteme der Ukraine (EESU) zu erheblichem Reichtum gelangt. Dies geschah zwar unter nie ganz geklärten, dubiosen Umständen, die allerdings in der Zeit nach der Auflösung der Sowjetunion eher die Regel denn die Ausnahme bildeten. Ihr jahrelanger Gönner und zwischenzeitlicher Ministerpräsident (Mai 1996 bis Juni 1997) Pavlo Lazarenko sitzt mittlerweile wegen diverser Wirtschaftsdelikte seit 2004 in einem US-amerikanischen Gefängnis. Nach dessen Verhaftung wandte sie sich 1999 der Politik zu und gründete die Partei »Batkivščina« (»Vaterland«). Für diese wurde sie Rada-Abgeordnete und Anfang des Jahres 2000 Stellvertreterin des Ministerpräsidenten Juščenko. Entschlossen machte sich das politische Duo daran, die Korruption bei der Privatisierung von ehemaligen Staatsbetrieben zu bekämpfen. Prekärerweise blieb ausgerechnet die »Gasprinzessin« für den Energiesektor zuständig. Wofür sie nach der Entmachtung Juščenkos die Quittung erhielt: Unter dem – übrigens nicht bestätigten – Vorwurf der illegalen Bereicherung wurde sie für mehrere Wochen inhaftiert, bei Interpol lag ein internationaler Haftbefehl vor; im April 2011 knüpfte das Regime übrigens an diesen Vorwurf an, als man der inhaftierten Tymošenko einen zweiten Prozess machte. Ihrer bereits zu diesem Zeitpunkt großen Popularität schadete dies nicht. Im Gegenteil erlangte Tymošenko den Nimbus der unerschrockenen Kämpferin für den Umbruch und gegen das System Kučmas. Nachdem sie zudem noch einen schweren Autounfall überlebt hatte, von ihr als Attentatsversuch bezeichnet, wurde sie zur »Evita von Kiew«, wie es in der österreichischen Zeitschrift *Die Wienerin* hieß.[1] Diese »Evita« trug zwar eine traditionelle Frisur, konnte sich aber im Gegensatz zu ihren Mitbürgerinnen teure italienische Couture leisten. Auch hatte sie nichts dagegen, sich für Modezeitschriften als Titelmodell zur Verfügung zu stellen – für die ukrainische *Elle* posierte sie beispielsweise in Kleidern des Luxusmodehauses Louis Vuitton.

Das Bündnis zwischen der Schönen Julija und dem seit einem Dioxin-Anschlag, der wahrscheinlich von Mitgliedern des ukrainischen Geheimdienstes verübt worden ist, stark gezeichneten Juščenko erschien vielen Beobachtern von Anfang an als brüchig. Überhaupt sah die sich unter dem orangen Banner sammelnde Opposition im Wesentlichen durch die Gegnerschaft gegen das Regime Kučmas nur kurzfristig geeint. Tatsächlich entließ der neue Präsident seine Mitstreiterin nur sieben Monate nach dem Umbruch und setzte Mitte September 2005 mit Jurij Jechanurov einen Premier ein, der ebenfalls bereits unter Kučma politische Erfahrungen gesammelt hatte. Die Meinungen

---

1 Andrea Möchel, »Julia Timoschenko. Jeanne d'Arc der Ukraine«, in: *Die Wienerin*, März 2005, S. 34–36.

zum Zerbrechen des revolutionären *dream teams* fielen unterschiedlich aus: Zuweilen wurde behauptet, dass Tymošenko eine zu sprunghafte Wirtschaftspolitik verfolgt habe und überdies für den in den ersten beiden Quartalen 2005 eklatanten Rückgang des Wirtschaftswachstums verantwortlich zu machen sei. In der Tat setzte sie als Ministerpräsidentin ihre ehrgeizige Agenda nur unzureichend um, möglicherweise jedoch auf Weisung des Präsidenten selbst: Statt über dreitausend privatisierte ehemalige Staatsbetriebe überprüfte sie nur an die dreißig. Gleichwohl musste man schon bei dieser geringen Zahl mit erheblichen juristischen Schwierigkeiten rechnen, die Revisionen im großen Stil wahrscheinlich ohnehin verhindert hätten. Andere behaupteten wiederum, Tymošenko habe deswegen mit den Oligarchen nur halbherzig abgerechnet, weil sie auf deren künftige Unterstützung hätte bauen wollen. In jedem Fall brauchte sie ihre Entlassung nicht lange zu betrauern: Ende 2007 wurde sie ein zweites Mal Ministerpräsidentin und löste damit Viktor Janukovyč ab, dem nach den vorgezogenen Parlamentswahlen im März 2006 vorübergehend die Rückkehr in das Amt gelungen war. Letztlich war schon zu diesem Zeitpunkt klar, dass Tymošenkos eigentliches Ziel die Präsidentschaft 2010 und damit die Ablösung des ehemaligen Weggefährten Juščenko war. Ihre Chancen dafür standen nicht schlecht, zumal der Held der Orangen Revolution, Juščenko, am Ende seiner Amtszeit nur noch von etwa fünf Prozent der Bevölkerung unterstützt wurde. Dennoch: Julija musste sich im zweiten Wahlgang im Februar 2010 dem Wahlfälscher Janukovyč geschlagen geben. Dieser hatte die Wahl, folgt man denn dem Urteil internationaler

Wahlbeobachter, diesmal ohne Manipulation gewonnen. Vielleicht zog Tymošenko auch deshalb ihre dementsprechende Klage beim Obersten Verwaltungsgericht zurück.

Ein Grund für die Niederlage des heillos zerstrittenen orangen Lagers war, dass es für einen Großteil der ohnehin gebeutelten Bevölkerung schon vor der globalen Wirtschaftskrise des Herbstes 2008 zu mancherlei Härten gekommen war. Seit der Revolution stiegen die bis dahin immer noch subventionierten Preise für Energie, Lebensmittel und Wohnraum drastisch. Und Tymošenko legte im Wahlkampf bei ihren Medienauftritten eine deutlich integrativere Haltung gegenüber der bis dato von ihr schon mal als rückständig und unpatriotisch gescholtenen ostukrainischen Bevölkerung an den Tag: Während die Ostukrainer in der Vergangenheit von ihr gerne als *bydlo* (»Vieh«) bezeichnet wurden, tat sie lieber kund, »dass die Menschen dort nur das Beste für ihre Heimat wollen«. Sie schien begriffen zu haben, dass ukrainische Wahlen ohne den Osten des Landes nicht zu gewinnen waren. Aus wohl ähnlichen Gründen konzilianter gegenüber dem politischen Gegner präsentierte sich auch Janukovyč mit seiner »Partei der Regionen«. Er inszenierte sich nun »ukrainischer«, was sich u. a. darin äußerte, dass er häufiger bei offiziellen Auftritten Ukrainisch sprach und zuweilen – etwa während der ukrainisch-russischen Auseinandersetzungen um die Gaslieferungen – größere Distanz zum nördlichen Nachbarn zu halten schien. Erste Konzessionen, etwa in der Frage nach den Stationierungsrechten der russischen Schwarzmeerflotte in Sevastopol', verkündete er aber bereits unmittelbar nach seiner Wahl im Februar 2010. Schon im April verlängerte er diesen von Juščenko stets abgelehnten Vertrag bis zum Jahr 2042. Allerdings betonte er ebenfalls, gute Beziehungen zum Westen pflegen zu wollen.

Dagegen hatte der Nimbus des Präsidenten Juščenko recht bald nach seinem Amtsantritt gelitten, zumal nachdem ruchbar geworden war, der Juščenko-Sohn Andrij könnte sich bei dem von ihm organisierten Handel mit Revolutionsdevotionalien persönlich bereichert haben, und er überdies für einen Neunzehnjährigen viel zu große Autos fuhr. Die Ukraine schien nach der orangen Euphorie des Wechsels schnell in der Realität angelangt zu sein, da wesentliche Probleme sich nicht lösen ließen. Zehn Jahre nach dem Umbruch steht fest, dass es sich bei der sog. Orangen Revolution tatsächlich nicht um eine Revolution gehandelt hat. Wenn Revolution eine rapide, radikale und fundamentale Zäsur in Politik und Wirtschaft mit einem weitgehenden Elitenwechsel bedeutet, konnte davon nicht die Rede sein.

Gleichwohl erscheint die Ukraine trotz und wegen der durch den Euromajdan ausgelösten Ereignisse im Vergleich mit anderen ehemaligen Sowjetrepubliken mit Ausnahme der baltischen Staaten am weitesten auf dem Weg zur Demokratie vorangeschritten zu sein. Eine gewisse moralische Flexibilität etwa in Hinsicht auf die Verfassungskonformität war allen Handlungsträgern, dem vormaligen Präsidenten Juščenko selbst, dem »Block Julija Tymošenko« wie auch der »Partei der Regionen« des Viktor Janukovyč, gemein. Doch auch die ukrainische Bevölkerung zeigt sich, wie alle bekannten Untersuchungen beweisen, über den einzuschlagenden politischen Kurs höchst uneins: Schon in Bezug auf die vom Präsidentenlager Porošenko gewünschte Westintegration einschließlich des NATO- und EU-Beitritts sind die Auffassungen disparat. Immerhin wurden mittlerweile wesentliche Teile des im November 2013 so große Unruhe auslösende Assoziierungsabkommens mit der EU unterzeichnet. Damit ist ein erster Schritt in Richtung ›Europa‹ getan, der Weg ist allerdings ein langer und die Zukunft der Ukraine ungewiss. Die Mehrheit der Ukrainer im Zentrum und im Osten des Landes präferiert weiterhin eine engere Anbindung an Russland und wünscht sich eine größere Bedeutung der russischen Sprache. Derzeit erscheint das Land hinsichtlich der formulierten Zukunftserwartungen ebenso fragmentiert wie in Bezug auf die Erinnerungskultur. Dies hat nicht zuletzt historische Gründe.

Allerdings waren die Chancen auf eine tatsächliche zivilgesellschaftliche Entwicklung einschließlich der längst überfälligen Entkopplung von Sprachenfrage, gesellschaftspolitischer Ausrichtung und von oben kräftig geförderter nationaler Mythenbildung zugunsten eines supraethnischen Loyalitätsgefühls gegenüber dem ukrainischen Staat nie so groß wie derzeit.

Kapitel 2
Die Ukraine und ihre Erinnerungskulturen

Ein Rückblick auf die stürmischen Ereignisse in der Ukraine während des orangen Umbruchs sowie die knapp zwei Jahrzehnte seit der Erlangung der Unabhängigkeit weist darauf hin, dass nach Meinungen vieler Wissenschaftler die ukrainische Nationsbildung noch nicht abgeschlossen ist. Die Ausbildung der kollektiven ukrainischen Identitäten wurde und wird dabei wesentlich durch drei Bezugspunkte bestimmt:

1. Durch das russisch-ukrainische Verhältnis. Dies ist nicht nur ein zwischenstaatliches, sondern auch ein innerukrainisches Problem. In Anbetracht eines russischen Bevölkerungsanteils von siebzehn Prozent, der nicht wirklich den Namen »Minderheit« verdient, liegt die Relevanz auf der Hand. Hinzu kommt, dass die Russophonie, also der übliche Gebrauch des Russischen als Umgangssprache, sogar noch weiter verbreitet ist. 4,5 Millionen Ukrainer, etwa neun Prozent der ethnischen Ukrainer, bezeichnen Russisch als ihre Muttersprache.

2. Durch den polnischen Faktor. Dieser spielt eher in der Rückschau als gegenwärtig eine Rolle, obgleich viele nationalbewegte Ukrainer auf die tatkräftige Hilfe Polens bei der Ebnung des Wegs der Ukraine nach »Europa« hoffen. Das gegenwärtig alles in allem gute nachbarschaftliche polnisch-ukrainische Verhältnis war allerdings in der Vergangenheit (vor allen Dingen seit dem 19. Jahrhundert und bis in die Zeit nach dem Zweiten Weltkrieg hinein) stark belastet. Der polnische Historiker Władysław

Serczyk sprach deshalb nicht ganz ohne Berechtigung noch zu Beginn der 1990er Jahre von »zehn Jahrhunderten des Unverständnisses«.[2] Dass sich ein ukrainisches nationales Sonderbewusstsein nicht nur in Abgrenzung zum Russentum, sondern eben auch zur polnischen Nation entwickelt hat, ist eine Tatsache. Nicht nur russischerseits war die Auffassung verbreitet, es müsse sich bei der ukrainischen Sprache und dem ukrainischen Volk um weniger weit entwickelte Variationen der eigenen Sprache und Gruppe handeln, sondern auch bei vielen Polen. Hinter dem Schlagwort des *gente ruthenus, natione polonus* (»vom Stamme der Ruthenen, von der Nation der Polen«), das den polnischen Diskurs über die Ukrainer bis in die Neuzeit hinein prägte, verbarg sich eine für ukrainische Nationalisten wenig schmeichelhafte Einschätzung, die ukrainische Sprache sei nichts weiter als ein bäuerlicher Dialekt des Polnischen, der allein von rückständigen Landbewohnern verwendet würde. Tatsächlich hatte die fast vollständige Assimilation der ukrainischen Oberschichten im polnisch-litauischen Reich an die polnischen Eliten seit dem 16. Jahrhundert aus den (späteren) Ukrainern eine sozial wenig differenzierte, agrarisch geprägte Großgruppe generiert. Dadurch wurde – anders als im Fall der ostukrainischen Bevölkerung, die seit dem 17. bzw. endgültig ab Ende des 18. Jahrhunderts unter dem Zepter

---

2 Władysław Serczyk, »Polska – Ukraina. Dziesięć wieków nierozumienia«, in: Respublikańska Assocjacja Ukrainiznawców [u. a.] (Hrsg.), *Studia polsko-ukraińskie* 1 (Ukraina – Polska. Dziedzictwo historyczne i świadomość społeczna. Materiały z konferencji naukowej). Kamieniec Podolski, 29.–31.5.1992, Kijów/Przemyśl 1993, S. 7–18.

der Zaren lebte – die polnisch-ukrainische Differenz auch eine soziale.

3. Ein dritter Bezugspunkt ist »Europa«. Dies ist ein Faktor, der für eine historisierende Betrachtungsweise des ukrainischen Nationsbildungsprozesses äußerst relevant ist. In den innerukrainischen Diskussionen über den nach dem Zerfall der Sowjetunion entstandenen ukrainischen Staat frappiert die Häufigkeit, mit der über eine ›Rückkehr der Ukraine nach Europa‹ debattiert wurde. Gleichwohl ist diese Formulierung buchstäblich genommen wenig plausibel, da die ukrainischen Länder ohne Zweifel Teil des europäischen Kontinents sind. Hier liegt ein Europabegriff zugrunde, der mit speziellen westlichen Wahrnehmungs- und Deutungsweisen des sog. Ostens und vor allen Dingen Russlands verbunden ist. Die Vorstellung von einem vom Westen des Kontinents grundsätzlich unterschiedenen Osten entstand in den philosophischen Zirkeln der europäischen Aufklärung, also im Verlauf des 18. Jahrhunderts, wie Larry Wolff in seinem Buch über die Erfindung Osteuropas trefflich darlegt. Die Quintessenz dieser »Erfindung Osteuropas« ist, dass es sich dabei weniger um einen geographischen Raum handle als vielmehr um eine – im Vergleich mit dem westlichen Europa – Entität minderer Zivilisation. Der angenommene Zivilisationsgrad nahm in dieser Auslegung von Westen nach Osten ab. Dies bedeutet, dass z. B. Polen, zumal wegen seiner Prägung durch das lateinische Bekenntnis, trotz aller Einschränkungen als ›zivilisierter‹ galt als das orthodoxe, endlos weit in den asiatischen Raum eingedrungene Russland. Zwischen diesen beiden Angelpunkten, gleichermaßen geprägt durch Katholizismus und polnische Adelsrepublik

einer- als auch durch Orthodoxie und Zartum andererseits, liegen die ukrainischen Länder.

Der Terminus »ukrainische Länder« statt »Ukraine« erscheint schon deswegen gerechtfertigt, weil die Landmasse, welche heute die Ukraine ausmacht, ein historisch recht junges Konglomerat ist: Erst 1954, als die Halbinsel Krim durch die Schenkung Chruščevs Teil der Ukrainischen Sozialistischen Sowjetrepublik wurde, erreichte es seine heutige Ausdehnung. Ganz zu schweigen ist davon, dass mit dem ehemaligen Ostgalizien erst im Zweiten Weltkrieg ein national besonders mobilisierter Teil der von Ukrainern bewohnten Länder unter die russische bzw. sowjetische Herrschaft geriet, sieht man von einem zeitlich kurzen Intermezzo während des Weltkriegs einmal ab. Wie dem auch sei, die intermediäre Position zwischen Westen und Osten wird von vielen Ukrainern weniger als Chance für einen dritten Weg denn als Zwang zur Wahl zwischen zwei angeblich unterschiedlichen Kulturkreisen aufgefasst. Die bereits angesprochene Fragmentierung des Landes und seiner Bevölkerung rührt in jedem Fall auch von dieser vermeintlichen Dichotomie zwischen einem ›europäischen‹ und einem ›russisch-sowjetischen‹ *way of life* her.

Für westliche Journalisten gilt dies ohnehin: In einer großen deutschen Wochenzeitung wurde auf dem Höhepunkt des Machtpokers von Kiev Ende 2004 das Wiederaufleben des Ost-West-Konflikts vermutet. Es zeige sich, dass die »Freiheit des Handelns zu gewinnen« für Moskau nicht bedeute, »anderen Freiheit zu gewähren. Hier prallen zwei Weltanschauungen aufeinander: das [russische] autoritäre gegen das [europäische] demokratische Modell,

Diktat gegen Kooperation, der Großraum Eurasien gegen das kleinteilige, plurale Europa.«[3] Dieser und ähnlichen Äußerungen liegt ein enger Europabegriff zugrunde. Er verstößt überdies gegen die im 18. Jahrhundert getroffene geographische Konvention, nach der Europa bis zum Ural reicht – und damit einen nicht unerheblichen Teil russischer Gebiete miteinschließt. Zum anderen wird der sog. Großraum Eurasiens essentialisiert. Ohne Zweifel ist die eurasische Landmasse trotz jeglicher Unifizierungspolitik vor allen Dingen in sowjetischer Zeit in geographischer, klimatischer und auch ethnisch-nationaler Hinsicht keineswegs homogener geworden. Die zitierte Diktion basiert demnach auf dem von den europäischen Aufklärern postulierten Zivilisationsgefälle zwischen Westen und Osten. Sie fußt auf der Annahme einer westeuropäischen Überlegenheit, die also keineswegs überwunden scheint, und blendet aus, dass dieses Europa bis zur Mitte des 20. Jahrhunderts alles andere als ein Hort der Zivilisation und des Humanismus gewesen ist. Die Dialektik der europäischen Moderne wird gerade nach der Beendigung des Ost-West-Gegensatzes zuweilen aus dem Blick verloren. Es bleibt die Frage, wo die Ukraine steht.

Als am 21. Mai 2005 der 50. Eurovision Song Contest in Kiev ausgetragen wurde, hatte die Orange Revolution bereits gesiegt. Der prorussische Kandidat Janukovyč hatte seinen Kampf um die Präsidentschaft aufgegeben, Juščenko das Amt Kučmas übernommen, und Julija Tymošenko

---

3 Michael Thumann, »Putins Albtraum: Orange. Es geht um mehr als die Ukraine – der Ost-West-Konflikt bricht wieder auf«, in: *Die Zeit*, 2.12.2004.

war die erste Ministerpräsidentin des sich bald aufsplitternden orangen Lagers. Dem Land bot sich die Gelegenheit, Europa, wenn nicht gar der Welt (die Veranstaltung gehört zu den meistgesehenen weltweit) eine nicht nur musikalische Visitenkarte zu überreichen. Schon die perfekte Organisation und Durchführung der Veranstaltung selbst entsprach in jeder Hinsicht den Ansprüchen der Eurovisions-Zentrale. Die bis dahin für Besucher aus der Europäischen Union geltende Visumspflicht wurde mit dem Hinweis auf den Sängerwettstreit bis September 2005 ausgesetzt. Mittlerweile herrscht sogar Visumsfreiheit, auch in der – bislang enttäuschten – Hoffnung, dass im Gegenzug Ukrainern ebenfalls eine größere Freizügigkeit gewährt werden würde. Immerhin rentierte sich dieser Schritt für die ukrainische Tourismusbranche, denn seitdem kann diese erhebliche Zuwächse an westeuropäischen Reisenden verzeichnen. Durch die Sendung führten u.a. die Vorjahressiegerin Ruslana sowie die lange Zeit wohl populärsten Ukrainer weltweit – neben dem Fußballstar Andrij Ševčenko –, die boxenden Brüder Vladimir und Vitali Kličko. Beide waren bekennende Anhänger der Orangen Revolution. Von der Euphorie der letzten Monate war selbst vor den heimischen Fernsehgeräten noch einiges zu spüren. Das Spektakel wurde in ein oranges und blau-gelbes Lichtermeer getaucht. Präsident Juščenko höchstpersönlich überreichte der Siegerin, der Griechin Elena Paparizou, die Trophäe. Die ukrainischen Vertreter, die Gruppe »Greenjolly«, konnten Ruslanas Triumph des Vorjahres nicht wiederholen, erreichten aber immerhin einen mittleren Platz. Die aus dem westukrainischen Ivano-Frankivs'k stammenden Musiker hatten ihren Beitrag

»Razom nas bahato, nas ne podolaty« (»Zusammen sind wir viele, wir sind nicht zu besiegen«) Ende 2004 unter dem Eindruck des ›Wahlkrimis‹ verfasst. Schnell avancierte das Lied, das eine Parole Juščenkos zum Titel hatte, zur »Hymne der Orangen Revolution«, und mit ihm gewann man die nationale Vorausscheidung. Leicht gedämpft gelang das revolutionäre Feuer des ukrainischen Beitrags in europäische Wohnzimmer, denn auf Wunsch der Eurovisionszentrale musste der politische Gehalt des Liedes abgemildert werden, insbesondere das eindeutige Bekenntnis zum neuen Präsidenten fehlte bei dem u.a. in englischer Sprache präsentierten Auftritt. Dennoch konnte die *performance* als deutliches politisches und nationales Bekenntnis gelesen werden. Erst recht im Text: Die Einheit des Volkes, der Töchter und Söhne der Ukraine wird beschworen, gegen die Fälschung und die Lüge, die man zu lange ertragen habe. Symbolträchtig auch der Auftritt selbst: Die beiden zu Beginn des Liedes in Ketten gelegten Tänzer sprengen diese – so wie das ukrainische Volk die seinen abgeworfen hat. Dies war so plakativ, dass vermutlich selbst diejenigen, welche nur unzureichende Kenntnis der Ereignisse in der Ukraine besaßen, dies richtig zu deuten vermochten. Aber selbst ein nur durchschnittlich gebildeter Ukrainer konnte unter diesem Sprengen der Ketten noch viel mehr verstehen: »Greenjolly« zitierten damit ihren nationalen Dichter-Titanen Taras Ševčenko (1814–1861). Zentrale Passagen seines unmittelbar vor seinem Tod entstandenen Gedichts »Vermächtnis« (»Zapovit«) gehören zum ukrainischen Bildungs- und nationalen Kanon. Darin ist ein Aufruf an das ukrainische Volk enthalten, »die Ketten zu sprengen«. Auch andere Passagen des »Zapovit« waren in der Vergangenheit immer wieder zu Parolen der ukrainischen Nationalbewegung avanciert. So auch auf dem Majdan Ende 2004, wo unter anderem der Ruf »Kämpft! Ihr werdet siegen! Gott hilft Euch!« (»Boritesja! Poborete! Boh vam pomahaje!«) erklungen war.

Die Ereignisse suggerieren, die Bürger der Ukraine seien im Wesentlichen in zwei Lager, ein national-ukrainisches und ein prorussisches, geteilt. Allerdings ist die Lage ungleich komplizierter, so dass sich die Frage stellt, was ›das‹ ukrainische Volk überhaupt ist. Was verbindet beispielsweise einen für den Anschluss an die Russländische Föderation plädierenden russophonen Bewohner der mediterranen Halbinsel Krim mit einem Bewohner Lembergs? Dort wurden im Jahr 2000 von Russen geführte Läden mit Plakaten »Vorsicht: Russifiziert« beklebt, und gewalttätige Händel mit den russischsprachigen Einwohnern waren nicht selten. Gibt es eine die sprachlichen, ethnischen, sozialen, religiösen und kulturellen Grenzen verbindende ukrainische Idee? Wie ist es um die Loyalität gegenüber dem ukrainischen Staat bestellt?

Die sich seit dem Ende der Sowjetunion und dem Zerfall Jugoslawiens sprunghaft entwickelnde Transitions- bzw. Transformationsforschung hat dies untersucht. In den mehr als zwanzig neuen östlichen Staaten Europas und Asiens werden die Variablen erforscht, welche eine erfolgreiche, d.h. dauerhafte und gewaltarme Staatsgründung ermöglicht haben. Zentral sind dabei Fragen der wirtschaftlichen Transformation, etwa des Übergangs von einer zentralgelenkten hin zu einer marktwirtschaftlich organisierten nationalen Ökonomie unter den Bedingungen der Globalisierung. Von großer Bedeutung ist auch die Entwicklung der politischen Vertretungskörperschaften und der allgemeinen Demokratisierung sowie der Kultur (Sprache, Religion, Bildung usw.). Es wird davon ausgegangen, dass, je größer die Homogenität auf diesen Feldern ist, sich desto stabiler das neue oder auch wiederentstandene Staatswesen erweist. Als weitere Faktoren bezeichnen Transitionsforscher den Bereich der politischen Zukunftsorientierung und der kollektiven Erinnerung. Bei der Konstituierung von Nationalstaaten steht, wie das 19. Jahrhundert gezeigt hat, die Rekonstruktion einer mehr oder weniger konsensfähigen Nationalgeschichte häufig im Zentrum der öffentlichen Debatten. Dies gilt auch für die junge Ukraine, die ihre erreichte staatliche Unabhängigkeit nun zu legitimieren trachtet. Dazu wird eine tausendjährige ukrainische Staatstradition propagiert, die aber so nie existiert hat. Doch weil eine staatlich gelenkte Geschichtspolitik eine solche Sichtweise trotzdem popularisiert, kommt der Historikerzunft eine zentrale Position zu.

Transformationsforscher unterscheiden drei Arten von Staaten aus der Erbmasse des zerfallenen Ostblocks: konsolidierte Nationen wie Polen, Ungarn oder auch Rumänien, Staaten, in denen sich wie in Tschechien, der Slowakei oder den baltischen Staaten eine neue Staatlichkeit erst etablieren musste, und schließlich Staaten wie die Ukraine, in denen sich eine loyale Staatsnation erst entwickeln muss, sich aber nicht notwendigerweise an nationalen Identitätsmustern orientiert. Bei diesen Staaten wird die Frage, ob in der Vergangenheit bereits ein solcher Staat existiert hat, zu einem wesentlichen Argument gegen konkurrierende Ansprüche von außen, aber auch gegenüber Teilen der eigenen Bevölkerung. Dies ist vor allen Dingen dann der Fall, wenn das Verhältnis zwischen Titularnation und existierenden nationalen Minderheiten ungeklärt ist.

In der Ukraine gehören rund 25 Prozent der Bevölkerung nationalen Minderheiten an. Die ganz überwiegende Zahl davon sind ethnische Russen, so dass sich die Frage stellt, ob diese überhaupt noch als eine Minderheit zu gelten haben. Hinzu kommen die sprachlichen Grenzen, die nicht mit den ethnischen übereinstimmen. Zwei Drittel der Angehörigen der ukrainischen Titularnation sprechen Russisch als Mutter- oder als Zweitsprache. Unübersichtlich ist auch die konfessionelle Gemengelage: Die Mehrheit der Westukrainer gehört der Griechisch-Katholischen (unierten) Kirche an, welche den Papst als religiöses Oberhaupt anerkennt, dem orthodoxen Ritus folgt und weltweit etwa fünf Millionen Anhänger zählt. In den übrigen Landesteilen konkurrieren gleich drei ukrainische Kirchen um die Gunst der Gläubigen: eine Ukrainisch-Orthodoxe Kirche, die zum Moskauer Patriarchat gehört, eine Kirche gleichen Namens mit einem Kiever Patriarchen sowie die Ukrainische Autokephale Kirche. Hinzu kommen noch verschiedene andere christliche Bekenntnisse, welche zunehmend populärer werden. Zu erwähnen ist darüber hinaus der Islam, der unter den Krimtataren zunehmende Bedeutung gewinnt.

Der Frage, ob es in der Vergangenheit bereits ukrainische Staatlichkeit und damit eine »gemeinsame Geschichte« gegeben habe, kommt unter diesen Voraussetzungen eine entscheidende Rolle zu. Sie wird seit Jahrzehnten kontrovers geführt, insbesondere zwischen ukrainischen und russischen Historikern. Dabei geht es weniger um Außenseiterpositionen wie die von der Existenz eines antiken ukrainisches Staats[4] als um die Einschätzung, ob der vornationale Herrschaftsverband der Kiever Rus' ein russischer oder aber ein ukrainischer Staat gewesen ist – eine Debatte, die seit Mychajlo Hruševs'kyj (1866–1934), dem Doyen der ukrainischen Historiographie, immer wieder geführt wird. Als weitere Bezugspunkte eines linearen Geschichtsbildes ununterbrochener ukrainischer Staatlichkeit dienen die Stilisierung eines frühneuzeitlichen Kosaken-»Staates« und der kurzlebigen »Ukraïns'ka Narodna Respublika« (»Ukrainische Volksrepublik«, UNR) in den Jahren nach dem Ersten Weltkrieg. Die ukrainischen Länder waren jedoch in ihrer Vergangenheit zumeist Bestandteile polyethnischer Großreiche, nämlich der Kiever Rus', Polen-Litauens, des Russländischen Reichs, der Habsburgermonarchie sowie der Sowjetunion. In unterschiedliche kulturelle Räume integriert, entwickelten sich die einzelnen Regionen höchst different. Die fehlende staatliche Kontinuität und konsensfähige Erinnerungskultur prägen die heutige Ukraine. Dass es trotz der Existenz disparater Sub-Nationalitäten und Gruppen dennoch zu einem unabhängigen ukrainischen Gemeinwesen kam, kann rückblickend als durchaus beeindruckender Erfolg gelten.

Um welche Regionen bzw. Geschichtsregionen aber handelt es sich nun im ukrainischen Fall? Von der grund-

---

4 Jurij Knyš, »Krym i starodavnja ukraïns'ka deržavnist'« (»Die Krim und der antike ukrainische Staat«), in: *The Ukrainian Historian* 30 (1994) S. 58–77.

sätzlichen Spaltung des Landes in Westen und Osten war bereits die Rede. Vergleichbar mit der inoffiziellen Sprachregelung in der neuen Bundesrepublik gibt es auch in der Ukraine einen dem Begriff »Ossi« entsprechenden meist pejorativ gemeinten Terminus, *schidnjaky*. Die Situation stellt sich jedoch weitaus komplexer dar, denn es wird zwischen fünf Regionen unterschieden:

- dem Westen, welcher die Verwaltungsbezirke Volyn', Rivne, L'viv, Ternopil', Zarkapattja, Černivci und Ivano-Frankivs'k umfasst. Dies ist das am stärksten ukrainisch geprägte Gebiet mit neunzig Prozent ukrainischsprachiger Bevölkerung.
- der Zentralukraine mit Kiev, Černihiv, Žytomyr, Čerkassy, Poltava, Kirovohrad, Chmel'nyc'kyj und Vinnicja, wo rund 82 Prozent Ukrainer und 17 Prozent Russen leben.
- der Ostukraine mit den Bezirken Charkiv, Donec'k, Dnipropetrovs'k, Luhans'k und Zaporižžija. Dort ist das Verhältnis zwischen russischer und ukrainischer Bevölkerung nahezu ausgeglichen, es gibt eine knappe russische Mehrheit mit 52 Prozent, der eine ukrainische ›Minderheit‹ von 47 Prozent gegenübersteht. Die Bezirke Donec'k und Luhans'k sind übrigens die einzigen überwiegend russischen Gebiete innerhalb der Ukraine mit Ausnahme der Krim.
- der Halbinsel Krim. Diese wird zu zwei Dritteln von russischsprachigen Menschen und einer Vielzahl von kleineren, insbesondere ukrainischsprachigen und krimtatarischen nationalen Gruppen bewohnt. Letztere machen rund zwölf Prozent der Bevölkerung aus. Viele

der aus den zentralasiatischen Gebieten, besonders Uzbekistan, zurückkehrenden Krimtataren siedeln immer noch ohne offizielle Erlaubnis auf der Krim, wenn auch nicht ohne wenigstens moralisches Recht (siehe hierzu Kapitel 16). Weitere nationale Minderheiten sind u.a. Armenier, Bulgaren, Griechen und Deutsche, um nur einige zu nennen. Durch ihre nicht immer spannungslose ethnische Vielfältigkeit stellt die Halbinsel eine Ausnahme innerhalb der Ukraine dar. Dieser Formenreichtum ist freilich lediglich ein müder Abglanz der dort herrschenden kulturellen Diversität in vergangenen Zeiten. Innerhalb der zentralverwalteten Ukraine bildet die Halbinsel auch administrativ einen Sonderfall, denn sie ist das einzige Gebiet, welches mit autonomen Rechten ausgestattet ist.
– Ein Gutteil des im Zarenreich Neurussland genannten Gebiets bildet schließlich den Süden. Die wichtigsten Städte sind Odesa (ukr.; russ.: Odessa), Mykolaïv und Cherson. Mitte der 1990er Jahre standen 53 Prozent Ukrainern 40 Prozent Russen gegenüber.

Wenn wir uns nun den verschiedenen Geschichtsregionen zuwenden, die jeweils historische Traditionen sowie differente gesellschaftliche, ethnische und nationale Strukturen entwickelt haben, wird das Bild nicht eben klarer. Grundsätzlich werden diese folgendermaßen unterschieden:

1. In den seit den Teilungen Polens im ausgehenden 18. Jahrhundert zum Habsburgerreich gehörenden östlichen Teil des ehemaligen Kronlands Galizien-Lodome-

rien mit dessen Hauptstadt Lemberg (Ostgalizien/ Westukraine),
2. in das zeitweise zum Kronland Galizien gehörende, dann aber eigenständige Kronland Bukowina mit seinem Zentrum Czernowitz,
3. in die ebenfalls habsburgische Karpaten-Ukraine, welche zur ungarischen Stephanskrone gehörte,
4. in die Linksufrige Ukraine (links des Flusses Dnepr, in der Fließrichtung nach Süden), das Gebiet des ehemaligen, bis 1775 mehr oder weniger Autonomie innerhalb des Russländischen Reiches genießende Het'manat der Dnepr-Kosaken,
5. in das seit dem ausgehenden 18. Jahrhundert von Russland kolonisierte und z.T. dem Krim-Chanat abgerungene Gebiet Neurussland einschließlich der Krim
6. und schließlich in die Rechtsufrige Ukraine (rechts des Flusses Dnepr), die länger unter polnischer Herrschaft gestanden hat als das Het'manat und religiös, sprachlich sowie kulturell weitaus stärker durch die polnische *Rzeczpospolita* geprägt wurde.

Diese Diversität mag einen ersten Eindruck davon vermitteln, wie kompliziert sich die Suche nach einem erinnerungspolitischen Konsens im Fall der Ukraine gestaltet. Seit der ukrainischen Unabhängigkeit von 1991 wird von Seiten einer nationalukrainischen Geschichtswissenschaft versucht, die jahrzehntelange Deutungshegemonie der russisch-sowjetischen Interpretation dessen, was denn überhaupt ukrainische Geschichte sei, abzuschütteln. Anfangs, so der ukrainischstämmige kanadische Wissenschaftler Orest Subtelny 1993, habe die historische Zunft in der unabhängigen Ukraine nur »eine recht einförmige Historiographie« hervorgebracht. Statt der Unverbrüchlichkeit der russisch-weißrussisch-ukrainischen Verbundenheit unter dem Banner des Klassenkampfes sei nun die Besonderheit der ukrainischen Geschichte und ihrer Bewohner, allen voran der Zaporoger Kosaken, betont worden. Deren Heerlager, die Sič, wurde dabei zur Wiege der ukrainischen Demokratie stilisiert. In der sowjetischen Zeit als Verräter der unverbrüchlichen russisch-ukrainischen Freundschaft gebrandmarkte Nationalhelden wie der bereits erwähnte Historiker Hruševs'kyj oder der Het'man Ivan Mazepa (siehe Kapitel 7) wurden rehabilitiert. Starke regionale Besonderheiten prägten überdies das historische Erinnern: In der Westukraine gedachte man vorzugsweise der in Galizien im Vorfeld des Ersten Weltkriegs tätigen Scharfschützenverbände »Sič« oder der kurzlebigen Westukrainischen Volksrepublik. Als ein weiteres beliebtes Thema kam die bis zu Beginn der 1950er Jahre aktive, antisowjetisch eingestellte Ukrainische Aufstandsarmee hinzu, die UPA (»Ukraïns'ka Povstans'ka Armija«). In der Zentralukraine erfreute sich hingegen die Kosakenära großen Interesses. Die *machnovščina*, die in den 1920er Jahren im Süden tätige anarchistische Bewegung des Nestor Machno, genoss im Süden Aufmerksamkeit (siehe Kapitel 10), während die seit Hruševs'kyj geführte Kontroverse über die Kiever Rus' als protoukrainischer oder protorussischer Staat in den ersten Jahren der ukrainischen Unabhängigkeit kaum eine Rolle spielte. Subtelny führt dies übrigens auf die in den 1990er Jahren geringe Zahl ukrainischer Mediävisten zurück.

Seit der Orangen Revolution hat in der Ukraine nun

eine lebhafte Debatte über die Bildungs- und Wissenschaftspolitik eingesetzt, in der grundlegende Reformen vor allen Dingen in den Geisteswissenschaften angemahnt werden. Präsident Juščenko rief deshalb eine Kommission zur Entwicklung eines neuen Wissenschaftskonzepts ins Leben, die aus führenden Intellektuellen des Landes besteht. Ergebnisse lassen auf diesem Feld jedoch bekanntlich lange auf sich warten, so dass momentan nicht absehbar ist, welche Entwicklung die ukrainische Historiographie fürderhin nehmen wird.

Kulturelle und wissenschaftliche Eliten sind nicht die Erfinder nationaler Grundstimmungen, aber stilisieren, popularisieren und verdichten diese. Sie tragen dazu bei, nationale Identitäten zu prägen sowie regionale und nationale Selbstzuschreibungen miteinander zu verschränken. Allgemein akzeptierte Pathosformeln über ›die Nation‹ sind das Resultat. Die thematischen Vorlieben der ukrainischen geschichtswissenschaftlichen Zunft sowie der einschlägigen Presse sagen dennoch nur bedingt etwas über den erinnerungspolitischen Konsens der Bevölkerung aus. Glücklicherweise liegt aber eine Studie vor, welche zumindest eine gewisse Klarheit bringt: Ende der 1990er Jahre untersuchten die Berliner Sozialwissenschaftler Rainer Münz und Rainer Ohliger das Phänomen des stark ethnisch und regional geprägten Geschichtsbewusstseins in der Ukraine. Sie befragten dazu einen statistisch repräsentativen Teil der ukrainischen Bevölkerung u.a. danach, welche bestimmten historischen Ereignisse positiv oder negativ besetzt werden. Ob nun der Vertrag von Perejaslav von 1654 zwischen dem Het'manat unter dem Kosakenführer Bohdan Chmel'nyc'kyj und dem Moskauer Staat, der nach russischer Lesart die »Wiedervereinigung« des ukrainischen Brudervolks mit den Großrussen markiert (siehe Kapitel 7), die Oktoberrevolution oder das Zerbrechen der UdSSR, die Berliner Wissenschaftler konnten überzeugend eine regional, ethnisch und generationsbedingte stark fragmentierte Erinnerungskultur dokumentieren: Grundsätzlich stehen demnach jüngere Staatsbürger unabhängig von ihrem ethnischen Hintergrund der staatlichen Unabhängigkeit positiver gegenüber als ältere, welche noch zu sowjetischen Zeiten sozialisiert wurden, was auch neueste Untersuchungen bestätigen. Ältere Menschen nehmen die UdSSR hingegen häufiger nostalgisch verklärt als »gute alte Zeit« wahr, in der Arbeitslosigkeit und Teuerung das tägliche Leben nicht erschwerte und man sogar Bürger einer Weltmacht war. Doch nicht nur die Zugehörigkeit zu bestimmten Alterskohorten ist relevant, sondern auch der ethnische Hintergrund: Ethnische Russen bewerten die sowjetukrainische Phase der ukrainischen Geschichte in der Regel positiver, als es ethnische Ukrainer vor allem im Westen des Landes tun. Aus diesem landesweit festzustellenden Muster fallen die Ergebnisse der mehrheitlich russisch bewohnten Krim heraus: Dort lehnt man nicht nur die Zugehörigkeit der Halbinsel zur Ukraine mehrheitlich ab, was sich in der Georgien-Krise im August 2008 deutlich gezeigt hat, als es zu zahlreichen antiukrainischen Demonstrationen kam. Erstaunliche 92,6 % bewerten gar die Auflösung der UdSSR im Jahr 1991 als negativ besetztes Ereignis.

Vor dem Hintergrund der dargestellten fragmentierten Erinnerungskultur in der heutigen Ukraine wundert es nicht, dass von staatlicher Seite versucht wird, eine einheitliche, die verschiedenen Regionen, Nationalitäten und kulturellen Gruppen verbindende Identität zu befördern. Die offizielle »Gedächtnispolitik« bemüht sich, etwa durch die Benennung öffentlicher Räume nach den als erinnerungswürdig eingeschätzten Personen und Ereignissen, eine »ununterbrochene tausendjährige Staatstradition der Ukraine« sichtbar zu machen, so der Historiker Wilfried Jilge. Von zentraler Bedeutung sind außerdem die verwendeten Staatssymbole. Im ukrainischen Fall (wie in anderen vergleichbaren auch) wurden in den 1990er Jahren spezielle Expertenkommissionen eingerichtet, welche für die Gestaltung der Wappen, Flaggen, Auszeichnungen und der Währung mitverantwortlich zeichnen sollten. Selbst dabei gab es zahllose Kontroversen zwischen dem Osten und dem Westen, dem Süden und dem Zentrum.

Kapitel 3
Die ukrainischen Staatssymbole

Die seit 1949 in der ukrainischen Unionsrepublik verwandte Flagge bestand aus rotem Tuch mit Hammer, Sichel, Stern und unterem blauen Rand. Nach der Unabhängigkeit im August 1991 wurde dagegen die blau-gelbe Flagge offiziell eingeführt. Im Volkstum stehen diese Farben für den Himmel, welcher die endlosen Weizenfelder der ukrainischen Heimat beschirmt, was die verbreitete Vorstellung von der »Kornkammer Ukraine« unterstützt. Allgemein steht Blau für die Farbe der Treue und Gelb für die Sonne und den Reichtum. Innerhalb des ukrainischen Diskurses stößt man zuweilen auf die Interpretation, dass diese Farbkombination bereits in vorchristlicher Zeit auf dem Territorium der heutigen Ukraine in Gebrauch war, um ihr damit die Würde des Alters zu verleihen. Zu beweisen ist dies nicht, doch wahrscheinlicher ist ohnehin der Bezug auf die heraldische Tradition des Teilfürstentums Galizien-Wolhynien. Als dezidiert nationales Symbol wurden die heutigen ukrainischen Farben erstmals während der ganz Europa erschütternden revolutionären Ereignisse des Jahres 1848 verwandt: vom sog. Ruthenischen Hauptrat (»Holovna Rus'ka Rada«), der sich im Mai im galizischen Lemberg formiert hatte – in der Form eines goldenen Löwen (dem Wappentier Lembergs) auf blauem Grund (siehe Kapitel 9). In Galizien setzte sich diese Farbwahl im Verlauf des 19. Jahrhunderts allmählich als Symbol für die ruthenische (d.h. ukrainische) Bevölkerung in der Habsburgermonarchie durch. Seit 1905 wurde sie auch in der russischen Ukraine üblich. In den Zeiten der kurzen Unabhängigkeitsversuche nach dem Ersten Weltkrieg bedienten sich die verschiedenen ukrainischen Regierungen ebenfalls dieser Farben, jedoch in anderen Kombinationen als heute üblich. Weil außerdem die 1943 aufgestellte berüchtigte SS-Freiwilligen-Division Galizien sie verwandte, allerdings in umgekehrter Reihenfolge, taten sich ostukrainische/prorussische Kräfte mit den ukrainischen Farben zuweilen schwer.

Die ukrainische Hymne konnte hingegen durchaus auf mehr landesweite Unterstützung rechnen, handelt es sich dabei doch um ein echtes west-östliches Gemeinschaftsprodukt. Ihren ursprünglichen Text »Noch ist die Ukraine nicht gestorben, weder ihr Ruhm noch ihre Freiheit« (»Šče ne vmerla Ukraïna, ni slava, ni volja«) verfasste 1862 der Ostukrainer Pavlo Čubyns'kyj, der sich dabei textlich stark am polnischen »Mazurek Dąbrowskiego« orientierte, welcher heute noch die polnische Nationalhymne ist. Darin heißt es nämlich »Noch ist Polen nicht verloren« (»Jeszcze Polska nie zginęła«). Vertont wurde dieses schnell populär gewordene Gedicht drei Jahre später von dem galizischen Ukrainer Mychajlo Verbyc'kyj. Nachdem dieses Lied bereits in den Wirren nach den Revolutionen im Zarenreich in ukrainisch-nationalen Kreisen eine Rolle gespielt hatte, erklärte man es 1991 kurzerhand zur Nationalhymne. Allerdings störte man sich an der eher düsteren Titelzeile, so dass es nunmehr heißt: »Noch sind der Ukraine Ruhm und Freiheit nicht gestorben«. Zudem nahm man mittels einiger kleinerer textlicher Korrekturen auf die nichtukrainischen Staatsbürger Rücksicht.

Im Zentrum des Kleinen und Großen Staatswappens

schließlich steht der Dreizahn (»Tryzub«). Im Kleinen Staatswappen befindet sich dieser auf einem blauen Wappenschild. Das Große Staatswappen ist in seiner endgültigen Gestaltung noch immer nicht vom Parlament gebilligt worden. Der vorliegende Entwurf ist mit Symbolen angereichert, welche verschiedene Regionen der Ukraine repräsentieren sollen: Der Kosake mit der Muskete steht für die östliche Ukraine, der Lemberger Löwe für den Westen und die Krone Volodymyrs des Heiligen für die Halbinsel Krim. Der Dreizahn war ein Hoheits- und Feldzeichen der frühen Rjurikiden, welche die Rus' beherrschten, und zierte die dort geprägten Münzen. Unklar ist, ob es ursprünglich ein (nichtchristliches) Kreuz, eine Waffe oder einen Anker darstellte. Er gilt aber auch als ein Attribut Poseidons, was auf einen noch älteren Ursprung hinweisen würde; dies ist eine Theorie, die von nationalukrainischen Wissenschaftlern gerne aufgegriffen wird, würde sie doch eine sehr lange Tradition begründen. Ganz abwegig ist sie allerdings nicht, auch wenn damit der Beweis für eine bereits zu diesem Zeitpunkt existente ukrainische Nation freilich nicht erbracht werden kann.

Kapitel 4

Von der frühesten Zeit bis zur Entstehung der Kiever Rus'

Etymologisch bedeutet das slavische Wort »Ukraïna« nicht mehr und nicht weniger als »Mark« bzw. »Grenzland«. In der *Ipat'evskaja letopis'* (»Hypatius-Chronik«), die zu den wichtigsten altostslavischen Quellen für diese Zeit zählt, erfolgt unter dem Eintrag des Jahres 1187 anlässlich des Todes des Fürsten Vladimir von Perejaslav: »[...] und das Grenzland betrauerte ihn sehr.« In diesem Fall wurde vermutlich auf das heute von Ukrainern bewohnte »Grenzland« rekurriert, allerdings finden sich in anderen mittelalterlichen Chroniken ebenfalls Bezüge auf andere Regionen, denn Grenzgebiete und Marken gab es viele, nicht nur im Gebiet der heutigen Ukraine. Deshalb führt es in die Irre, von der Erwähnung einer »Ukraïna« in den mittelalterlichen Quellen auf die Existenz eines ukrainischen Staates bereits in dieser Zeit zu schließen. Weil dies einige ukrainische Historiker dennoch propagieren, wird darauf noch zurückzukommen sein. Der Begriff des Grenzlands weist immerhin auf die Bedeutung des Gebiets als Durchzugs- und damit auch Verschmelzungsgebiet vieler Völkerschaften hin. Tatsächlich war die mittelalterliche »Ukraïna« eine komplexe polyethnische Kontaktzone. Folgt man den Quellen, tauchten Slaven in diesem Gebiet erst relativ spät auf. Deren Herkunftsgebiet lag vermutlich zwischen Weichsel und dem mittleren Dnepr. Der Ursprung des Ethonyms »Slave« ist nicht gänzlich geklärt. Plausibel erscheint, dass es sich dabei um eine Eigenbezeichnung handelt, welche in griechischer und lateinischer Sprache zumeist als »Sklavenoi«, »Sklavi« oder »Slavi« wiedergegeben worden ist. Dieser wiederum liegt vermutlich die Wurzel *slov* zugrunde, was so viel bedeutet wie »des Wortes mächtig« oder auch diejenigen bezeichnete, »die sich untereinander verständigen«. Fremde, nicht zu verstehende Angehörige anderer Großgruppen wurden damit, wie beispielsweise die germanisch sprechenden Nachbarstämme, zu *nemcy*, zu »Stummen«.

Auf dem Gebiet der heutigen Ukraine siedelten die Poljanen (rechts des Dnepr), die Severjanen (in der Gegend von Černigov) und die Vjatičen (im heutigen Wolhynien), welche den Herrschern des Chazaren-Reichs tributpflichtig waren. Nach der frühmittelalterlichen Landnahme der Slaven in den Waldsteppen beiderseits des Dnepr ist von einer stammes- oder auch sippengemeinschaftlichen Struktur auszugehen. Die vielfältigen gewaltsamen, aber auch friedlichen, vor allen Dingen wirtschaftlichen Berührungspunkte mit anderen Gruppen, finno-ugrischen und baltischen Stämmen sowie nomadischen Turkvölkern wie den Pečenegen weisen auf die Einwirkungen differenter ethnischer, sprachlicher und kultureller Einflüsse auf die *slovi* hin. Das nicht erst von den historischen Wissenschaften in der Stalinzeit postulierte Autochthonie-Paradigma, sondern auch von zarischen Historiographen einschließlich der Vorkämpfer für einen ukrainischen Sonderweg wie Hruševs'kyj vertreten wurde, ist historisch nicht schlüssig.

Folgt man der »Erzählung der vergangenen Jahre«, der sog. *Nestorchronik*, erfolgte im Jahr 882 die Gründung der ersten ostslavischen Staatlichkeit, eben der Rus'. Von einer

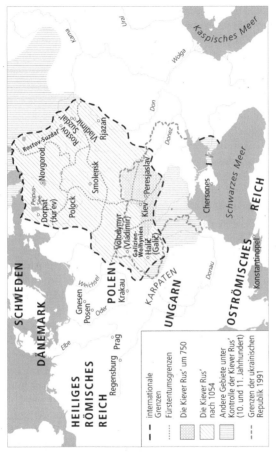

Die Kiever Rus'

regelrechten Staatsgründung kann aber nicht die Rede sein, eher von einer allmählichen Herrschaftsverdichtung, denn ohne regional begrenzte Herrschaft war das Gebiet auch vorher nicht. Vielmehr wurde durch die Vereinigung von Novgorod und Kiev unter der Ägide des varägischen, also skandinavischstämmigen Oleg/Helgi (877–882) ein administrativer und kultureller Integrationsprozess eingeleitet, der auch durch die Ausweitung der Tributpflicht auf die verschiedenen Stämme gekennzeichnet war. Russische und ukrainisch-nationale Historiker bestritten hingegen den manifesten Anteil des varägischen bzw. skandinavischen Anteils an der Reichsbildung. Denn die Rus', traditionsbildend für das Moskauer wie das spätere Zarenreich und der historische Bezugspunkt sowohl der russischen, ukrainischen als auch, allerdings weniger ausgeprägt, der weißrussischen Nationalbewegung, durfte aus deren Perspektive keine ›ausländische‹ Angelegenheit sein. Es ging dabei um nichts weniger als um die Frage, ob die Altostslaven die Kraft zu eigener Staatsbildung besaßen oder dazu skandinavische Unterstützung benötigten. Doch selbst die »Chronik der vergangenen Jahre« spricht eine eindeutige Sprache: Unter dem Eintrag des Jahres 862 heißt es, die slavischen Bewohner des Landes seien »über das Meer zu den Warägern« gezogen und hätten mit den Worten: »Unser Land ist groß und reich, aber es gibt darin keine Ordnung. Deshalb kommt, um bei uns zu herrschen und zu regieren«, um Hilfe gebeten. Diesem Aufruf sollen drei junge varägische Brüder mitsamt ihren Sippen gefolgt sein, welche alsdann hohe Positionen einnahmen. Weil zwei der Brüder allerdings nach relativ kurzer Zeit in der neuen Heimat verstarben, habe der Verbleibende, Rjurik mit Namen, die Aufgaben der anderen übernommen und die Dynastie der Rjurikiden begründet. Unstrittig ist gleichfalls, dass ein hoher Anteil der waffentragenden kämpfenden Bewohner der Rus' aus den skandinavischen Gebieten stammte. Sie bewährten sich u.a. in den Feldzügen gegen das Chazarenreich 964 und 966, gegen die Pečenegen oder die den Tribut verweigernden ostslavischen Stämme. Die Einwanderer aus dem Norden slavisierten sich schnell. Sogar die Bezeichnung »Rus'« hat vermutlich einen nichtslavischen Ursprung: Für Günther Stökl beispielsweise geht dieser Name auf das altschwedische Wort *ruotsi* (»Schweden«) zurück. Finno-ugrische Stämme sollen diese Eigenbezeichnung der in ihr Gebiet immigrierten schwedischen Küstenbewohner auf das ganze Volk der späteren Schweden übertragen haben (Günther Stökl).

Es nimmt nicht wunder, dass in einem Land wie der Ukraine, dessen Existenz nicht zuletzt in völkerrechtlicher Hinsicht als ein historisch recht junges Phänomen und selbst bei einem Teil der eigenen Staatsbürger nur als Übergangsstadium angesehen wird, der Beweis der Existenz einer tausendjährigen staatlichen Tradition bei nationalen Handlungsträgern eine evidente Rolle spielt. Bereits seit dem ausgehenden 19. Jahrhundert ging es diesen Intellektuellen, nicht der als national indifferent zu bezeichnenden bäuerlichen Masse, dennoch immer wieder um das Aufspüren der nationalen Wurzeln des Ukrainertums, welches dem obwaltenden Zeitgeist entsprechend möglichst alt zu sein hatte. Sie stießen bei der Identifizierung dessen, was als Nukleus einer geographischen Entität »Ukraine« und als »ur-ukrainische« Bevölkerung gelten durfte, auf große Schwierigkeiten. Der naheliegende Bezugspunkt –

die Kiever Rus'– war bereits anderweitig besetzt. In ihren Ursprüngen nicht national, sondern dynastisch motiviert, waren die seit dem 16. Jahrhundert unternommenen Versuche des Moskauer Reichs, die Rus' für sich zu reklamieren. Wesentlich im Sinne einer offiziellen Geschichtspolitik waren dabei Publikationen wie die »Großen Lesemenäen« (*Velikie minei čet'i*, erste Redaktion 1541 vorliegend), ein zwölfbändiges liturgisches Monatsbuch, sowie das »Stufenbuch« (*Stepennaja kniga*) von 1563, ein ausführlicher Stammbaum der Moskauer Herrscher, in dem in sog. Stufen eine Genealogie von Rjurik bis hin zu Ivan IV. gezeichnet wird. Bereits dessen Vorgänger, Ivan III. (1440–1505), hatte tatkräftig mit der sog. Sammlung der (orthodoxen) Länder der ehemaligen Rus' begonnen. Die Vorstellung davon, dass der Moskauer Staat bzw. das Russländische Imperium der legitime Erbe der Rus' sei, erwies sich als sehr persistent, wenngleich diese Geschichtssicht modifiziert und dem jeweiligen Zeitgeist angepasst wurde: Während russische Gelehrte wie Michail V. Lomonosov (1711–1765) oder Nikolaj M. Karamzin (1766–1826) die dynastisch-staatliche Kontinuität hervorhoben, betonte der den Panslavisten nahestehende Historiker Michail P. Pogodin (1800–1875) die hervorragende Rolle der sog. Großrussen gegenüber den ostslavischen Brüdern – den Weißrussen und den »Kleinrussen« (Ukrainern) – schon im Kiever Reich. In modifizierter Form überlebte diese Lesart der russischen Vorrangstellung bereits in Zeiten der Rus' übrigens sogar in der Sowjetunion, wie Ernst Lüdemann nachweisen konnte. In dieser Konstruktion eines ostslavischen Patriotismus nahmen die Ukrainer über weite Strecken die Rolle des »Juniorpartners« ein (Lüdemann).

Generationen ukrainisch-nationaler Historiker stemmten sich diesen Sichtweisen entgegen. Nicht nur der varägische Anteil an der Kiever Rus' war ihnen ein Problem, sondern auch das Faktum, dass der Ursprung dieser Reichsbildung keineswegs allein im Süden, also im Gebiet um Kiev, seinen Ursprung hatte. Mit Novgorod und alsbald auch mit Pskov und dem im heutigen Weißrussland gelegenen Polack bildeten sich mächtige nordwestliche Zentren heraus. Die Schaffung einer starken Zentralgewalt gelang überdies nur über kurze Phasen hinweg. In einer ersten Phase, vor allen Dingen im 10. Jahrhundert, entwickelte sich Kiev allerdings besser als Novgorod. Immerhin hieß es in der *Nestorchronik*: »Und Oleg ließ sich als Fürst von Kiev nieder, und Oleg sprach: ›Dies soll die Mutter der russischen [altostslawischen] Städte sein.‹« Ukrainischerseits wird das ungleich lieber betont als beispielsweise das Faktum, dass mit der ersten, vermutlich 955 in Konstantinopel christlich getauften Herrschergestalt der Rus', der aus Pskov/Pleskau stammenden Ol'ga/Helga (varägischer Abstammung), der nordwestliche Teil des Reiches ebenfalls bedeutend war. Für Kiev als Herrschaftszentrum der Rus' sprach übrigens der rege Fernhandel mit Byzanz, der im mittelalterlichen Kontext eine überaus große Rolle gespielt hat.

Nicht nur ökonomisch, durch den geregelten Fernhandel oder die ungeregelten Raubzüge, spielte das Oströmische Reich mit seinem Zentrum Konstantinopel eine hervorragende Rolle für die Rus'. Auch in religiöser Hinsicht orientierte man sich an dem mächtigen Reich im Süden, und dies mit weitreichenden Folgen: Die Annahme des östlichen Christentums um das Jahr 988 ist wohl das augenfälligste, bis in die Gegenwart spürbare Indiz: Der Kiever Großfürst Volodymyr (960–1015) (russische Variante: Vladimir), der übrigens ebenfalls aus der nordwestlichen Rus' stammte, vollzog nämlich die »Taufe der Rus'«. Dieser Schritt stellt sowohl in der russischen als auch in der ukrainischen kollektiven Erinnerung einen wesentlichen Bezugspunkt dar. Auch die neuere Forschung konnte die Begleitumstände der Taufe und der Belagerung Chersones' (heute eine Ruinenstadt nahe Sevastopol' auf der Krim gelegen) nicht endgültig klären. Eine Variante lautet, dass Volodymyr/Vladimir von den oströmischen Kaisern Konstantin VIII. und Basileus II. als Belohnung für die ihnen gewährte Waffenhilfe gegen Aufständische die Hand ihrer Schwester Anna (also einer »purpurgeborenen« byzantinischen Prinzessin) versprochen worden und die Taufe eine wesentliche Voraussetzung für diese Eheschließung gewesen sei. Gleichwohl ist es nicht unwahrscheinlich, dass er zu diesem Zeitpunkt bereits getauft war. Nach einer anderen Interpretation hatte die Belagerung dieser Stadt durch Volodymyr/Vladimir weder etwas mit der Taufe noch mit der Vermählung mit Anna zu tun, sondern erfolgte nach beiden Ereignissen als eine Art Strafexpedition gegen Gegner der oströmischen Kaiser, die in Chersones Zuflucht gesucht haben sollen.[5] Wie dem auch gewesen sein mag, dieser Schritt wird heute überwiegend als politisch motivierter, taktischer Schritt Volodymyrs/Vladimirs zur Stabilisierung seiner Herrschaft nach innen und außen gesehen, der zudem weitrei-

---

5 So Andrzej Poppe, »The Political Background of the Baptism of Rus'. Byzantine-Russian Relations between 986–989«, in: A.P., *The Rise of Christian Russia*, London 1982, S. 197–244, hier S. 224–244.

chende Konsequenzen für die kulturelle Entwicklung der ostslavischen Geschichte hatte. Auch wenn die tatsächlichen Ereignisse um das Jahr 988 auf der Krim nie ganz zu klären sein werden, konkurriert in Bezug auf die Taufe von Chersones ebenfalls eine ukrainische Deutung mit der russischen. Durch die postume ›Ukrainisierung‹ Volodymyrs/Vladimirs zu einem nationalen Heiligen versuchen Geschichtspolitiker die russischerseits bestrittenen Ansprüche auf die Krim zurückzuweisen (siehe hierzu Kapitel 16). Nicht ohne Hintergedanken ist auf den in den 1990er Jahren unter der Ägide des damaligen ukrainischen Nationalbankchefs Viktor Juščenko emittierten Ein-Hryvnja-Scheinen Volodymyr samt den Ruinen von Chersones abgebildet.

Durch die Taufe erfuhr das mittelalterlich verfasste Reich jedenfalls einen immensen Prestigegewinn. Die Rus' wurde ein Mitglied der gedachten Gemeinschaft der *christianitas*, was sich trotz des Schismas von 1054 und über die Mongolenherrschaft hinweg nicht grundsätzlich ändern sollte. Davon zeugen auch die mannigfachen Handelskontakte und die dynastischen Verbindungen zwischen dem westlichen und dem östlichen Europa. Bis in das 14. Jahrhundert hinein waren ostslavische Herrschertöchter an den westeuropäischen Höfen gerne gesehen; die als Evpraksija geborene Rjurikiden-Tochter Adelheid wurde beispielsweise Gemahlin des in den Investiturstreit verwickelten Kaisers Heinrich IV. (um 1050–1106). Besonders nach dem Ende der mit der Herrschaft Jaroslavs des Weisen 1054 vorübergegangenen Blütezeit der Rus' und dem Zerfall der Reichseinheit – also in der Zeit der sog. Teilfürstentümer – entwickelte sich die »Rechtgläubigkeit« zu einem wichtigen Integrationsmittel.

Die Taufe der Rus' wird gerne als Eintritt der Ostslaven in die zivilisierte Welt interpretiert – und nimmt wohl auch deshalb in einer teils konkurrierenden, teils identischen Geschichtssicht von Ukrainern und Russen einen zentralen Stellenwert ein. Diese zeigte sich z. B. anlässlich der aufwendigen 1000-Jahr-Feier 1988, also bereits in Zeiten der *glasnost*: Noch kurz vor dem Ende der UdSSR betonte man die Rolle des russischen Volks als »primus inter pares«, was begreiflicherweise zu Unmut führte: Der aus der Westukraine stammende Historiker Isaevyč wollte in den 1990er Jahren in diesen offiziellen Feierlichkeiten gar einen »Höhepunkt dieser Politik der Ignorierung ukrainischer nationaler Interessen und der vollkommenen russischen Aneignung des alten Kiewer Erbes« sehen. Sowohl das Moskauer Patriarchat als auch die KP-Führung hatten nämlich Moskau als Ort der Feierlichkeiten bestimmt und nicht die Mutter der russischen Städte, den Ort der von Volodymyr verfügten Massentaufe des Volks im Dnepr – Kiev.

Die Frage, ob es sich bei dem zwischen 768 und 814 das Frankenreich regierenden Herrscher um »Karl den Großen« oder aber um »Charlemagne« gehandelt habe und ob damit das Frankenreich zum deutschen oder aber französischen historischen Erbe gehört, erscheint aus der Perspektive des 21. Jahrhunderts anachronistisch. Dies gilt auch für das »Problem«, ob der im ermländischen Thorn bzw. Toruń im 16. Jahrhundert tätige Astronom Nikolaus Kopernikus ein Deutscher oder aber ein Pole war. Die Ausbildung nationaler Identitäten ist ein neuzeitliches Phänomen. Jeder Versuch, sie auf mittelalterliche oder auch frühneuzeitliche Kontexte anzuwenden, stellt daher eine unzulässige Projektion zeitgenössischer Kategorien dar. Die Identitätsbildung mittelalterlicher oder frühneuzeitlicher Menschen orientierte sich an dynastischen, religiösen, ständischen und regionalen Linien, nicht an nationalen.

Ukrainischerseits gab es bereits im Zarenreich gegen die These einer exklusiv-russischen Rus' mindestens so viel Widerstand wie gegen jene, bei Ukrainern handele es nicht um eine eigene Nationalität, sondern allein um die kleineren Brüder der Großrussen. Bereits in der erstmals 1846 erschienenen *Istorija Rusov* (»Geschichte der Rus'«) wurde eine ethnische Trennung zwischen Ukrainern und Russen proklamiert. Die in der Tradition der Kiever Historikerschule stehende Natalija Polons'ka-Vasylenko interpretierte in den 1920er Jahren diese Arbeit denn auch als »politisches Traktat« eines nationalbewussten Ukrainers und erwähnte nicht, dass es sich bei dessen Autor aller Wahrscheinlichkeit nach um den weißrussischen Erzbischof Georgij Koniskij gehandelt hat. Es erschien in Moskau unter dem Titel *Istorija Rusov ili maloj Rossii* (»Geschichte der Rus' oder Kleinrusslands«) und war in russischer Sprache verfasst worden. Eine erste ukrainischsprachige Version erschien erst 1956 in Nordamerika.[6] Dennoch fehlt in kaum einer Abhandlung über den ukrainischen Nationsbildungsprozess der Hinweis auf die *Istorija Rusov* und ihren ›ukrainischen Geist‹, welchen jede Zeile atme.

Auch für den bereits erwähnten Doyen der ukrainischen Historiographie, Mychajlo Hruševs'kyj, stand fest,

---

6 Oleksander Ohloblyn (Hrsg.), *Istorija Rusov*, New York 1956, hier S. XX–XXI.

dass die ukrainischen Ursprünge mit den russischen nichts gemein hätten. Er wähnte den ethnischen Kern des Ukrainertums bei den legendären Anten, welche vermutlich erstmals im 4. nachchristlichen Jahrhundert die europäische Bühne betreten haben. Dieser Bezug hatte den Vorteil, dass die Anten bereits von den Geschichtsschreibern der Goten und der Gotenkriege, Jordanes und Prokop (Mitte des 6.Jh.s) erwähnt und von diesen als beachtlicher politischer Faktor interpretiert wurden: Sie seien, so heißt es bei Jordanes, ein slavischer Stamm, der »an der Krümmung des Schwarzen Meeres vom Dnestr bis zum Dnepr« siedelt und von den dortigen Stämmen der »tapferste« sei. Auf solche Vorfahren beruft man sich freilich gerne, doch: Der Name »Anten« taugt nach Auffassung des Zürcher Mediävisten Carsten Goehrke nicht zur Bezeichnung eines ethnischen, protoukrainischen Verbandes, sondern muss als Begriff für eine politisch-soziale Großgruppe gelten. Stökl hält diesen immerhin für einen altostslavischen Stamm, welchem jedoch zwischen dem 6. und dem 9. Jahrhundert keine Staatsgründung gelang. In der 1903 von Hruševs'kyj verfassten Schrift »Das übliche Schema der ›russischen‹ Geschichte und die Frage einer rationellen Gliederung der Geschichte des Ostslaventums« wurden die Elemente einer nationalukrainischen Geschichtsinterpretation zusammengefasst, welche in ihren wesentlichen Grundzügen auch die Basis gegenwärtiger geschichtspolitischer Konstanten bildet: Anders als heutzutage ein Großteil der Theoretiker des Nationalismus, aber durchaus in Übereinstimmung mit den damals herrschenden Lehrmeinungen, ging Hruševs'kyj davon aus, bereits der mittelalterliche Mensch habe seinen ethnischen bzw. nationalen Hintergrund reflektiert, und dieses Wissen habe deswegen das Miteinander der ostslavischen Bewohner der Rus' determiniert. Schon damals habe es weißrussische, russische und ukrainische Großgruppen gegeben, von denen letztere Erben des Reichs seien. Die Kontinuität der alten Rus' sei nicht durch den Moskauer Staat aufrechterhalten worden, sondern habe im Fürstentum Halyč-Volhynien des 12. Jahrhunderts fortgelebt und schließlich im polnisch-litauischen Herrschaftsverbund. Die polnische Herrschaft über die ukrainischen Länder betrachtete er kritisch, wenngleich alles in allem milder als die russische. Zu dieser Einschätzung gelangte Hruševs'kyj sicher auch deshalb, weil Lemberg zu diesem Zeitpunkt seinen Lebensmittelpunkt bildete und er somit Zeuge des nach der Jahrhundertwende eskalierenden polnisch-ukrainischen Konfliktes in Ostgalizien wurde. Neben dem Verhältnis der Ukraine und der Ukrainer zu den Russen und den Polen fehlte der oben angesprochene dritte Bezugspunkt ebenfalls nicht: »Europa«. Hruševs'kyj unterstrich die kontinuierlichen wirtschaftlichen und kulturellen Bande zwischen der Ukraine und »Europa« seit dem Mittelalter.

Über den nationalpolitischen Hintergrund seiner historiographischen Studien gab sich der aus der Ostukraine stammende Hruševs'kyj keinerlei Illusionen hin: Ihm ging es eingestandenermaßen um die wissenschaftliche Beweisführung der Existenz einer von Polen und Russen verschiedenen ukrainischen Nationalität. Wie viele seiner Kompatrioten an der Wende vom 19. zum 20. Jahrhundert schien auch er in gewissen nationalen Inferioritätsgefühlen gegenüber allgemein anerkannten Nationen gefangen zu sein. So verspürte er wohl die vermeintliche patriotische Pflicht, sich über alle möglichen Themen auszulassen, über steinzeitliche Grabhügel bis hin zur Malerei, »nur um in dieser Zeit ausrufen zu dürfen: ›Es gibt die Ukraine, auch im 10. Jahrhundert, und im 15. und im 19. Jahrhundert‹«.[7] Äußerungen wie diese werden erst dann verständlich, wenn man sich das seit 1876 durch den Emser Ukaz legitimierte sprachliche und nationale Kujonieren der Ukrainer im Zarenreich vor Augen führt. Das Verbot der ukrainischen Sprache in der öffentlichen Sphäre, das fast vollständige Druckverbot von Werken in Ukrainisch, die Eliminierung des Terminus »Ukrainer« zugunsten des heute noch von nationalbewussten Ukrainern leidenschaftlich abgelehnten Begriffes »Kleinrusse« aus dem öffentlichen Diskurs.

Der Streit darüber, ob nun Ukrainer oder Russen die Erben des Kiever Reichs sind und ab wann die Altostslaven begannen, sich in einen weißrussischen, russischen und ukrainischen Zweig zu teilen, kann hier nicht entschieden werden. Er hat aber interessanterweise auch die in der deutschsprachigen Osteuropaforschung gültige Terminologie beeinflusst: Die lange üblichen Bezeichnungen »Altrussland« (für die mittelalterliche Rus') bzw. »Altrussisch« (für die gesprochene, einheimische Sprache bis etwa 1350) implizieren dies. Damit wurden hier die im Zarenreich, aber auch in der Sowjetunion zumeist üblichen Begrifflichkeiten übernommen, was zumeist zur Gleichsetzung

---

7 Archiv Mychajla Drahomanova, Bd. 1: Lystuvannja kyïvs'koj Staroj Hromady z M. Drahomanovym (1870–1895 r.r.), Warszawa 1938, S. 245 f.

des alten Kiever Reichs mit dem modernen Russland führte. Mittlerweile plädieren einige deutschsprachige Sprachwissenschaftler und Historiker aber für eine andere Terminologie: Das gesprochene slavische Idiom bis in die Mitte des 14. Jahrhunderts wird nun zumeist als altostslavisch bezeichnet, der Staat der Rus' keinesfalls als »Altrussland«, und seine slavischen Bewohner tituliert man nun als Altostslaven. Man kommt damit den ukrainischen Empfindlichkeiten entgegen, ohne allerdings einer ukrainischen Rus' das Wort zu reden, denn von der Existenz eines ukrainischen, russischen bzw. weißrussischen Gruppenbewusstseins kann trotz aller Kunstgriffe während der Kiever Rus' und auch noch lange Zeit danach nicht die Rede sein.

Apropos Rede – gab es wenigstens bereits im Mittelalter eine ukrainische Sprache? Oder hatte Solženicyn recht, der dies vehement bestritt und sogar für eine Geschichtsfälschung hielt? In der Rus' herrschte eine besondere Form der Zweisprachigkeit (die sog. Diglossie), bei der es eine funktionale Anwendung unterschiedlicher, aber verwandter Sprachen für differierende Lebensbereiche gibt. Das Altkirchenslavisch war dabei nicht nur Liturgiesprache, sondern entwickelte sich auch zur Literatursprache. In einigen überlieferten altostslavischen Texten aus der südlichen Rus' sind allerdings zwischen dem 10. und dem 14. Jahrhundert bereits einige Spezifika auszumachen. Dennoch, von »einer eigentlichen ukrainischen Schriftsprache wird man in Bezug auf die früheste Zeit schwerlich sprechen können«, so der Wiener Linguist Michael Moser. Überhaupt erfuhr die ukrainische Schriftsprache erst spät eine erste, überregionale Kodifizierung mit der

1907 von Jevhen Tymčenko vorgelegten Grammatik, der 1909 ein Wörterbuch folgte. Und selbst gegenwärtig gilt, dass die ukrainische Normsprache, vor allen Dingen außerhalb der Westukraine, von nur wenigen Ukrainern wirklich perfekt beherrscht wird, so das Ergebnis Juliane Besters-Dilgers. Stattdessen dominiert eine russisch-ukrainische Mischform, das sog. Suržyk.

Kapitel 5
Der Zerfall der Rus' in Teilfürstentümer – das Fürstentum Halyč-Volhynien

Unter den altostlavischen Schriftdenkmälern sticht das *Slovo o polku Igoreve* (»Rede vom Heerzug Igors«; »Igorlied«) als weltliche Quelle hervor. Allerdings wurden und werden immer wieder nicht auszuräumende Zweifel an seiner Authentizität geäußert,[8] zumal die einzige überlieferte Handschrift aus dem 16. Jahrhundert beim Brand von Moskau 1812 verloren ging. Der Beweis der Echtheit kann also nicht durch den Rückgriff auf die materielle Überlieferung erbracht werden. Das anonyme, mit nur 218 Strophen relativ kurze Heldenlied soll um das Jahr 1187 im Umfeld des Kiever Großfürsten erschienen sein. Dessen Macht war zu diesem Zeitpunkt bereits erodiert, denn seit dem ausgehenden 11. Jahrhundert begann die Rus' in sog. Teilfürstentümer zu zerfallen. Das Fehlen einer Zentralgewalt und eines starken Herrschers wurde denn auch im *Igorlied* beklagt. Der Zenit des Kiever Reiches war bereits nach dem Tod des Sohnes Volodymyrs/Vladimirs, Jaroslavs des Weisen (geb. 979 oder 986), im Jahr 1054 überschritten worden. Dies war auch eine Folge einer sich als unzulänglich erweisenden Erbfolgeregelung: Statt einer kräftezentrierenden Primogenitur (Vorzugsrecht des Erstgeborenen) galt nämlich das Prinzip des sog. Seniorats –

---

8 Vgl. zuletzt Edward L. Keenan, der in seinem Buch *Josef Dobrovský and the Origins of the Igor' Tale*, Cambridge (Mass.) 2003, die Authentizität des »Igorlieds« bestreitet.

die Söhne und Enkel des Herrschers herrschten über die einzelnen Gebiete des Reiches. Unterschieden wurde dabei nach dem Alter der Erben und dem angenommenen Wert der Territorien. Ziel war die gemeinsame Herrschaftsausübung mit Ehrenvorrang des Kiever Fürsten – so weit die Theorie. Tatsächlich entfachte diese Nachfolgeregelung jedoch alsbald, nämlich bereits seit 1068, ständige Bruderkriege zwischen den Herrschern der Gebiete von Kiev, Černigov, Perejaslav, Smolensk und Volhynien. Die inneren Kämpfe und die seit den 1060er Jahren aufflammende Bedrohung durch die Polovcer (auch: Kumanen/Kypčaken), ein nomadisches, aus Zentralasien stammendes Turkvolk, brachten Not und Elend über die südlichen Bewohner der Rus'. Der 1097 auf der Fürstenversammlung von Ljubeč unternommene Versuch einer Neuordnung des Gesamtreiches durch die Einführung der *votčina/otčina* (des Vatererbes) anstatt des Seniorats, also der Zuweisung eines erblichen Besitzes vom Vater auf den Sohn innerhalb der einzelnen Fürstentümer, beschleunigte den Zerfall noch. Eine Vielzahl von weiteren Bruderkriegen war die Konsequenz, aus denen der landbesitzende Adel, die Bojaren, allmählich als eigentliche Gewinner hervortraten. Nur noch einmal und nur für eine kurze Weile konnte der Zerfall einer zentralen Macht in den Händen des Kiever Herrschers gestoppt werden: unter dem Fürsten Vladimir Monomach (1053–1125). Er band die einzelnen Regionen wieder stärker an Kiev, was angesichts der Bedrohung durch die Polovcer einigermaßen gelang. Nach seinem Tod im Jahr 1125 verlagerte sich das politische Gewicht jedoch endgültig an die Peripherie (aus der Perspektive Kievs), an die rasch nahezu selbständigen Fürstentümer unter der

Herrschaft der verschiedenen Zweige der Rjurikiden-Dynastie.

Von den Befürwortern der Echtheit wird die Entstehung des *Igorlieds* vor diesem Hintergrund gesehen: Es sei ein politisches Manifest für die Einheit des Kiever Reiches, welches zum Zeitpunkt seiner Niederschrift nur mehr einen auch von außen, durch die offene Steppe bedrohten Torso darstellte. Dem Epos liegt ein historisches Faktum zugrunde, nämlich der unglücklich verlaufene Heerzug gegen die Polovcer von 1185. Vier Fürsten der Rus', so heißt es in dem Poem, zogen ohne ausreichende Koordination mit dem Kiever Herrscher Svjatoslav und ohne Unterstützung der Übrigen gegen die Invasoren. Nach anfänglichen Erfolgen handelten sie sich eine schmähliche Niederlage ein. Die Protagonisten auf Seiten der Rus', allen voran Igor Svjatoslavič von Novgorod-Seversk, der zwischen 1151 und 1202 lebte, werden zwar als tapfere und mutige Kämpfer geschildert, aber auch als eigensinnig getadelt: »Es ist schwierig für den Kopf / Ohne Schulter zu sein / Aber es ist genauso ein Unglück / Für den Körper ohne Kopf zu sein«, heißt es dort beispielsweise. Unbedacht und verantwortungslos hätten sie sich in das militärische Abenteuer gestürzt und dem ihnen anvertrauten Heer und der ganzen Rus' schweren Schaden zugefügt. Dass Eigennutz und territorialer Egoismus dem Reich zum Nachteil gereiche, Einheit und solidarisches Zusammenstehen es allein vor mörderischen Bruderkämpfen und äußeren, meist heidnischen Feinden bewahren könne, ist die zentrale politische Aussage des Epos. In einer Art Exkurs wird auf die Verhältnisse im Westen, also abseits der offenen Steppengrenze, hingewiesen, z.B. auf das Grenzgebiet zwischen Litauen und der Rus' bei Polack, wo die Bewohner der Rus' sich gegenüber den heidnischen Litauern in einer ähnlichen prekären Situation befanden wie im Osten. Auch hier wird Kritik an Partikularinteressen geübt. Und schließlich wird der seit 1153 regierende Fürst von Halyč, Jaroslav Vladimirovič Osmomysl (»der Achtsinnige«) gerügt. Die Kritik an ihm ist allerdings als Huldigung verpackt:

»Jaroslav Osmomysl von Halyč! Du sitzt hoch oben auf deinem goldgeschmiedeten Thron, stützt das ungarische Gebirge mit deinen ehernen Heerscharen, gebietest dem König selbst Einhalt, die Tore gegen die Donau hin sichernd, schleuderst Lasten über die Wolken, hältst Gericht bis hin zur Donau. Dein furchtgebietendes Wort durcheilt die Lande, auf Dein Geheiß hin öffnet Kiew seine Tore, du richtest die Waffen von Deines Vaters goldenem Thron gegen die Sultane in fernen Landen …«

Jaroslav Osmomysl wird hier zwar als mächtiger, dem König von Ungarn den Weg in die Rus' verweigernder Herrscher geschildert, der also die Integrität des Reiches nach außen sichert. Er erscheint aber gleichzeitig als eine Bedrohung für die innere Integrität. Denn die Ansprüche Kievs wurden durch die Fürsten von Halyč wiederholt in Frage gestellt. Es kam »zu wechselnden Bündniskonstellationen, in denen sowohl die westlichen Nachbarn Polen und Ungarn als auch das nordostrussische Suzdal' wahlweise zu Kampfgefährten«[9] der Halyčer Dynastie der Rostislaviči gegen die »Mutter der Städte der Rus'« wurden.

---

9 Gertrud Pickhan, »Kiewer Rus' und Galizien-Wolhynien«, in: Frank Golczewski (Hrsg.), *Geschichte der Ukraine*, Göttingen 1993, S. 18–37, hier S. 33.

Was war das für ein Gemeinwesen, dessen Herrscher im *Igorlied* als so mächtig beschrieben wird, dass auf sein Geheiß hin sich die Tore von Kiev öffneten? Als Teil der Rus' fand das Fürstentum Halyč-Volhynien (seit der Vereinigung von 1187, also nach dem Tod von Jaroslav Osmomysl) Eingang in den russischen historischen Erinnerungskanon. Noch bedeutender aber ist seine Rolle für den ukrainischen Gedächtniskonsens. In einem maßgeblichen Nachschlagewerk zu Geschichte und Kultur der ukrainischen Länder – der fünfbändigen *Encyclopedia of Ukraine*, zwischen 1983 und 1994 in einem Zentrum der nordamerikanischen ukrainischen Diaspora, in Toronto, herausgegeben – heißt es unter dem Lemma »Galicia«:

»Ukrainian statehood survived there [in Galicia] as the Principality of Galicia-Volhynia for another century after the sack of Kiev by the Mongols in 1240. The principality provided refuge to the people from other parts of the Rus' who had fled from the Mongol invasion. It thus became a reservoir of Ukrainian population, much of which later re-migrated to the east.«[10]

Diese Lesart bedeutet eine evidente Weiterentwicklung der sich nach Hruševs'kyj wesentlich auf das Aufspüren eines ethnischen Kerns des Ukrainertums konzentrierenden Historiographie. Einer ihrer bedeutendsten Vertreter ist der aus der Westukraine stammende Historiker Stepan Tomašivs'kyj (1875–1930), der aus der von Hruševs'kyj begründeten Schule hervorgegangen war. In enger Anlehnung an diesen entwickelte Tomašivs'kyj eine staatsbetonende Ideologie einer Synthese der Geschichte der Fürs-

---

10 *Encyclopedia of Ukraine*, 5 Bde., Toronto 1983–94, hier Bd. 2, S. 3.

tenzeit. Damit war eine Abkehr von der romantischen, am Herderschen Ideal des »Volksgeistes« orientierten Sicht von Nation vollzogen, die einem allgemeinen Trend in der Historiographie seit dem ausgehenden 19. Jahrhundert entsprach. Die bei Tomašivs'kyj zentrale Betonung des Staates gegenüber dem »Volk« deutet auf eine wenigstens als konservativ zu bezeichnende Weltanschauung hin. In den Jahren seines Berliner Exils zu Beginn der 1920er Jahre pflegte er Kontakt zu einer der zentralen Figuren der nichtsozialistischen Emigration: dem Theoretiker eines *modelling Ukraine,* Vjačeslav Lypyns'kyj, der von dem Historiker Golczewski als Anhänger einer konservativ-faschistischen Ideologie bezeichnet wird. Das spätere persönliche Zerwürfnis zwischen Tomašivs'kyj und Hruševs'kyj mag in jedem Fall auch in diesen unterschiedlichen Anschauungen begründet gewesen sein.

Das später als Halyč-Volhynien bezeichnete Fürstentum war unter Volodymyr/Vladimir dem Heiligen erstmals 981 und schließlich 1031 vorerst endgültig Teil der Rus' geworden. Vom Verfall des Reiches waren die Gebiete zumindest in wirtschaftlicher Hinsicht weniger stark betroffen, denn es gelang relativ früh, intensive Handelsbeziehung mit Mittel- und Westeuropa aufzubauen. Damit verbunden war ein Aufblühen des städtischen Handwerks und der Kaufmannschaft. Deren ausgeprägtes Selbstbewusstsein versuchten die Bojaren mit wechselndem Erfolg zu beschneiden. Neben diesen inneren Machtfaktoren Fürst – Städte – Bojaren spielten auch äußere eine Rolle für die Entwicklung des Fürstentums: Entscheidend für dessen Entwicklung war weniger die zunehmend mit der Mongolenabwehr beschäftigte Rus' als vielmehr Ungarn, Polen und Litauen. Beispielsweise kam es zu Beginn des 13. Jahrhunderts übergangsweise zur Aufteilung des Fürstentums zwischen Polen und Ungarn. Die im Zusammenhang mit den Teilungen Polens im ausgehenden 18. Jahrhundert formulierten Ansprüche Habsburgs auf das Gebiet Galizien wurden übrigens mit Hinweis auf diese Phase begründet. Wenn man will, kann man die zeitweilige Zugehörigkeit zu den lateinischen Königreichen sowie die zahlreichen Handelskontakte mit Westeuropa als Beginn der »Okzidentalisierung« eines Teils der späteren ukrainischen Länder interpretieren; diese Verwestlichung markierte die Herauslösung aus dem Kontext der östlichen Rus' und die allmähliche, freilich erst in frühneuzeitlichen Zusammenhängen wirklich evidente Einbindung in ostmitteleuropäische Kontexte (religiös, kulturell, ökonomisch). Hierfür mag auch sprechen, dass dieses Gebiet selbst nach dem Mongoleneinfall der Jahre 1240/41, in dessen Zuge Kiev beispielsweise weitläufig zerstört wurde, eigenständig, obzwar tributpflichtig blieb.

Als Blütezeit der galizisch-volhynischen Periode der ukrainischen Geschichte wird übereinstimmend die Herrschaft Danylo Romanovičs (1238–64) bezeichnet. Dies war eine Periode, welche nicht nur ukrainisch-nationalen, sondern auch westlichen Historiographen als so blühend erscheint, da sie zeitgleich zum sog. Mongolensturm verlief. Ohne Zweifel brachte dieser über den größten Teil der Rus' Verwüstung und Tod und behinderte die weitere Entwicklung dieser Länder zumindest zeitweise. Bis heute, so ist immer wieder zu lesen, sei dies ein Zivilisationsbruch gewesen, der bis heute Russland und seine Bevölkerung geprägt habe; die Neigung zur Autokratie, zum Despotismus gar, eine als typisch »asiatisch« geltende Leidensbereitschaft mit zumeist rückständigen Produktionsweisen, all das sollen Folgen der Mongolenherrschaft sein. Jedoch lassen sich etwaige Besonderheiten Russlands und der Russen nur sehr bedingt auf dieses Ereignis zurückführen. Der Historiker Haumann gibt beispielsweise Folgendes zu bedenken: »[...] die Mongolen trafen keineswegs auf ein blühendes Reich, sondern [...] auf ein Gebilde, das seinen politischen und ökonomischen Höhepunkt längst überschritten hatte. [...] Im übrigen erwies sich die Herrschaft der Mongolen als nicht derart drückend, wie vielfach angenommen wird.«[11] So herrschte beispielweise in den unterworfenen Gebieten religiöse Toleranz, anders als im christlichen Europa der Zeit, auch nachdem der Islam im 14. Jahrhundert Staatsreligion geworden war. Überdies verfügten die Mongolen über eine reiche Kultur, und ihre Agrarwirtschaft und das Gewerbe befanden sich auf einem hohen Stand. Und von einer besonderen Grausamkeit speziell asiatischer Völker ist gewiss nicht zu sprechen. So scheint denn der spezifische Blick auf das Fremde, die kulturwissenschaftlich mittlerweile eingeführte Kategorie des »Anderen«, für das verbreitete Urteil eines kultur- und zivilisationsbrechenden »Mongolenjochs« über Teile der Rus' mitverantwortlich zu sein. Zumindest in seiner Absolutheit ist dieses Diktum sicher zu bezweifeln.

Danylo Romanovič wurde in Anbetracht der Mongolengefahr 1253 vom Papst jedenfalls zum *rex Russiae* gekrönt, allerdings ohne dass sich dieser Titel für die Herrscher Halyč-Volhyniens durchsetzen sollte. Wie schon

---

11 Heiko Haumann, *Geschichte Rußlands*, München 1996, S. 98f.

seine Vorgänger – allen voran Jaroslav Osmomysl – beanspruchte auch er die Kiever Großfürstenwürde und erreichte sie bis zum Mongoleneinfall wenigstens zwischenzeitlich. Er gründete Städte, unter denen das als Festung gegen die Invasoren aus dem Osten 1256 gegründete Lemberg die wohl bedeutendste war. Ihm gelang es sogar kurzfristig, die Machtansprüche der Bojaren zurückzudrängen. Das Urteil der ukrainisch-nationalen Historiographie über diesen Herrscher und den von ihm gelenkten Staat ist infolgedessen eindeutig: Danylo sei einer der »bedeutendsten Herrscher der Ukraine« gewesen, »ein begabter, hingebungsvoller und gebildeter Mann [...] und bewahrte die Ukraine vor einer vorzeitigen Unterdrückung und Assimilierung durch Polen«, so beispielsweise Polons'ka-Vasylenko. Doch damit nicht genug: Er habe außerdem den »Entstehungsprozeß des neuen-slavisch-finnischen Staates im Nordosten« aufgehalten. Damit war der spätere Moskauer Staat gemeint, welcher in der ukrainischen Diktion oft als slavisch-finnisch bezeichnet wird, um die Unfähigkeit der Russen zur Staatsbildung ohne fremde Hilfe zu unterstreichen. Die Verdienste Halyč-Volhyniens lagen nach dieser Lesart also darin, den russischen und den polnischen Faktor in der ukrainischen Geschichte zumindest vorübergehend kleingehalten sowie dieses Gebiet westeuropäischen kulturellen Einflüssen geöffnet zu haben und gleichzeitig Nachfolger des unter mongolischer Herrschaft stehenden Kiever Reiches gewesen zu sein. Tatsächlich offenbart die Verfasstheit Halyč-Volhyniens im Vergleich mit der nordöstlichen Rus' eine gewisse Okzidentalisierung: Die Handelsströme blieben auch in mongolischer Zeit in west-östlicher Richtung ungebrochen (wegen der *pax mongolica*), neue Städte wurden gegründet, dynastische Heiraten mit westlichen Herrscherhäusern waren nicht selten, und eine Kolonisationsbewegung mit westlichen (z. B. Deutschen) und östlichen Siedlern (z. B. Armeniern) nahm ihren Anfang. Einer der besten Kenner dieser Periode, Christophe von Werdt, relativiert dieses auf den ersten Blick so überzeugende Bild allerdings: Zwar ließen sich für die galizisch-volhynische Zeit bereits multikulturelle Kontaktstellen ausmachen, die aber aufgrund des geringen Wissens über diese Entität keine exakteren Wertungen möglich machen. Den Beginn einer Okzidentalisierung, durch die sich die westlichen Ostslaven erst aus dem kulturellen-zivilisatorischen Zusammenhang der Rus' herauslösten, macht er erst für die polnisch-litauische Periode aus, also seit den 1350er Jahren.

Der Eintritt eines Großteils der ukrainischen Länder in die Einflusszone Polens und Litauens begann unterdessen mit dem Aussterben der Dynastie der Romanovyčy. Der polnische König Kazimierz III. (»der Große«, 1310–1370) nutzte 1340 alsdann die Gelegenheit eines erfolgreichen Überfalls Lembergs und damit auf ein Gebiet, welches schon länger die Begehrlichkeiten der polnischen Herrscher geweckt hatte. Nach einem wechselvollen, höchst unübersichtlichen Machtpoker zwischen verschiedenen inneren (Bojaren) und äußeren Kräften (u. a. Ungarn) wurde schließlich für das Gebiet Halyč-Volhyniens 1387 eine im Zusammenhang mit der polnisch-litauischen Personal-Union von 1386 stehende Regelung getroffen: Halyč, Lemberg und die Region Chełm/Cholm unterstanden fortan Polen, Volhynien ging an das Großfürstentum Litauen, das auch die Oberhoheit über das Kiever Gebiet ausübte. Andere, später als ukrainische Länder bezeichnete Regionen wie Transkarpatien gehörten derweil zu den Ländern der Stephanskrone, die Bukowina wurde erst Teil des Fürstentums Moldau, dann des Osmanischen Reichs.

Kapitel 6
Die ukrainischen Länder als Teil Polens und Litauens

Die von Ostslaven bewohnten Gebiete der ehemaligen Rus' unter polnischer und litauischer Herrschaft nahmen in der Folge eine sich vom östlichen Teil unterscheidende innere Entwicklung. »In der Folge« meint hier bis zur Lubliner Union von 1569, welche die litauische Eigenständigkeit beendete und die 1385 geschlossene Personal- in eine Realunion verwandelte. Diese wurde unter dem Druck des polnischen Adels mit einem durch den Livländischen Krieg mit dem Moskauer Staat (1558–1682) geschwächten Litauen geschlossen – und sollte die Karten für die westlichen Ostslaven bzw. die protoukrainische und protoweißrussische Bevölkerung neu mischen.

Das bis zur polnisch-litauischen Union von Krewo (1385) heidnische Großfürstentum kann, zumindest gemessen an der langen Herrschaft und seiner Ausdehnung, als Interimserbe der Länder der Kiever Rus' gelten. Dass die litauischen Herrscher sich in dieser Tradition sahen, bewies nicht zuletzt der von ihnen gewählte Titel eines *magnus dux Littwanie, Samathie et Rusie*. In den seit dem 13. Jahrhundert sukzessive eroberten ostslavischen Gebieten ließen diese die vorgefundenen Herrschafts-, Verwaltungs- und Rechtsordnungen bestehen und entmachteten die Teilfürsten so lange nicht, wie sie sich loyal gegenüber der neuen Herrschaft zeigten. Insbesondere behinderten sie auch nach dem Übertritt zum römischen Christentum nicht die Religionsausübung ihrer Untertanen, welche zum ganz überwiegenden Teil der Orthodoxie anhingen. Großfürst Jogaila (lit.) / Jagiełło (poln.) (1348–1434) war zwar nicht der erste litauische Herrscher gewesen, der sich hat taufen lassen – diesen Schritt hatte bereits sein Vorgänger Mindaugas im Jahr 1263 gewagt –, aber erst er setzte in der Folge der Union von Krewo die Christianisierung der bis dahin heidnischen Litauer durch, welche allerdings nur zehn Prozent der Landeskinder ausmachten; ein langwieriger Prozess, denn die Taufe eines Herrschers hatte im mittelalterlichen Kontext keinesfalls eine sofortige Durchdringung mit neuem Glauben bei der Bevölkerung zur Folge. Vielmehr ist von einer prozesshaften, allmählichen Vermengung alter Glaubensformen mit neuen auszugehen, welche sich in synkretischer Form zugleich im praktizierten Volksglauben ausprägte. Auch bei den bereits Ende des 10. Jahrhunderts orthodoxen Bewohnern der Rus' sind bis ins 15. Jahrhundert hinein starke heidnische Elemente auszumachen.

Die Annahme des römischen Christentums als Staatsreligion brachte rasch Nachteile für die mehrheitlich orthodoxen Untertanen des Großfürstentums, denn Lateiner wurden in allen öffentlichen Bereichen bevorzugt. Dies hatte auch deshalb weitreichende Folgen, weil seit dem Beginn des 15. Jahrhunderts die litauische Aristokratie römischen Bekenntnisses die gleichen weitreichenden Rechte gegenüber der Krone genoss wie ihr polnisches Pendant. Im großfürstlichen Rat durften z. B. nur katholische Adlige einen Sitz innehaben, während orthodoxe Würdenträger ausgeschlossen blieben. Faktisch konnten jedoch auch orthodoxe Oberschichtenangehörige in einzelnen Fällen einflussreiche Stellungen einnehmen. Im

Vergleich mit ihren Glaubensbrüdern, welche direkt unter der Herrschaft der polnischen Krone standen, waren sie jedoch keinem Konversionsdruck ausgesetzt. Zur Akkulturation des orthodoxen Adels an die prestigeträchtigeren lateinischen Sphären kam es trotzdem.

Dennoch geht die Forschung von einem weitreichenden ruthenischen Einfluss auf die Kultur Litauens in dieser Zeit aus, da sich die dominierenden Eliten an der Volkskultur orientierten. In diesem zeitlichen Kontext war die ruthenische Volkskultur von der Rechtgläubigkeit gekennzeichnet, umfasste sowohl die späteren Weißrussen als auch die späteren Ukrainer. Deren identitätsstiftender Bezugspunkt war, gerade in Abgrenzung zum fremdkonfessionellen Herrscherhaus, die Orthodoxie. Dass es trotzdem bereits zu diesem Zeitpunkt regionale und auch sprachliche Differenzierungen innerhalb der litauischen Ostslaven gab, soll nicht in Abrede gestellt werden. Ukrainische, aber auch weißrussische nationale Historiographen betonen übrigens überaus gerne den ruthenischen (protoukrainischen bzw. protoweißrussischen) Charakter des Großfürstentums, so dass zuweilen gar von einem litauisch-ruthenischen Großfürstentum die Rede ist. Rekurriert wird dabei auf eine gewisse Kontinuität der bereits in der Rus' gültigen Rechtsnormen (»Rus'kaja pravda«), vor allen Dingen aber auf die sog. ruthenische Kanzleisprache, welche zur Schriftsprache im Großfürstentum avancierte. Sie ist die Sprache, in der ein erhalten gebliebenes Korpus von Urkunden aus Polen und Litauen seit dem 14. Jahrhundert verfasst worden ist. Sie basiert auf dem damals gesprochenen Ukrainisch und Weißrussisch und zeichnet sich durch eine relative Abwesenheit von altkirchenslavischen Elementen aus, »mit einem bereits früh bemerkbaren starken Anteil polnischer Elemente«. Als Vorläufer der »weltlichen ruthenischen Literatursprache des 16. und 17. Jahrhunderts, nämlich der sog. Prosta mova [der einfachen Sprache]« erlebte sie im 16. Jahrhundert einen Höhepunkt. Denn zu dieser Zeit war das Kirchenslavische beinahe ausschließlich religiösen Texten vorbehalten, während die »Prosta mova« den weltlichen Bereich dominierte. Wissenschaftliche Texte wurden hingegen in lateinischer und griechischer Sprache abgefasst, was den okzidentalen Einfluss auf das Gebiet unterstreicht. Die Oberschichten bedienten sich zudem ganz selbstverständlich auch der polnischen Sprache. Das Volk verständigte sich in einer dialektal zunehmend differenzierenden Volkssprache. Als Spätfolge der Lubliner Union begann im 17. Jahrhundert allerdings die Verdrängung dieser »völlig funktionstüchtig[en] und vollständig anerkannt[en]« Sprache in der Rechtsufrigen Ukraine durch das Polnische, während sie in der Linksufrigen Ukraine noch bis in das 18. Jahrhundert hinein Anwendung fand. Später wurde auch das Russische eine ernstzunehmende Konkurrenz. Der Verlust einer gehobenen, nicht religiösen Schriftsprache sollte die ukrainische Nationsbildung später wesentlich prägen; die spätere Nationalbewegung befasste sich auch deshalb intensiv mit Sprachfragen (siehe Kapitel 9).

Erheblich schlechter sowohl in sprachlicher als auch in religiöser Hinsicht stellte sich die Lage der Ostslaven in den ehemaligen Gebieten der südlichen Rus' (Galizien/Chełm) dar, die nun zur polnischen Krone gehörten. Diese waren einem stärkeren pränationalen sprachlichen Polonisierungsdruck und römisch-lateinischen Einflüssen ausgesetzt, was nicht ohne Rückwirkungen auf die orthodoxen Gläubigen sein konnte. Die wohl nachhaltigste Folge war die kulturelle und religiöse Integration der ostslavischen/ruthenischen Oberschichten in den polnischen Adel als politische Elite. Diese Elitenkooptation ermöglichte einerseits den bislang minderprivilegierten ostslavischen Adligen den sozialen Aufstieg, andererseits ›fehlte‹ diese Schicht später als Träger eines pränationalen Bewusstseins, als Vorreiter der ukrainischen Nationsbildung.

Das Urteil hinsichtlich der polnischen bzw. polnisch-litauischen Herrschaft über die ukrainischen Länder fällt geteilt aus. Aus der ukrainisch-nationalen Perspektive kann es, trotz des ambigen polnisch-ukrainischen Verhältnisses in der Neuzeit, aber nicht nur negativ beurteilt werden. Erst sie ermöglichte die im ukrainisch-nationalen Diskurs so positiv wahrgenommene Verwestlichung, die Herauslösung aus dem ›östlich-asiatischen‹ Kontext. Ohne die ›polnische Vermittlung‹ wäre die Herausbildung einer distinkten ukrainischen Entität vermutlich nicht möglich gewesen. Die von der ukrainischen Nationalbewegung und auch von gegenwärtigen Gedächtnispolitikern in Anspruch genommene Rolle der Ukraine als Vermittler zwischen Westen und Osten, als okzidentalisierte Kontaktzone, verlief eben auch – nolens volens – über die polnische Adelsrepublik.

Als ein anerkannter Indikator von Okzidentalisierung gilt vielen Historikern das Magdeburger Recht. Dessen Einführung hatte in Städten wie Lemberg (1356) zwar schon unter galizisch-volhynischen Fürsten begonnen, aber anderen in der ehemaligen Rus' (beispielsweise Kiev, Perejaslav, Poltava oder Černihiv) wurde es erst in polnisch-litauischer Zeit gewährt. Diese Form der städtischen Selbstverwaltung löste diese Gebiete nachhaltig aus dem Kontext des kulturellen und zivilisatorischen Erbes der Rus' heraus. Zu Recht wird also für die ukrainischen Länder ein okzidentaler Einfluss reklamiert. Religiöse Pluralität und ausgedehnte Handelskontakte sind als weitere Kristallisationspunkte dieses Prozesses anzusehen.

Die Rolle der Religion ist besonders herauszuheben, zumal hier ein wesentlicher Grund für die spätere Entwicklung eines galizisch-westukrainischen Sonderbewusstseins zu suchen ist. Schon lange vor der Brester Union des Jahres 1596 als einem wesentlichen Resultat der Konfessionalisierung in der *Rzeczpospolita* war die orthodoxe Kirche für die polnische Krone ein Problem, zumal es durch die Auseinandersetzungen mit dem Moskauer Staat und dem Patriarchen von Konstantinopel auch außenpolitisch bedeutsam war. Immer wieder unternommene Versuche der Begründung eigener Metropolien auf dem polnisch-litauischen Territorium scheiterten. Das Ziel der Patriarchen von Konstantinopel blieb nämlich die Bewahrung der religiösen Einheit der Kiever Metropolie unter Moskauer Ägide. Polen-Litauen musste es aber zum einen darum gehen, seine orthodoxen Untertanen nicht einem in Moskau – also beim außenpolitischen Gegner – residierenden Metropoliten zu unterstellen. Zum anderen wollte man die seit dem Schisma von 1054 immer wieder erfolgten Bemühungen um eine Wiedervereinigung der lateinischen und östlichen Kirche vorantreiben. Diese waren 1439 als Ergebnis des Konzils von Florenz insofern erfolgreich gewesen, als die Ostkirche mit der Römischen Kirche vereinigt und der Papst als Oberhaupt der orthodoxen

Gläubigen anerkannt wurde. Die Union blieb aber folgenlos, da sich von Seiten hoher orthodoxer Kleriker Widerstand regte und sie überdies von den meisten Gläubigen ignoriert wurde. Die orthodoxe und die lateinische Kirche entfremdeten sich weiter. Im Moskauer Reich nutzte man zudem die Gelegenheit, sich endgültig von der Konstantinopler Führung loszusagen und den Metropoliten künftig vom Moskauer Großfürsten einsetzen zu lassen.

Die Orthodoxie in den polnisch-litauischen Gebieten befand sich nach diesen Ereignissen in einem Zustand der Orientierungslosigkeit: Ein allgemeiner Bildungsverfall hatte eingesetzt. Der orthodoxen Kirche zu dienen war wenig attraktiv, zumal sozialer Aufstieg trotz aller vermeintlichen Zugeständnisse weiterhin an das römische Bekenntnis gebunden blieb. Die Tatsache, dass die »Rechtgläubigkeit« nicht »von oben« gefördert wurde und sie nicht den Status einer Staatsreligion hatte, tat ein Übriges. Auch in diesem Teil Europas brachte die Reformation und die Reaktionen darauf aber neue Impulse: Die Ideen der Reformation brachen sich erstaunlich schnell und auf breiter Front besonders im Großfürstentum Bahn, wobei insbesondere der orthodoxe Adel sich zumindest zeitweise für sie begeistern konnte. Dynamisierend wirkte hier die Lubliner Union von 1569, durch welche die bislang eigenständigen litauischen Gebiete zu einem polnischen Rechtsteil wurden. Die gerade in Polen mit großer Entschlossenheit unter der Regie der Jesuiten durchgeführten Rekatholisierungs- und gegenreformatorischen Maßnahmen führten bald zur Brester Union von 1596. Auf die Initiative einer Mehrheit der orthodoxen Bischöfe und assimilierter ruthenischer Adliger hin unterstellte man sich dem Papst. Damit sollte, so wurde gehofft, die Diskriminierung der Orthodoxen beseitigt und die Glaubensspaltung zwischen den zumeist katholischen Eliten und einem orthodoxen ›Volk‹ überwunden werden. Doch gerade die einfachen Gläubigen lehnten, wie auch Teile des Klerus sowie des verbliebenen orthodoxen Adels mit Kost'jatyn Ostroz'kyj an der Spitze, die Union z. T. vehement ab. Obgleich wesentliche Elemente religiöser Praktiken und Organisation sich nicht verändert hatten (z. B. die slavische Liturgie oder die Ehemöglichkeit vor der Weihe für die niedere Priesterschaft), bewirkte die Union offenbar einiges: In den Gottesdiensten wurde nun beispielsweise das Glaubensbekenntnis unter Hinzufügung des »filoque« üblich – und als distinktives, nicht-rechtgläubiges Merkmal ausgemacht und abgelehnt. Allgemein reagierten Gläubige regelmäßig mit Widerstand auf von außen oktroyierte Veränderungen ihrer Lebenswelten, obwohl diese Außenstehenden vielleicht geringfügig anmuteten. Manche verließen deshalb sogar ihr angestammtes Siedlungsgebiet, strebten nach Osten in das durch krimtatarische Reiterarmeen gefährdete Grenzgebiet, weit von den eigentlichen weltlichen und religiösen Machtzentren entfernt. Gegner der Union verstärkten daher vielfach die zur Grenzsicherung von der polnischen Krone abgestellten Kosakenverbände (siehe auch Kapitel 7).

Eine abschließende Bewertung der Brester Union ist schwierig: Der immer wieder formulierte Vorwurf, sie sei letztlich ein Mittel der Polonisierung gewesen, weil das Polentum zunehmend mit dem römischen Katholizismus gleichgesetzt wurde, ist insofern nicht von der Hand zu weisen, als dieser Nebeneffekt von polnischer Seite durchaus intendiert gewesen sein dürfte. Er stimmt aber mit Blick auf die weitere Entwicklung des ukrainischen *nation building* und insbesondere des übergroßen Einflusses der »Ruthenen« – als Bewohner der habsburgischen, galizischen Länder – auf längere Sicht keinesfalls, zeigte sich die unierte Kirche und ihr »Personal« doch später geradezu als ›Bewahrerin des Ukrainertums‹. Dennoch: Die Spaltung der ostslavischen Bevölkerung unter polnisch-litauischer Herrschaft wurde befördert. Unstrittig sind die Folgen für die nachmaligen Ukrainer selbst, denn die Fragmentierung der ukrainischen Bevölkerung ist nicht zuletzt auch an religiösen Linien festzustellen. Die Union wurde sodann im Zarenreich, dessen Herrscher sich unter anderem als Bewahrer der »Rechtgläubigkeit« verstanden, wieder aufgelöst, in den weißrussischen Gebieten im Jahr 1839, in den von Ukrainern bewohnten Territorien 1875. Die Gefahr, dass sich nationale Sonderidentitäten auch religiös definieren könnten, hatte man in St. Petersburg offenbar erkannt.

Die Brester Union wirkte in jedem Fall schon in ihrer Zeit modernisierend, nicht zuletzt auf die Orthodoxie: Durch den Konfessionalisierungsdruck und den in den polnisch-litauischen Ländern starken protestantischen Einfluss entstand dort eine orthodoxe Erneuerungsbewegung, die in ihren Anfängen hauptsächlich von Laien getragen worden ist: nicht nur in Lemberg bildeten sich sog. Bruderschaften (*bratstva*), welche sich um theologische und weltliche Bildung kümmerten und sich vor allen Dingen der Verbreitung technischer Innovationen wie des Buchdrucks annahmen. Allmählich verlagerte sich das Zentrum dieser Erneuerungsbewegung dann nach Kiev, wo sie eng mit dem Namen Petro Mohylas (1596–1647), des Gründers des Mohyla-Kollegiums, verbunden war. Dessen von seinen Gegnern als »Latinisierung« bezeichnetes Programm orientierte sich am Vorgehen der Gegenreformation. Die von ihm gegründeten orthodoxen Bildungsinstitutionen richteten sich methodisch an den Jesuitenschulen aus, die Ausbildung des Klerus wurde verbessert sowie philosophische und theologische Schriften übersetzt. Ursprünglich als Abwehrmaßnahme gegen lateinische und polnische Einflüsse gedacht, förderten die Aktivitäten Mohylas und seiner Mitstreiter die Entstehung eines religiösen *und* regionalen Sonderbewusstseins.

Bereits in der Zeit der Kiever Rus' existierten also mannigfache Kontakte zwischen West und Ost. Nicht erst die polnisch-litauische Epoche hat deswegen die Perspektive auf den europäischen Okzident gelegt. Allerdings verringerten sich die Einflüsse der byzantinisch-östlichen Kultur auf die späteren ukrainischen Länder während dieser Zeit. Diese Gebiete partizipierten nun an Phänomenen auf dem Gebiet der Wirtschaft und der Kultur wie der Renaissance oder der Konfessionalisierung, entwickelten sich jedoch abermals zu einem Grenzland (*Ukraïna*) – diesmal an der Schnittstelle zwischen lateinischer und orthodoxer Kultur gelegen.

Kapitel 7

Kosakenzeit und Kosakenmythos

In der unabhängigen Ukraine zieren Bilder der Zaporoger Kosaken nicht nur Geldscheine und Denkmalsockel, sondern auch Zigarettenschachteln, Wodkaflaschen und andere Artikel des täglichen Gebrauchs. Kosaken und die über sie kursierenden Erzählungen spielen in der Ukraine eine bedeutende Rolle, bis hin zur geschichtspolitischen Stiftung eines nationalen Erinnerungskonsens ›von oben‹. Anders als in der Russländischen Föderation, wo das Kosakentum nach dem Ende der Sowjetunion eine Renaissance erfahren hat, sind ukrainische Kosaken gegenwärtig allerdings eher eine gedachte denn eine reale Größe. Dennoch ist der Kosakenmythos bei der Nationsbildung in der postsowjetischen Ukraine nicht zu unterschätzen.

Mit großer Selbstverständlichkeit werden die Kosaken im ukrainischen Kontext als nationale oder ethnische Gruppe definiert. Dies hat u. a. den Vorteil, dass herausgehobene Ereignisse aus der kosakischen Geschichte wie der Chmel'nyc'kyj-Aufstand im 17. Jahrhundert, auf den noch zurückgekommen wird, ex post zu einer nationalen Revolution stilisiert werden konnten. Bei genauerem Hinsehen zeigt sich jedoch, dass dieser Gemeinschaft »Freier Krieger« (so die Übersetzung des Begriffs turksprachigen Ursprungs) gerade kein nationaler Kern innewohnte. Die ersten schriftlichen Hinweise auf kosakische Verbände aus dem 13./15. Jahrhundert beziehen sich auf tatarische Söldner, die den wechselnden litauischen, polnischen, ostslavischen oder eben auch tatarischen und osmanischen Herren der Region den Kriegsdienst offerierten oder als Verhandlungsführer bei Konflikten fungierten. Ab dem 16. Jahrhundert muss bereits von einem überwiegend slavischen Charakter ausgegangen werden, da sich eine immer größere Zahl von Läuflingen dem Zugriff des Adels und der eingeschränkten Freizügigkeit mit der Flucht an die offenen Grenzen entzogen hatten. Dieses Phänomen war nicht allein in den ukrainischen Ländern zu beobachten, sondern u. a. in den Regionen Don, Terek, Volga oder im Kuban. Sie wurden von der Staatsmacht zunehmend zur Grenzsicherung eingesetzt. Diese Form der Sicherung der offenen Steppen war auch in anderen Reichen (wie bei den Habsburgern) üblich.

Die Identitätsbildung dieser Freien Krieger verlief alsbald entlang sozialer und religiöser Linien, denn die Kosaken in den ukrainischen Gebieten waren orthodox, was sie rasch in Opposition zur polnischen Krone brachte. Die später erfolgte Unterstellung der Kosaken unter die Herrschaft des Zaren, auch in seiner Funktion als Bewahrer der Orthodoxie, gewinnt unter diesem Blickwinkel an Plausibilität.

Die ruthenischen Läuflinge stammten überwiegend aus den Randgebieten Polen-Litauens, aus den Regionen Kiev, Braclav oder Podolien, weniger häufig aus den galizischen Gebieten, aus denen das Entkommen an die Peripherie weniger einfach war. Die polnische Krone, die nach der Union von Lublin allein für die Sicherung der offenen Grenzen zuständig war, wusste diese Gruppen einzubinden: Die »hinter den Stromschnellen« (*za porogami*) lebenden Verbände hatten seit dem 16. Jahrhundert die Aufgabe, die von Krimtataren und osmanischen Truppen bedrohten südlichen Steppengebiete zu sichern. Im Gegensatz zum Zentrum, wo individuelle Rechte und Pflichten an den jeweiligen sozialen Stand gekoppelt waren, herrschte dort über lange Zeit eine gewisse soziale Gleichheit, was darauf beruhte, dass die gemeinsame Verteidigung des Grenzlandes oberste Priorität besaß. Und gemein war ihnen auch die Form des Wirtschaftens. Ackerbau gestaltete sich an den instabilen Grenzen schwierig und wurde anfänglich nur in der Ausnahme betrieben. Weil die an Flüssen gelegenen Waldgebiete natürlichen Schutz vor Eindringlingen boten, lebte man überwiegend von den Früchten des Waldes und des Wassers, jagte oder betrieb zuweilen Vieh- und Bienenzucht. Zunehmende Bedeutung gewann darüber hinaus der Erlös, den man aus Beute- und Kriegszügen erzielte, die häufig in das Gebiet des Krim-Chanats führten.

In der Summe herrschte eine eigentümliche Gemengelage aus Abwesenheit ständischer Schranken sowie dominierenden ›männlichen‹ Tugenden wie Tapferkeit, Mut und Freiheitswillen. Sie eignete sich hervorragend zur späteren Ausformung einer nationalen Mythologie, die extrem maskulin geprägt ist. Dies liegt nicht etwa daran, dass die Zaporoger Kosaken eine frauenlose Gemeinschaft gewesen seien, wie teilweise zu lesen ist. Zwar gab es einen Männerüberschuss, da sich zumeist Männer als Läuflinge auf den Weg in das Grenzland begaben. Und tatsächlich blieben die Männer in der Steppensaison, in Zeiten des Krieges und des Beutemachens also, unter sich. Frauen hatten in der kosakischen Gesellschaft dennoch ihre zeitgemäßen Funktionen auf dem Gebiet der Reproduktion und des Wirtschaftens. Dies waren allerdings Aufgaben, die in der Regel zumeist nicht quellenmäßig überliefert werden. Zwar kommt Frauen in nationalen Diskursen gerne die Rolle der ›Bewahrerin‹ der Nation zu, aber nur in der Ausnahme gibt es die tätige Kämpferin für die Nation. Die Literaturlage über Frauen bei den Kosaken ist desolat, allein über die Ehefrauen einiger Kosakenanführer (Het'man) existiert geringfügig Material. Dass die zuweilen kursierende Vorstellung von einer ehelosen kosakischen Gemeinschaft dennoch nicht stimmt, darauf verweist auch ein 1638 vom Sejm verhängtes Gesetz über das Verbot der Eheschließungen zwischen Kosaken und Stadtfrauen, welches offenbar existierende Praktiken unterbinden sollte. Es ist davon auszugehen, dass junge Krieger bis etwa zum Alter von 25 Jahren sich während der Saison vorwiegend in der Steppe aufhielten und tatsächlich ehelos waren, was den freiwilligen oder auch erzwungenen Geschlechtsverkehr mit Frauen natürlich nicht ausschloss. Ältere Kosaken gründeten aber Familien, zogen sich in die befestigten Lager zurück – und betrieben dann auch Ackerbau. In jedem Fall ist ein hoher Kinderanteil in einzelnen Lagern belegt (Carsten Kumke).

Gerade die russische Romantik verklärte maskuline Lebensformen wie die der Kosaken. Sie wurden zu einer egalitären Gemeinschaft stilisiert, die bis in unsere Tage ihre Anhänger findet, obgleich dies falsch ist. Die anfangs keinen näheren Zusammenhalt untereinander bildenden einzelnen Gruppen begannen im Verlauf des 16. Jahrhunderts, sich zu größeren Verbänden zusammenzuschließen. Der Zusammenhalt ergab sich zunächst eher aus einer Art geteiltem Gewohnheitsrecht, Ebenbürtigkeit und Interessenkonvergenz als aus dem Bewusstsein übergeordneter Identifikationsmuster. Kategorien wie »Staat« oder »Nation« spielten keine Rolle, wohl aber gab es ein gewisses Loyalitätsgefühl gegenüber dem polnischen König. Ziel war das Funktionieren des Kollektivs, da man sich gerade im Kriegsfall innere Streitigkeiten nicht leisten konnte. Dazu installierte man Gremien, welche die obersten Heerführer – den Ataman und den Het'man – ursprünglich nur für die Dauer einer Steppensaison wählten. Angesichts der zunehmenden Machtfülle des polnischen Adels, der *szlachta*, suchten dann immer mehr Menschen Zuflucht bei den »Freien Kriegern«, und gleichzeitig beanspruchte der Adel die Verfügungsgewalt über die angeblich herrschaftslosen kosakischen Ländereien. Konflikte um Eigentumsrechte gerieten somit allmählich auf die Tagesordnung. Ein sozialer Stratifizierungsprozess, zumeist entlang der Trennlinien zwischen alten und neuen Grenzlandbewohnern sowie geflohenen Kleinadligen und einfachen Läuflingen, setzte ein. Innerhalb der Gemeinschaften traten soziale Probleme auf, die einzelne Verbände, oft zum Unmut des polnischen Königs, mit eigenmächtigem Vorgehen zu lösen versuchten: Immer häufiger unternahm man Raubzüge in Richtung Krim-Chanat und drang sogar mit Booten bis nach Istanbul vor, der Hauptstadt des Osmanischen Reichs.

Aus der Perspektive der polnischen Führung entwickelten sich die Kosaken so zu einer außenpolitischen Belastung. Als Zufluchtsort unzufriedener Bauern und als vermeintlicher Ort der Anarchie galten die kosakischen Gebiete ohnehin als potentieller Unruheherd. Gleichwohl blieb die Krone weiterhin auf die kosakischen Kriegs- und Verteidigungsdienste angewiesen, weswegen man es mit einer Politik des »Teile und herrsche« versuchte: Zuerst sporadisch, ab 1590 dann dauerhaft führte man die Kategorie der Registerkosaken ein, die unmittelbar dem polnischen König unterstellt wurden und sich gewisser Privilegien erfreuten. Ab 1625 besaß man dafür eigens einen Dienstkataster, in dem zwischen 5000 und 6000 Männer erfasst waren. Freie Kosaken gab es allerdings sehr viel mehr. Daraus entstanden drei Arten von Kosaken, welche sich in ein zunehmendes Konkurrenzverhältnis zueinander begaben: Registerkosaken, eingesessene Freie sowie Söldnerkosaken. Letztere erhielten oftmals keine Bezahlung mehr und mussten sich ihren Lohn mittels Beutezügen erwirtschaften.

Vor diesem Hintergrund der sozialen Ungleichheit entwickelte sich die Orthodoxie zunehmend zu einem entscheidenden Faktor im Zuge der Ausbildung einer spezifisch kosakischen Gruppenidentität. Die bereits angesprochene Brester Union von 1596 hatte die »Rechtgläubigkeit« zwar nicht verboten, wohl aber die Unierten im polnischen Staat bevorzugt, ohne dass diese allerdings ihrerseits volle Gleichberechtigung mit den Anhängern Roms bekommen hätten. Insbesondere im Osten war der Widerstand gegen die Union daher besonders heftig. Der Het'man der Registerkosaken, Petro Kononovyč Sahajdačnyj (1570–1622), setzte hier ein entsprechendes Zeichen, als er 1620 samt seinem Heer in die Kiever orthodoxe Bruderschaft eintrat. Mit diesem Wechsel an die Seite des ebenfalls der Union ablehnend gegenüberstehenden Kiever Metropoliten, Iov Borec'kyj, zeichnete sich eine tragfähige Allianz zwischen dem hohen Klerus der Orthodoxie und dem Kosakentum ab. In den Kosakengebieten links des Dneprs hatte sich in der ersten Hälfte des 17. Jahrhunderts gewaltiger gesellschaftlicher Sprengstoff angesammelt, der sich zwar einige Male entzündete, allerdings erst 1648 in seiner prekären Mischung explodierte. Vor dem Hintergrund einer insgesamt schwierigen sozialen Lage durch den Gegensatz von bäuerlichen und adligen Interessen hatten die erfolglosen Bemühungen der Orthodoxen um die Wiedererlangung tradierter Rechte seit geraumer Zeit für Unmut gesorgt. Die Beschneidung der Privilegien der Registerkosaken durch den polnischen König nahm man infolgedessen nicht mehr länger hin.

Ein erstes Opfer in diesem Konflikt wurde wie so oft in der Geschichte die jüdische Bevölkerung. In der feudalen Gesellschaft der *Rzeczpospolita* besaßen Juden, etwa als Verwalter des adligen Besitzes oder als Schankwirte, eine Mittlerfunktion zwischen dem pränationalen polnischen bzw. polonisierten Adel und den protoukrainischen Unterschichten. An ihnen sollte sich seit den 1630er Jahren zunehmend der soziale Unmut der bäuerlichen Schichten entladen. Bauern und Kosaken massakrierten Tausende, ehe der Chmel'nyc'kyj-Aufstand den grausamen Höhepunkt markierte. Die Schätzungen über die Opfer dieser Pogrome reichen bis zu Hunderttausend. Die Ukrainer erwarben sich den zweifelhaften Ruf, einem besonders ausgeprägten Antisemitismus anzuhängen. Auffällig erscheint, dass besonders verklärte kollektive Erinnerungsmomente wie das Jahr 1648, aber auch die kurze Unabhängigkeit der Ukrainischen Volksrepublik (UNR) nach dem Ersten Weltkrieg (siehe hierzu auch Kapitel 10) durch Pogrome begleitet wurden. Die Bereitschaft ukrainisch-nationaler Kreise, sich dieser historischen Verantwortung zu stellen, ist nach wie vor nicht sehr groß.

Lieber erinnert und mythifiziert man einen ukrainischen Helden: Bohdan Chmel'nyc'kyj (1596–1657), der als Gründer des ukrainischen Kosakenstaates gilt. Er war der Sohn eines polnischen Kleinadligen aus der Nähe von Lemberg und einer ruthenischen Mutter. Er genoss eine sowohl von orthodoxen (innerhalb einer Bruderschaft) als auch von lateinischen Inhalten (in einer Jesuitenschule) geprägte Erziehung. Als Registerkosake war er anfangs ein treuer Gefolgsmann des polnischen Königs und nahm an Feldzügen gegen die Osmanen und deren Verbündete teil. Erst in der zweiten Hälfte seines Lebens soll er sich vom System abgewandt haben, und zwar (ähnlich wie der legendäre Robin Hood) aus einem verletzten Gerechtigkeitsgefühl heraus: Ein polnischer Unterstarost mit Namen Czapliński soll sich in ungesetzlicher Weise seines Gutes in der Nähe der Stadt Čyhyryn bemächtigt haben, wo er mit seiner Frau und seinen Kindern ein ruhiges Familienleben führte. Bohdan suchte daraufhin erfolglos Gerechtigkeit beim Sejm und dem polnischen König, dem er lange so treu gedient hatte. Aus Enttäuschung floh er in die Steppe, sammelte weitere Unzufriedene um sich und kämpfte fortan gegen adlige Willkür; soweit die Legende. Dazu verbündete er sich selbst mit seinen eigentlichen Todfeinden, den muslimischen Krimtataren. Gemeinsam schlug man drei erfolgreiche Schlachten gegen polnische Truppen.

Seine Anhängerschaft wuchs mit seinen beeindruckenden militärischen Erfolgen, und bald stand er sogar vor Lemberg. In dem schließlich zwischen der Krone und den Kosaken geschlossenen Vertrag von Zboriv (1648) bestätigte der König abermals traditionelle kosakische Privilegien. Dem Het'man selbst ging es eindeutig nicht vorrangig um religiöse oder soziale Zugeständnisse für die breite Masse; die Lage der bäuerlichen Unterschichten wurde im Vertrag nicht einmal erwähnt. Das Bild von den Kosaken als Kämpfer für die Orthodoxie und soziale Gerechtigkeit wird durch diesen Befund getrübt. De iure wäre dieser Vertrag übrigens durchaus ein Erfolg gewesen, denn den Kosaken wurde ein definiertes Gebiet (Kiev/Černihiv/Braclav) zuerkannt, in dem sie weitgehende politische, religiöse und kulturelle Autonomie genießen sollten. Beide Seiten zeigten sich aber mit diesem Vertragswerk nicht recht zufrieden, so dass seine faktische Umsetzung ausblieb. Im Sejm, der polnischen Adelsversammlung, kam in dieser Angelegenheit sogar erstmals das berühmt-berüchtigte *liberum veto* zur Anwendung. Weitere militärische Auseinandersetzungen und Verträge folgten, zeitigten jedoch ebenso wenig praktische Wirkung. Allmählich erwog Chmel'nyc'kyj, an anderer Stelle die Durchsetzung der kosakischen Privilegien zu erreichen: In der Hoffnung, beim selbsternannten weltlichen Schutzherrn der Orthodoxie ein offeneres Ohr für die eigenen Interessen zu finden als beim katholischen König, wandte er sich an den russischen Zaren Aleksej (1629–1676). Anfänglich reagierte Moskau zurückhaltend auf diese Offerten und forderte von Polen vorerst die Einhaltung des Vertrags von Zboriv. Einerseits war man sich dort bewusst, dass ein kriegerischer Konflikt mit Polen die Folge einer Verbindung mit den Kosaken sein würde. Andererseits passte ein derartiges Angebot gut in die ideologisch-außenpolitische Konzeption einer »Sammlung der orthodoxen Länder der Rus'«. Im Herbst 1653 stimmte die russische Reichsversammlung (*zemskij sobor*) dem kosakischen Vorschlag schließlich zu, und am 18. Januar 1654 schwor die Kosakenrada in Perejaslav dem Zaren »ewige Treue«. Den von der kosakischen Delegation vorgebrachten Wunsch, ihr neuer Herr möge sich seinerseits zur Verteidigung der kosakischen Gebiete und der Achtung ihrer Autonomie verpflichten, lehnten die Vertreter Aleksejs mit Hinweis auf die Vasallenschaft der Kosaken indes ab. Schon zu diesem Zeitpunkt deutete also einiges auf eine unterschiedliche Interpretation des Vertrags hin.

Alsbald zeigte sich, wie wenig beide Seiten geneigt waren, sich dauerhaft aneinander zu binden. Wechselseitige Vertragsbrüche und Allianzen (Polen-Litauen, Schweden) waren an der Tagesordnung. 1658 schlossen die Kosaken im Vertrag von Hajdač mit der *Rzeczpospolita* ein Abkommen, welches bei seiner Umsetzung die kosakischen Gebiete von Kiev, Braclav und Černihiv als drittes, gleichberechtigtes Fürstentum neben Polen und Litauen implementiert hätte. Chmel'nyc'kyj war zu diesem Zeitpunkt bereits tot, hatte vordem aber noch vergeblich versucht, sein Gebiet als Königreich anerkennen zu lassen. Es folgte eine chaotische Phase, welche nicht umsonst selbst von der ukrainischen Historiographie als *ruïna* (»Ruin«) bezeichnet wird. Das Kosakengebiet wurde geteilt, indem man Het'mane für das linke und rechte Ufer einsetzte, und nicht zuletzt durch diese Machtdiversifizierung vor allem zu einem permanenten Kriegsschauplatz.

Erst der Vertrag von Andrusovo 1667 zwischen Polen-Litauen und Russland brachte eine vorsichtige Konsolidierung mit sich: Die Rechtsufrige Ukraine wurde bis zu den Teilungen im ausgehenden 18. Jahrhundert wieder polnisch, die linksufrigen Gebiete verblieben bei Russland. Dies galt auch für das eigentlich nur für die Dauer von zwei Jahren den Russen überantwortete Kiev. Einige kosakische Autonomierechte blieben dort erhalten, während das Het'manat in den Polen zugesprochenen Gebieten nebst allen anderen besonderen Rechten bereits 1699 kassiert wurde. Ähnliches geschah im Übrigen mit der sog. Sloboda-Ukraine (historische Region um das heutige Charkiv), die direkt Russland unterstellt wurde. Der endgültige Niedergang kosakischer Freiheiten zog sich bis zum 18. Jahrhundert hin. Er ist im Zusammenhang mit den zarischen Versuchen einer Vereinheitlichung des Reiches durch die Abschaffung regionaler Sonderrechte zu sehen. Die Zerstörung der Sič 1775 und die Auflösung des Het'manats waren also keine spezifisch antiukrainischen Maßnahmen. Zudem hatten die Kosaken ihre Funktion als Grenzsicherungstruppen verloren, als sich seit dem Großen Nordischen Krieg (1701–21) ihr technologischer Rückstand im Vergleich mit den Schweden und auch den Osmanen zeigte.

Die hier beschriebenen Ereignisse des 17. Jahrhunderts werden in der Rückschau höchst unterschiedlich bewertet: Während das russische Geschichtsbild die »Wiedervereinigung« mit dem ukrainischen Brudervolk betont, findet sich im polnischen Kontext ein besonderer Blick auf die Zeit der Kosaken-Aufstände, in der sich gleichsam der Verlust der eigenen Großmachtstellung vollzog: In diesem Zusammenhang verfestigte sich der Eindruck von den unzuverlässigen, mit den Feinden Polens paktierenden Ukrainern. Besonders im 19. Jahrhundert, also in der Zeit der polnischen Unfreiheit, wurde diese Denkgewohnheit im polnischen Diskurs popularisiert. Sie wurde wesentlich durch das Werk »Mit Feuer und Schwert« (*Ogniem i mieczem*) des späteren polnischen Nobelpreisträgers für Literatur, Henryk Sienkiewicz (1846–1916), geprägt. Dieser hatte sich mit den anderen Angehörigen der sog. realistischen Schule mit großer Hingabe der nationalen Erziehungsarbeit im geteilten Polen des ausgehenden 19. Jahrhunderts gewidmet und dabei auch ›historische Ursachenforschung‹ betrieben, im Zuge derer eine ukrainische ›Schuld‹ an der Aufteilung des Vaterlands nicht ungelegen kam. Der Erfolg des Romans war überwältigend. Er gehörte für Generationen von Polen bis in das 20. Jahrhundert hinein zum nationalen Literaturkanon und tradierte so das Bild vom verräterischen Ukrainer – angereichert durch Erfahrungen jüngerer Zeit. Noch 2001 konnten sich Millionen von Polen davon ›überzeugen‹: Der von Jerzy Kawalerowicz verfilmte Sienkiewicz-Stoff lockte in Polen mehr Besucher in die Kinos als der weltweite Blockbuster *Titanic*. Dem Publikum begegneten darin nicht nur effeminierte Tataren und Sultane, die dem Klischee von Homosexuellen entsprachen, sondern auch gemeine und hinterlistige Kosaken, die gegen das Polentum intrigierten.

Für Ukrainer ist das 17. Jahrhundert hingegen zumeist ein goldenes Zeitalter, in dem nicht nur die Kultur eine Blüte erlebte und sich bereits die besten Züge eines ›ukrainischen Volkscharakters‹ zeigten. Kampfesmut und der spezifisch ukrainische Wille zur Freiheit und Individualität hätten sich hier Bahn gebrochen. Aus diesem Grund erweist sich die Kosakenzeit seit Jahren als zentraler Bezugspunkt bei der Formulierung eines Erinnerungskonsensus: Das Kosakengeschichtsmuseum auf der Dnepr-Insel Chorticja, einem ehemaligen Feldlager der Zaporoger Kosaken, belegt dies nachdrücklich. Das aufwendig geplante Memorial ist bis heute zwar nur im Ansatz verwirklicht worden, wurde aber bereits in der Sowjetunion in Auftrag gegeben. Die Planungen standen im Zusammenhang mit den öffentlich begangenen 300-Jahr-Feiern des Vertrags von Perejaslav 1954. Flankiert wurde dieses Jubiläum durch die »Thesen zum 300. Jahrestag der Wiedervereinigung der Ukraine mit Russland (1654–1954)«. Damit feierte man die »Wiedervereinigung [...] des freiheitsliebenden ukrainischen Volks [...] mit dem russischen Volk in einem einzigen Russischen Staat«.

Auch die Populärkultur nimmt sich des Themas an, wie etwa der Regisseur Jurij Iljenko, der 2002 den Film *Ein Gebet für Het'man Mazepa* fertiggestellt hat. Er beschäftigt sich darin mit dem von der russischen und sowjetischen Geschichtsschreibung als Verräter gebrandmarkten Kosakenführer Ivan Mazepa (1644–1709). Während des Großen Nordischen Krieges (1700–20) hatte er mit Schweden gegen Russland paktiert, um das Het'manat wieder aus dem russischen Imperium herauszulösen. In dieser ersten wirklich großen und teuersten Filmproduktion seit der Unabhängigkeit wird Mazepa zum wahrhaftigen ukrainischen Patrioten stilisiert. Der Film war in der Ukraine ein großer Erfolg. Seit Beginn der 1990er Jahre wurde überdies darüber diskutiert, ob das Staatsoberhaupt der unabhängigen Ukraine nicht den Titel des Het'man annehmen solle. Man einigte sich bekanntermaßen doch auf die eher unspezifische Bezeichnung »Präsident«.

Kosakenzeit und Het'mane waren in der Historiographie bereits seit dem 18. Jahrhundert ein bevorzugtes Thema in patriotischen Kreisen: In sog. Kosaken-Chroniken wurde die Geschichte der Zaporoger und Dnepr-Kosaken als die einer seit grauen Vorzeiten beiderseits des Dneprs siedelnden militärischen Kaste beschrieben, die wechselnden Herrschern ihre Dienste offerierten und als Gegenleistung die Anerkennung ihrer »Freiheit und Rechte« verlangt hätten. Der Vertrag von Perejaslav wurde in von hohen kosakischen Offizieren verfassten Schriften zumeist als eine Reaktion auf die soziale Unterdrückung und religiöse Verfolgung durch die *Rzeczpospolita* interpretiert. Die Missachtung ihrer Privilegien hätten die Kosaken von ihrem dem König Polens geleisteten Eid entbunden. Die daraufhin akzeptierte Oberhoheit des Zaren über das Kosakengebiet wurde darin nicht in Frage gestellt.

Eine Tendenzwende ist dann im 19. Jahrhundert festzustellen: In der bereits erwähnten *Istorija Rusov* spielte das Bild der freiheitsliebenden Kosaken eine wichtige Rolle. Durch die Einbindung in eine bereits mit der Kiever Rus' beginnende kleinrussische Geschichte wurde ein lineares Geschichtsbild geschaffen. In der Folge befassten sich etliche ukrainisch-patriotisch erweckte Historiographen mit der Kosakenära: Der Gründer der Kiever Schule, Volodymyr Antonovyč, interessierte sich für diese Zeit, Michajlo/Nikolaj I. Kostomarov (1817–1885) arbeitete ebenso über die Kosaken wie Pantelejmon Kuliš (1819–1897). Kostomarov hatte den Lehrstuhl für Geschichte an der Universität St. Petersburg inne und verfasste mit seinen Monographien über die Chmel'nyc'kyj-Zeit und die sich daran anschließende *ruïna* (»Ruin«) auch kommerziell erfolgreiche Werke. Er schrieb eine politische Geschichte dieser Zeit, in welcher, der vorherrschenden populistischen Richtung entsprechend, ›das Volk‹ als Geschichtsfaktor eine große Rolle spielte. Kuliš konnte hingegen sogar biographische Bezüge herstellen, war er doch selbst Sprössling einer alten Kosakenfamilie. Beide standen dem ukrainisch-patriotischen Zirkel der »Bruderschaft der Heiligen Kyrill und Method« nahe, die bereits ein Jahr nach ihrer Gründung im Jahr 1846 von den zarischen Behörden aufgelöst wurde und deren Mitglieder politischen Repressionen bis hin zur Verbannung ausgesetzt waren. Die zarischen Behörden hatten den politischen Gehalt einer vordergründig allein wissenschaftlich-kulturellen Beschäftigung mit den Kosaken rasch erkannt (vgl. auch Kapitel 8).

Bei näherem Hinsehen nimmt sich die Position eines Kostomarov dennoch sehr gemäßigt aus, vergleicht man sie mit der später von Hruševs'kyj und seinen Adepten eingenommenen. Kostomarov vertrat nämlich eine organische Geschichtsauffassung, plädierte für die Betrachtung aller ukrainischen Länder und nicht etwa allein des Kosakengebiets. Kleinrussen, so die offizielle Bezeichnung für die ukrainische Bevölkerung im Zarenreich, gab es für ihn allerdings bereits in der Rus', und selbstverständlich war für ihn, dass die kleinrussische Geschichte im Kontext der russischen betrachtet werden müsse. Damit stellte er im Kreise der geringen Zahl patriotisch gestimmter Kleinrussen im zarischen Imperium der Mitte des 19. Jahrhunderts übrigens keine Ausnahme dar, was spätere Historikergenerationen verständlicherweise kritisierten.

Im Zarenreich durfte das Thema Kosaken durchaus öffentlich behandelt werden, solange man sich an die offizielle Sprachregelung hielt: In der zwischen 1882 und 1906 in der Ostukraine herausgegebenen Zeitschrift *Kievskaja*

Starina (»Das Kiever Altertum«), einer wissenschaftlichen, sich primär mit geschichtlichen Themen befassenden Zeitschrift, beispielsweise nahmen Beiträge über die Kosaken einen eminent wichtigen Platz ein. Es war zwar nicht von »der Ukraine« oder »den Ukrainern« die Rede, sondern von den »südrussischen« Gebieten bzw. einem »südrussischen« Volk; aber die Freiheiten, welche die Linksufrige Ukraine, das Het'manat, bis in das 18. Jahrhundert unter dem Zepter Russlands genossen hatte, wurden angesprochen. Selbstverständlich erschien die Zeitschrift in russischer Sprache, wobei die weitgehend verbotene ›Volkssprache‹, das Ukrainische, insofern Einzug hielt, als man volkstümliche Gedichte und Lieder abdruckte; allein in diesem Kontext war zuweilen der Terminus »Ukraine« zu lesen. Bereits die erste Nummer zierte ein Titelblatt, auf dem Chmel'nyc'kyj mit allen Attributen seiner Het'man-Würde prangte. Thematisch stand die Zeit des Het'manats der Dnepr-Kosaken und der Zaporoger Sič mit ihren Eliten im Mittelpunkt sowie die ukrainische Hochkultur des 16. und 17. Jahrhunderts, die mit dem Namen Petro Mohylas verbunden ist (vgl. Kapitel 6). Anders als noch einige Jahre zuvor, als ›das Volk‹ die zentrale Rolle spielte, wurden hier die Angehörigen der Kosaken-Staršyna, der Oberschichten, hervorgehoben. Man wollte einfach nicht länger als ein Volk ohne Elite gelten.

Auch in der schönen Literatur des 19. Jahrhunderts war das Kosaken-Thema von Bedeutung. Vorreiter war hier Taras Ševčenko: Ob nun in seinem Poem *Hajdamaky* (1841) oder in seinem bekanntesten Werk *Kobzar* (»Der Volkssänger«), einem Gedichtzyklus von 1840, die Zaporoger Kosaken stehen im Mittelpunkt: Im Poem wird ihr

Aufstand gegen die polnische Herrschaft in der Rechtsufrigen Ukraine im Jahr 1768 gepriesen, im *Kobzar* u.a. die Zerstörung der Sič im Jahr 1775 durch russische Truppen beklagt. Und in der lyrisch-dramatischen Versdichtung *Velykyj L'och. Misterija* (»Die große Gruft. Mysterium«) von 1845 (erschienen 1867–76) leiden u.a. drei ukrainische Tote an ihren am ukrainischen Volk begangenen Sünden: ein Mädchen, das den Pfad Chmel'nyc'kyjs auf dessen Weg nach Perejaslav kreuzte, ohne ihn aufzuhalten; eine andere arme ukrainische Seele, die das Pferd Peters I. während der Schlacht von Poltava tränkte, nach der der Zar als Strafe für den Verrat Mazepas die kosakische Autonomie beschränkte. Und eine dritte Seele schließlich: Diese hatte sich des ›Verbrechens‹ schuldig gemacht, als Säugling der Zarin Katharina II. zugelächelt zu haben. Die Zarin hatte bekanntlich 1775 die Sič zerstören lassen und die Leibeigenschaft auf das Kosakengebiet ausgedehnt.

Doch worin liegt die eigentliche Bedeutung der Kosaken, abseits ihrer Rolle in der ukrainisch-nationalen Mythologie? Für den ukrainischen Historiker Jaroslav Hrycak steht fest, dass die Ereignisse in der Folge des Jahres 1648 »die Landschaft möglicher Nations-Projekte in Osteuropa« stark verändert haben.[12] Sie beendeten nicht nur den Prozess der Assimilation der orthodoxen Eliten an die polnische Nation, sondern verhinderten auch die gemeinsame Nationsbildung einer ukrainisch-weißrussischen Entität, da die Ruthenen auf dem Gebiet des heutigen Weißruss-

---

12 Jaroslav Hrycak, »Die Formierung der modernen ukrainischen Nation«, in: Peter Jordan [u.a.] (Hrsg.), *Ukraine*, Wien 2000, S. 189–210, hier S. 198.

land nicht mobilisiert wurden. Aus dem Untergang der kosakischen Ukraine resultierte aber auch, dass die Entstehung einer ukrainischen Nationalität, welche sowohl die Ostukrainer als auch die Westukrainer umfasst, überhaupt möglich wurde. Denn die ohnehin tiefgreifenden Unterschiede zwischen diesen hätten sich sonst noch weiter vertieft.

Kapitel 8
Die ukrainischen Länder unter russischer Herrschaft

Der aus der Westukraine stammende Schriftsteller Jurij Andruchovyč ist gegenwärtig im deutschsprachigen Raum der wohl bekannteste Schriftsteller ukrainischer Zunge. Er spricht perfekt Deutsch und besucht die deutschsprachigen Länder häufig. Im Kontakt mit der dortigen Bevölkerung macht er häufig die Erfahrung, dass die Unterschiede zwischen Russen und Ukrainern so recht nicht wahrgenommen werden. Immer noch muss er bei seinen zahlreichen Reisen darauf hinweisen, »dass Dostojewski mir nicht notwendig näher sein müsse als Hesse, dass ich Komplimente, die dem russischen Ballett gelten, nicht annehme, dass die Sprache, in welcher ich meine Romane und Essays schreibe, nicht erst von Präsident Kravčuk im Jahr 1991 erfunden wurde« und »dass die Melodie von ›Kalinka‹ mich völlig kalt lässt«. Zuweilen glaubt er sogar, dass es besser gewesen wäre, wenn das Ukrainische das lateinische Alphabet angenommen hätte. Dies hätte dem Westen die Anerkennung einer von den Russen unterschiedenen ukrainischen Nationalität und Sprache vielleicht erleichtert. Mit halb bitteren, halb ironischen Worten beklagt Andruchovyč in seinem Essay »Mit einer seltsamen Liebe …« die Ignoranz des Westens in Bezug auf die Existenz einer ukrainischen Nationalität. Er gesteht gleichzeitig ein, dass der russische Faktor bis heute auf die Ukraine und seine Bewohner einen starken Einfluss ausübt.

Dieser Einfluss rührt weniger aus der Zeit der Kiever Rus' oder während der Zugehörigkeit der Kosakengebiete zum Zartum her. Vielmehr hat die russische Herrschaft über den größten Teil der ukrainischen Länder vom ausgehenden 18. Jahrhundert bis zum Ende der Sowjetunion dieses enge symbiotische Verhältnis zwischen Groß- und Kleinrussen begründet; dies wurde eine geradezu dialektische Beziehung zwischen Anziehung und Abstoßung. Erst in der Neuzeit entwickelte sich, trotz oder wegen des großen Akkulturisierungsdrucks und der allgemeinen politischen und kulturellen Pression, ein ukrainisches Sonderbewusstsein. Kommuniziert wurde dieses, anders als in den galizischen Gebieten, in denen die Auseinandersetzung über die eigentliche Nationalsprache in der noch unkodifizierten ukrainischen Sprache begann, wegen der weitgehenden Beschränkungen des Ukrainischen im Wesentlichen in der russischen Sprache. Die ukrainische Nationsbildung erfolgte wesentlich in Abgrenzung zum russischen *nation building*, welches im europäischen Vergleich ebenfalls eher spät einsetzte. Beide nationale Projekte folgten der gesamteuropäischen Tendenz, und zumindest das ukrainische – dieses Gedankenspiel sei erlaubt – hätte durchaus anders ausgehen können. Betrachtet man das breite Spektrum des sog. Nationalen Erwachens bei verschiedenen Nationalitäten vor dem Ersten Weltkrieg, so zeigt sich, dass beileibe nicht alle reüssierten. Vielmehr scheiterten eine ganze Reihe solcher Initiativen: Warum entstand beispielsweise eine (allerdings fragmentierte) ukrainische Nation, während das weißrussische *nation building* hingegen bis heute mehr oder weniger unvollständig blieb? Warum gelang der Dritten Französischen

Republik die Transformation der vor dem Ersten Weltkrieg bestenfalls mit einer regionalen Identität (in Analogie zu derjenigen der *tutejszy* – »Hiesigen« – etwa im polnisch-ukrainischen Grenzgebiet) ausgestatteten bäuerlichen Bevölkerung in der Provence in eine französische, die Eugen Weber in seiner Untersuchung *Peasants into Frenchmen*[13] nachgezeichnet hat?

Die protoukrainische Bevölkerung hätte vollständig in einer größeren russischen aufgehen können. Über einen längeren Zeitraum bestand bei patriotisch erweckten ukrainischen Intellektuellen nur wenig Neigung, sich eine vollständige kulturelle oder staatliche Trennung von Russland und den Russen auch nur vorzustellen. Für die Symbiose, das *sbliženie* (»Annäherung«) bis hin zur Verschmelzung, sprach nämlich einiges: die enge ethnische und sprachliche Verwandtschaft zwischen beiden Gruppen, die gemeinsamen religiösen (orthodoxen) Grundlagen, zumal sich die Unierten in dem seit dem 17. Jahrhundert zu Russland gehörenden Gebiet niemals fest etablieren konnten. Durch diese Nähe und den Umstand, dass soziale Konflikte z. T. nicht entlang (proto)nationaler Linien verliefen, gestaltete sich der ukrainisch-russische *encounter* im täglichen Leben über lange Strecken des 19. Jahrhunderts konfliktarm, womit ein wesentlicher Unterschied zu Galizien markiert ist.

Dem russländischen Imperium konnten noch weitere positive Züge abgewonnen werden: Sein Prestige als impe-

---

13 Eugen Weber, *Peasants into Frenchmen. The Modernization of Rural France 1870–1914*, Stanford (Calif.) 1976 (2. Aufl. London 1977).

riale Großmacht mochte auf Intellektuelle und soziale Aufsteiger attraktiv wirken. Dies war keine Spezialität des Russländischen Reiches: Untersuchungen zum britischen Imperium haben gezeigt, dass solch imperiales Prestige selbst auf sozial und national differente Gruppen integrierend wirkt. Hinzu kamen gemeinsame Feindbilder. Die seit dem Ende des 19. Jahrhunderts zunehmend antideutsche Tendenz der russischen Außenpolitik beispielsweise ließ sich auch einem ukrainischen Bauern im Gebiet von Südrussland vermitteln, der sich einer Konkurrenz mit den wirtschaftlich erfolgreichen, aber weitgehend isoliert von der slavischen Umwelt agierenden Siedlungen deutscher Kolonisten ausgesetzt sah. Und das strenge Vorgehen gegen die stets als aufrührerisch und illoyal geltenden Polen nach den Aufständen von 1830/31 und 1863/64 wurde von den national indifferenten ukrainischen Bauern gutgeheißen, denn der soziale Konflikt zwischen polnischer Oberschicht, repräsentiert durch die *szlachta*, und Bauern hatte Tradition. Somit gilt für die ukrainische Nationalbewegung unter dem Zepter des Zaren: Von einer irredentistischen, auf Separation vom Zarenreich zielenden Bewegung kann vor den revolutionären Umwälzungen des Jahres 1917 und der daraus folgenden Implosion des Imperiums nicht gesprochen werden. Von den europäischen nationalen Gruppen unter der Romanovschen Herrschaft versuchten allein die Polen, worauf polnische Historiker immer noch gerne mit einem gewissen revolutionären Stolz hinweisen, die staatlich-dynastische Verbindung zu lösen. Selbst die Oktoberrevolution und die damit verbundenen Umwälzungen brachten in den ukrainischen Ländern nicht ad hoc den Wunsch der politisch mobilisierten

Kräfte hervor, den Schritt in die Unabhängigkeit zu wagen. Erst im 4. sog. Universal (einem Rada-Beschluss) vom 12. Januar 1918 erklärte die Rada die Unabhängigkeit der Ukraine. In den vorausgegangenen drei Universalen hatte man wohl die Form der Verbindung mit Russland, aber nicht diese selbst zur Disposition gestellt. Das Band zu den nationalen Brüdern und Schwestern unter der Ägide Habsburgs war zu diesem Zeitpunkt nicht so stark ausgebildet, als dass dieses die Beziehungen zu den Großrussen hätte ersetzen können. Die bereits im 19. Jahrhundert formulierte Idee der *sobornist'*, der Vereinigung aller Ukrainer unter einer Herrschaft, wurde dagegen erst ein Jahr später, unter massivem äußerem Druck durch die Bol'ševiki und Polen am 22. Januar 1919 erklärt. Eine Vereinigung der West- mit der Ostukraine stellten die Verantwortlichen indes schnell wieder zur Diskussion; sie blieb praktisch auf Jahrzehnte hin unverwirklicht (vgl. hierzu Kapitel 10).

Das vermeintliche russisch-zarische Völkergefängnis war demnach zumindest über weite Strecken hinweg zum einen keine so schlechte Alternative zu einer getrennten Entwicklung. Zum anderen vermochte nicht einmal der despotische, autokratische Charakter des Russländischen Reichs die Entstehung einer ukrainischen nationalen Bewegung sui generis zu verhindern. Grund genug also, einen genaueren Blick auf die allgemeine Entwicklung der ukrainischen Länder unter russischer Herrschaft und die dort entstandene nationale Bewegung zu werfen.

Nach der finalen Teilung Polens 1795 standen etwa achtzig Prozent der damaligen ukrainischen Bevölkerung unter russischer Herrschaft. Die Auslöschung des polnischen Staats, einer ehemaligen europäischen Großmacht immerhin, von der geographischen, nicht der gedachten Landkarte Europas für 123 Jahre war bereits im Bewusstsein der Zeitgenossen eine den damaligen üblichen völkerrechtlichen Prinzipien widersprechende Tat. Dies umso mehr, als das von den Teilungsmächten als Argument für ihr Tun angeführte polnische ›Chaos‹ – z. B. das durch das *liberum veto*, die sog. Adelsanarchie und das Wahlkönigtum verursachte Machtvakuum – nach der ersten Teilung von 1772 beseitigt worden war. Der polnische Staat hatte durch Bildungsreformen und politische Modernisierung wie die Verfassung vom 3. Mai 1791 einen derart starken Willen zur Erneuerung an den Tag gelegt, dass die Angst der Teilungsmächte vor der sog. Französischen Krankheit an den Ufern der Weichsel umging – eine Angst, die nicht wenige polnische und polnisch-assimilierte ukrainische Adlige durchaus teilten. Etliche von ihnen akzeptierten deswegen das Angebot zur Elitenkooperation, welches der russische Staat im 18. Jahrhundert der Aristokratie eroberter Gebiete machte, und sicherten sich damit auch veritable wirtschaftliche Vorteile: Ein Großteil der Adligen in den ukrainischen Gebieten nutzte beispielsweise die Gelegenheit, die Grundlasten der schollengebundenen Untertanen zu erhöhen. Die angeeigneten ukrainischen Territorien wurden weitgehend in das russische administrative und ökonomische System eingebunden, getreu der absolutistischen Maxime, kein *corpus separatum* entstehen zu lassen. Dennoch blieben einige Besonderheiten erhalten, wie beispielsweise die polnische Verwaltungssprache. Sie wurde in der Rechtsufrigen Ukraine z. B. nicht kassiert, sondern bestand vorerst, bis 1830/31, fort.

Weitere wesentliche Maßnahmen folgten: Die zarische Verwaltung versuchte, die neuen Gebiete weitgehend in die ökonomische Struktur des Reiches einzugliedern. Es wuchs der Druck auf die unierten Gläubigen, sich wieder der Orthodoxie zuzuwenden. Die Stadtbürger wurden entsprechend ihrer Steuerleistung klassifiziert. Dies galt auch für die jüdische Bevölkerung, die nun erstmals in der russischen Geschichte eine ernstzunehmende Größe erreichte. Ihre Selbstverwaltung wurde vorerst nicht aufgehoben. Die russische Führung experimentierte in ihren neu eroberten Gebieten im ausgehenden 18. Jahrhundert also mit verschiedenen Formen der Herrschaftsausübung, gewährte beispielsweise in den polnischen Kerngebieten bis zum Novemberaufstand 1830 Autonomierechte. Das bereits länger unter russischer Herrschaft stehende Gebiet der kosakischen Sič blieb sogar bis weit in das 19. Jahrhundert ein Land der Freiheit, allerdings unter anderen Vorzeichen als während der kosakischen Ära: Um das bevölkerungsarme Steppengebiet mit Kolonisten zu peuplieren, hielt man dort den Anteil der Leibeigenen im Vergleich zu den zentralrussischen Gebieten relativ gering; viele der ehemaligen Kosaken avancierten stattdessen zu Staatsbauern. Und auch politisch – St. Petersburg und der Zar waren weit – geriet der Druck auf Abweichler, wie die hierhin geflohenen Altgläubigen, weniger stark als in den zentralrussischen Regionen.

Umso erstaunlicher wirkt vordergründig der Befund Wolfdieter Bihls, dass sich im Verlauf des 19. Jahrhunderts gerade in den Schwarzmeergebieten »kaum Zeichen von Ukrainophilie« ausmachen lassen.[14] Dieses multiethni-

---

14 Wolfdieter Bihl, »Die Ukraine als österreichische und russische Provinz«, in: Golczewski (Hrsg.) (s. Anm. 9) S. 126–155, hier S. 148.

sche, multikonfessionelle Terrain übte nämlich alsbald einen starken assimilatorischen, also russifizierenden Einfluss aus. Hier, genauso wie in dem im Verlauf des 19. Jahrhunderts stark industrialisierten Osten der heutigen ukrainischen Länder, entwickelte sich die ungelöste soziale Frage zu dem Thema, dem sich politisch mobilisierte Ukrainer widmeten, nicht die nationale. Der hohe Anteil von russifizierten Ukrainern an den sozialrevolutionären oder auch sozialdemokratischen russisch-dominierten Gruppierungen beweist dies.

Die soziale Frage war im ukrainischen Kontext, egal ob im russischen oder habsburgischen Teilungsgebiet, lange Zeit gleichbedeutend mit der Bauernfrage. Deren Relevanz erschließt sich schon aus der Tatsache, dass noch nach der Wende zum 20. Jahrhundert fast neunzig Prozent der ukrainischen Bevölkerung zum Bauerntum zählten. Hier hatte sich die Lage durch die Großen Reformen unter dem »Befreier-Zar« Alexander II. seit den 1860er Jahren nicht grundlegend verbessert, in vielen Fällen die Probleme sogar noch verschlimmert. Die Reformen waren nach dem kollektiv traumatischen Erlebnis des verlorenen Krimkriegs durchgeführt worden, der das eklatante Modernisierungsdefizit des russländischen Imperiums gegenüber dem Westen so verdeutlicht hatte. Sie wurden dennoch auf vielen Gebieten nur halbherzig und ungenügend umgesetzt und ließen vor allen Dingen die Frage nach der politischen Partizipation weitgehend unbeantwortet. Verbunden mit einem stärkeren Russifizierungsdruck, besonders seit dem Regierungsantritt Alexanders III. 1881, entstand langfristig eine gefährliche Situation für die Integrität des Imperiums.

Die auch in den ukrainischen Ländern fortgesetzte Bauernbefreiung zeitigte in den verschiedenen Regionen unterschiedliche Folgen: Während in den zentralrussischen Gebieten das den Bauern zur Verfügung gestellte Land nur um zehn Prozent verkleinert wurde, verringerte es sich in der Linksufrigen Ukraine um dreißig Prozent. Bessere Bedingungen herrschten in der Rechtsufrigen Ukraine, wo die Angst vor revolutionären Erhebungen nach dem polnischen Januaraufstand 1863 groß war. In den meisten Landstrichen war die Armut eine der Folgen, welche durch den starken Bevölkerungsanstieg in den sog. südrussischen Gebieten in den nächsten Jahrzehnten noch verstärkt wurde. Die im letzten Drittel des 19. Jahrhunderts rasant zunehmende Industrialisierung in den östlichen Gebieten, besonders im Donec'k-Becken (Donbass), konnte die bäuerliche Arbeitskräftereserve nicht genügend absorbieren. Dies gelang auch dem sich zum Motor des Schwarzmeer-Handels entwickelnden Odessa nicht. Der Anteil der Ukrainer auf dem industriellen Sektor blieb insgesamt ebenso gering wie ihr Urbanisierungsgrad. Die Anzahl der in den Städten wohnenden Ukrainer nahm aufgrund der Russifizierung und des vermehrten Zuzugs von Nichtukrainern in der Relation sogar ab. Während z.B. in Kiev im Jahr 1874 noch sechzig Prozent der Bewohner ukrainischer Muttersprache waren, traf dies im Jahr 1917 nur noch auf sechzehn Prozent zu (und in den 1980er Jahren war Russisch in Kiev praktisch die alles dominierende Sprache). Der regional durchaus stürmische Industrialisierungs- und Mobilisierungsprozess in den heute zur Ukraine gehörenden Gebieten vollzog sich vor dem Ersten Weltkrieg mit geringer ukrainischer Beteiligung. Dass der

Prozess des ukrainischen *nation building* dennoch in der russischen Ukraine (und nicht in Galizien) seinen Anfang nahm, erscheint vor diesem Hintergrund auf den ersten Blick erstaunlich. Trotzdem – ausreichende Impulse für eine Mobilisierung in sozialer und schließlich auch in nationaler Hinsicht waren offensichtlich vorhanden.

Dieser ukrainische Nationsbildungsprozess wurde in der Historiographie der letzten Jahrzehnte zumeist unter Zuhilfenahme des von dem tschechischen Historikers Miroslav Hroch entwickelten Modells erläutert. Hroch hat sich in seinem Werk über die »Vorkämpfer der nationalen Bewegung bei den kleinen Völkern Europas«[15] nicht ausdrücklich mit den Ukrainern befasst – wohl aber mit Flamen, Finnen oder Tschechen. Wie diese müssen die Ukrainer demnach als sog. Kleines Volk gelten. Doch was versteht Hroch unter einem »kleinen Volk«? Seiner Auffassung nach fehlte jenem zu einem gegebenen Zeitpunkt eine pränationale Elite, welche den Nationsbildungsprozess hätte befördern können (wie dies z. B. im polnischen Fall der Adel war oder im deutschen das Bürgertum). Sozial war sein »kleines Volk« wenig differenziert und bestand überwiegend aus Bauern. Es besaß keinen eigenen Staat, sondern siedelte in der Regel auf einem Territorium, auf dem die ökonomisch und politisch dominierende Schicht einer fremdnationalen Gruppe angehörte. Hier übernahm Hroch die von Friedrich Engels geprägte Terminologie des sog. Historischen Volkes, welches sozial differenzierter ist

---

15 Miroslav Hroch, *Die Vorkämpfer der nationalen Bewegung bei den kleinen Völkern Europas. Eine vergleichende Analyse zur gesellschaftlichen Schichtung der patriotischen Gruppen*, Prag 1968.

Meistens sind die einzelnen Segmente des »kleinen Volks« politisch-administrativ getrennt, was auf die zwischen den Habsburgern und dem Zarenreich separierten Ukrainer jedenfalls zutraf. Die Nationsbildung oder, wie es bei der umstrittenen Annahme einer quasi-natürlichen nationalen Existenz auch heißen könnte, das »nationale Erwachen« eines »kleinen Volks« durchlief in der Regel folgende Phasen: Die Phase A des wissenschaftlichen Interesses, in der sich kleine, oft versprengte intellektuelle Zirkel der Sammlung und Popularisierung von Volksliedern und Märchen, Legenden und Mythen usw. einer Volksgruppe widmen, kurz dem, was als nationale Folklore definiert wird. Oftmals wird in dieser Phase auch eine Volkssprache bestimmt. Damit erfolgt eine Abgrenzung zu dem vom »historischen« Volk gesprochenen Idiom oder älteren, zumeist im religiösen Kontext verwandten Sprachformen. Dies ist gleichfalls kennzeichnend für die ukrainische Nationsbildung, wo die erweckten Patrioten sich sowohl vom Kirchenslavischen als auch von dem darauf basierenden *Jazyčie* distanzierten (siehe hierzu auch Kapitel 9). In der Phase B der patriotischen Agitation kommt es daraufhin zu ersten nationalen Organisationsbildungen, Kultur- und Lesevereinen beispielsweise und Parteien. Durch diese Gruppen wird eine nationale Ideologie allmählich in breitere Volksschichten hineingetragen. Während die Trägerschichten der Phase A ihr Tun zumeist noch nicht ausdrücklich als nationalpolitisches Handeln definieren, ist den Protagonisten der Phase B der nationalpolitische Gehalt ihrer Tätigkeit durchaus bewusst. In der Phase C der nationalen Massenbewegung schließlich definiert sich eine große Mehrheit bereits als ein Volk oder eine Nationalität mit eigenem Gruppenbewusstsein. Sie strebt innerhalb des staatlichen Verbandes die Unabhängigkeit, wenigstens aber weitgehende Autonomie an.

Mittlerweile wird dieses Modell nicht nur im Hinblick auf seine Anwendbarkeit auf den ukrainischen Nationsbildungsprozess kritisch betrachtet. Mit Bezug auf die Ukrainer wendet Ivan L. Rudnyc'kyj, der einer der führenden Historiker der ukrainischen Diaspora nach dem Zweiten Weltkrieg in Nordamerika war, ein, dass dort Elemente auszumachen seien, welche der Formierung staatlicher Nationen entsprochen haben. Und auch Andreas Kappeler, der fast zwei Jahrzehnte mit dem Hrochschen Modell gearbeitet hat, beschlichen 1998 hinsichtlich einer Übertragung »eins zu eins« auf den Fall der russischen Ukrainer gewisse Zweifel: Ukrainer wiesen nach der Hrochschen Terminologie »Elemente des desintegrierten Typs auf, allerdings in einer neuen, osteuropäischen Variante unter den Bedingungen ökonomischer Verspätung und eines vorkonstitutionellen Systems«.[16] Der ukrainische Fall sei somit eine Mischung des unter den osteuropäischen Bauernvölkern und den nicht dominanten »Ethnien Westeuropas vorherrschenden Typs« gewesen. Trotz dieser bedenkenswerten Einwände ist das Modell von Hroch weiterhin das tauglichste Instrumentarium zur Annäherung an dieses gesellschaftliche Phänomen bei nichtstaatlichen Nationalitäten.

Eine Übertragung der Phase A des gelehrten patriotischen Interesses des Hrochschen Modells auf die ukraini-

---

16 Andreas Kappeler, »Die ukrainische Nationalbewegung im Russischen Reich und in Galizien. Ein Vergleich«, in: Heinz Timmermann (Hrsg.), *Entwicklung der Nationalbewegungen in Europa 1850–1914*, Berlin 1998, S. 174–196.

schen Länder gelingt zumindest ohne Mühe: Eine weltliche Intelligenz beschäftigte sich seit Beginn des 19. Jahrhunderts tatsächlich intensiv mit geschichtlichen Themen und der Sammlung von Volksliedern, Gedichten u. Ä. Diese Intellektuellen entstammten dem deklassierten Kosakenadel (*staršyna*) der Linksufrigen Ukraine und hatten das höhere (russischsprachige) Bildungssystem durchlaufen. Denn bis 1905 gab es keine ukrainischsprachigen Schulen im Russländischen Reich, danach nur wenige Privatschulen. Die schlecht ausgebildete orthodoxe Geistlichkeit spielte demgegenüber in dieser Phase kaum eine Rolle, anders als in Galizien (vgl. hierzu auch Kapitel 9). Insgesamt war die Zahl der Aktivisten gering, erst gegen Ende des 19. Jahrhunderts stießen vermehrt Patrioten ohne adligen Hintergrund hinzu. Das vorrangige Interesse der patriotischen Vorkämpfer dieser ersten Generation galt neben kulturellen also wissenschaftlichen Themen, denen bereits ein nationalpolitischer Gehalt innewohnte. Das Bewusstsein von der Differenziertheit zwischen Russen und der russischen Sprache einerseits und Ukrainern und der ukrainischen Sprache andererseits wurde durch diese Beschäftigung wesentlich befördert.

Auch nach außen hin als politische Gruppe wahrnehmbar war außerdem die bereits erwähnte »Kyrill-und-Method-Bruderschaft« (1846–47), benannt nach den Slavenaposteln gleichen Namens aus dem 9. Jahrhundert. Diese Gemeinschaft bezeichnete sich selbst als panslavisch, was zu diesem Zeitpunkt in einem fundamentalen Gegensatz zum offiziellen autokratisch-hegemonialen Nationalismus stand, welcher die russische Autokratie nach innen stabilisieren sollte. Panslavismus war – anders als 1867 in Moskau, wo mit starker westslavischer Beteiligung der Zweite Slavenkongress stattfand – eine oppositionelle (im russländischen Kontext) bzw. antirussische (außerhalb des Zarenreichs) Bewegung. Der Tscheche František Palacký z. B., der den Ersten Slavenkongress 1848 in Prag einberief, darf als ausgesprochener Gegner der russischen Monarchie gelten. Einige Mitglieder der Bruderschaft teilten diese antirussische Haltung: Sie träumten von einer großen staatlichen Gemeinschaft der slavischen Völker einschließlich der Ukrainer, der Polen, der Serben und Bulgaren, schlossen die Russen aber ausdrücklich aus. Die meisten strebten jedoch eine Demokratisierung und Föderalisierung des Russländischen Reiches an, in dem die Ukrainer ihren Platz an exponierter Stelle erhalten sollten. In den Schriften aus der Feder der Bruderschaftler bemühte man, ähnlich wie polnische Patrioten in dieser Zeit, mit dem Bild einer an das Kreuz geschlagenen Ukraine das Christusmotiv. Bis auf einige radikalere, der Bruderschaft nahestehende Personen wie z. B. Taras Ševčenko, der für den bewaffneten Kampf gegen das Zartum eintrat, wurde die Verbindung mit Russland also nicht grundsätzlich zur Disposition gestellt. Dennoch, die Verhaftung und Verbannung der Bruderschaftler wurde 1847 verfügt. Ševčenko traf es besonders hart: Er wurde zu zehn Jahren Militärdienst bei Schreib- und Malverbot verurteilt. Weit entfernt von den Hauptstädten des Imperiums, auf einer entvölkerten Halbinsel am Ostufer des Kaspischen Meeres, welche heute seinen Namen (Fort Ševčenko) trägt, hatte er diesen abzuleisten.

Die Bedeutung der Bruderschaft für das, was später als Nationale Wiedergeburt der Ukrainer bzw. als ein wesentlicher Baustein im Prozess ihres *nation building* bezeichnet worden ist, war für Zeitgenossen – und vermutlich auch für die Beteiligten selbst – kaum erkennbar. Schon quantitativ fiel dieser patriotisch erweckte Zirkel nicht ins Gewicht, und sein Einfluss auf das später so wichtig werdende »Volk« tendierte gegen null. Trotzdem hat die »Kyrill-und-Method-Bruderschaft« im nationalen Gedächtnis der Ukrainer ihre Spuren hinterlassen. Zu vermerken ist übrigens, dass einigen Bruderschaftlern trotz Verbannung und Bestrafung später der soziale Aufstieg gelang. Von einer dauerhaften Ächtung seitens der Staatsmacht konnte also in den ersten, liberalen Regierungsjahren Alexanders II. keine Rede sein: Der Historiker Kostomarov wurde Professor der Universität St. Petersburg, Ševčenko in den wenigen ihm noch verbleibenden Lebensjahren zwischen 1857 und 1861 zu einem gefeierten Künstler der hauptstädtischen Szene. Kuliš gelang die Herausgabe der Zeitschrift *Osnova* (»Die Grundlage/Basis«). Von St. Petersburg ausgehend entstanden Bildungsgesellschaften, die den Namen *Hromada* (»Gemeinde«) trugen und sich der Volksbildung verschrieben hatten. Der selbstformulierte Erziehungsauftrag schuf noch keine Massenbasis, so dass die Hrochsche Phase B der patriotischen Agitation noch nicht erreicht war. Neben St. Petersburg, das ein Zentrum der patriotischen Befassung mit dem Ukrainertum geworden war, entstand in der Rechtsufrigen Ukraine ein zweiter nationaler Mittelpunkt. Entscheidend für die im Nationsbildungsprozess eminent wichtige Rolle der Kommunikation war, dass beide Zentren, u.a. mittels der Zeitschrift *Osnova*, miteinander in Verbindung standen.

Für diese Phasen – nennen wir sie ruhig weiterhin mit Miroslav Hroch A und B – gilt, was Herfried Münkler auch für andere nationale Projekte festgestellt hat: »Im Falle der Nation [...] sind es Schriftsteller und Intellektuelle, die eine Gemeinschaft konstituieren, indem sie Geschichten über deren Zusammengehörigkeit erzählen; seien es solche gemeinsamer Erwähltheit und göttlichen Schutzes, unvordenklicher Siedlungsgemeinschaft, gemeinsamer Herkunft oder gemeinsamer Taten, gemeinsamer Sprache oder gemeinsamer politischer Prinzipien.«[17]

Die Wandlung des Polen Włodzimierz Antonowicz zum Ukrainer Volodymyr Antonovyč, der eine herausragende Rolle in der ukrainischen Nationalbewegung spielen sollte, wurde jedenfalls in dieser *Osnova* publik gemacht und ist eine Konsequenz aus dem polnischen Faktor in der ukrainischen Geschichte: Die seit Beginn der 1860er Jahre von Kongresspolen ausgehende konspirative bzw. revolutionäre Stimmung hatte die Oberschichten in den peripheren Gebieten der ehemaligen *Rzeczpospolita* nicht verschont. Als Grund für das Scheitern des Aufstandes der Jahre 1830/31 erkannte man nun die fehlende Unterstützung durch die Bauernschaft; diese würde versagt bleiben, solange ein pränationaler, sich allein auf die Eliten beschränkender Nationsbegriff vorherrschend und die Auswüchse feudaler Ausbeutung bestehen blieben. Als eine der ersten Maßnahmen zur Herrschaftsstabilisierung und zur Erlangung der Unterstützung aus den Unterschichten hatte die sog. Nationalregierung in Kongresspolen im Januar 1863 folgerichtig die Landzuteilung an die Bauern und die Ent-

---

17 Herfried Münkler, »Nation als Modell politischer Ordnung. Vorüberlegungen zu einer wissenssoziologisch-ideengeschichtlich formulierten Theorie der Nation«, in: *Staatswissenschaft und Staatspraxis* 5 (1994) S. 367–392, hier S. 376.

schädigung der Grundbesitzer aus einem Nationalfonds proklamiert. Langfristiger Erfolg war dem Januaraufstand indes nicht vergönnt und die Rache der Sieger hart: Über 250 Todesurteile wurden vollstreckt, etwa 1500 Aufständische zu Zwangsarbeit verurteilt, mehr als zehntausend Polen nach Sibirien verbannt und ihre Güter konfisziert. Die Ereignisse brannten sich traumatisch ins polnische kollektive Bewusstsein ein und hatten Konsequenzen. Man nahm nun zur Kenntnis, dass die polnische Nation nicht allein aus Adligen bestand, sondern ganz überwiegend aus Bauern. Wollte eine polnische Idee überleben, musste man diese Landbevölkerung erreichen; Landzuteilungen zu versprechen reichte dazu alleine nicht. So begannen Angehörige der polnischen Oberschichten als sog. Bauernfreunde »ins Volk zu gehen«. In der Rechtsufrigen Ukraine trafen sie dabei aber weniger auf Polen als auf (national indifferente) Ukrainer. Deren Sprache unterschied sich von der polnischen Hochsprache, weshalb man sie zwar als Bauernsprache abqualifizierte, sie aber gleichwohl erlernte, um sich den Landbewohnern verständlich zu machen. Die Bauernschaft zeigte sich trotz aller Bemühungen der adligen Bauernfreunde um Anpassung im Habitus, in der Sprache, der Kleidung usw. von den *panowie* (den »Herren«) nur mäßig beeindruckt. Jene wiederum erkannten erst jetzt die nicht nur soziale Differenz zwischen den Polen und ›dem Volk‹ in diesem Gebiet. So kam es zuweilen, wie im Fall von Antonovyč, zu einem selbstbestimmten Nationalitätenwechsel, mit dem Argument, die Interessen des Volkes vertreten zu wollen, in dessen Mitte man lebe.

Im polnischen politischen Denken dieser Zeit kam es einer Selbstverständlichkeit gleich, dass die ethnischen

Ukrainer genauso wie die Weißrussen, Litauer oder auch (mit Einschränkungen) Juden etwa in den ethnischen heterogenen ostpolnischen Gebieten weniger weit entwickelte Polen seien, welche durch Erziehung und Bildung aber ›zivilisatorisch gehoben‹ werden könnten. Dies war eine Sichtweise, welche sich im Verlauf der nächsten Jahrzehnte einer immer größeren Zahl von ›unterentwickelten Polen‹ nicht erschließen wollte. Im Gegenteil, durch Bildung, Mobilisierung und Modernisierung im Allgemeinen wuchs auch unter diesen Mitgliedern das Gefühl für den Unterschied zwischen Polen und ihnen. Im russischen nationalen Diskurs dieser Zeit wurde übrigens recht ähnlich argumentiert: Ukrainer waren demnach engste Verwandte der Großrussen. Entsprechend überrascht zeigte sich die russische Administration über das Erscheinen einer ukrainischen Nationalbewegung, welche man anfangs sogar für eine Variante des polnischen Nationalismus hielt. Später kam es durch die kaiserlichen Edikte von 1863 (Valuev-Ukaz) und 1875 (Emser Ukaz) zu weitgehenden Verboten der ukrainischen Sprache im Russländischen Reich; damit wurde kurioserweise eine Sprache aus dem öffentlichen Diskurs verbannt, die es nach offizieller Lesart gar nicht gab. Wegen dieses Drucks und konkurrierender Ansprüche auf die Ukrainer – neben den polnischen und russischen existierten noch Konzepte einer Rus'-magyarischen und ruthenischen Identität sui generis – kristallisierte sich ein ukrainisches nationales Projekt heraus. Teile der ukrainischen Intellektuellen radikalisierten sich aufgrund der staatlichen Pression durch die zarische Macht, und das Zentrum des noch nicht ausformulierten ukrainischen Projekts verlagerte sich allmählich in das habsburgische

Kronland Galizien; dies zum Teil ganz konkret, indem Protagonisten der Bewegung ihren Lebensmittelpunkt ins Habsburgerreich verlagerten. Andere patriotisch und sozial erweckte Protonationalisten wandten sich hingegen den russischen Sozialrevolutionären zu und gingen damit, wenn man so will, der ukrainischen Nation verloren.

Der Nexus zwischen sozialer und nationaler Frage war indes nicht nur von Polen, sondern auch von ukrainischen Patrioten erkannt worden, obwohl sich ältere, gesellschaftlich etablierte Personen wie der Historiker Antonovyč weiterhin ›gelehrt‹ mit den Kleinrussen auseinandersetzten. Einen anderen Weg beschritt dagegen Mychajlo Drahomanov (1841–1895), ebenfalls Historiker und von seinem Posten an der Universität Kiev wegen seiner politischen Aktivitäten enthoben. Er emigrierte über Genf nach Sofia und hielt engste Verbindung zu galizisch-nationalen Zirkeln. Ideologisch stand die Rezeption des westlichen Sozialismus am Anfang, welchen er aber für die Verhältnisse in Osteuropa als untauglich empfand und deswegen zu einem Bauernsozialismus modifizierte. Im Gegensatz zum Marxismus, der der Nation nur eine Übergangsrolle in der Geschichte zuerkannte, spielte diese bei Drahomanov eine wichtigere Rolle. Er betonte die Existenz einer ukrainischen Nation, deren Zukunft er in einer Föderation gleichberechtigter Völker unter Einschluss Russlands sah. Schon wegen des von sozialistischen Denkern als notwendig erachteten großen Wirtschaftsraums lehnte er homogene Nationalstaaten ab. Drahomanov war also keineswegs antirussisch, insbesondere sah er im russischen Volk eine Kulturnation, von der Ukrainer nur lernen könnten.

Während sich in Österreich-Ungarn bereits im ausgehenden 19. Jahrhundert ein relativ differenziertes ukrainisches Parteienwesen entwickeln konnte, war dies im Zarenreich anders. Ukrainische Parteien entstanden dort erst nach der Jahrhundertwende und mussten im Untergrund agieren. Die 1900 gegründete Revolutionäre Ukrainische Partei (RUP) avancierte dabei zu einer Art Keimzelle für das ukrainische Parteienwesen im Zarenreich. Mit Volodymyr Vynnyčenko, Mykola Porš und Simon Petljura (1879–1926) standen Personen an ihrer Spitze, die später alle noch eine hervorragende Rolle in der ukrainischen Unabhängigkeitsbewegung nach dem Ersten Weltkrieg spielen sollten (siehe hierzu Kapitel 10). Bald zerfiel die Partei: Eine Gruppe plädierte für die enge Anlehnung an russische, sozialdemokratische Gruppen. Dies schloss die Entwicklung eines eigenständigen, ukrainischen Profils aus, zumal russische Sozialdemokraten über separatistische Gedankenspiele nicht erfreut waren, da sie für eine Integrität Russlands nach der (großen und zu erwartenden?) Revolution unter sozialistischen Vorzeichen eintraten. Der nationale Flügel, u. a. mit Porš und Petljura, gründete die »Ukrainische Sozialdemokratische Arbeiterpartei« (»Ukraïns'ka Socijalnodemokratyčna Robotnicja Partija«, USDRP), welche sich eine am Erfurter Programm der SPD orientierte Richtung gab.

Eine gewisse politische Dynamik setzte nach der Revolution von 1905 ein, prägte aber immer noch keine exponierte, nationale ukrainische Partei mit Breitenwirkung aus. Auch deshalb kann keine Rede davon sein, dass in der russischen Ukraine vor dem Ersten Weltkrieg eine nationalistische Massenbewegung – der Phase C des Hrochschen

Modells entsprechend – entstanden wäre. Wenigstens gelang der Aufbau eines nationalen Kommunikationsnetzes, welches auf der Presse, wissenschaftlichen Gesellschaften und exponierten Persönlichkeiten wie dem aus Galizien remigrierten Hruševs'kyj basierte. Ein staatliches ukrainisches Bildungssystem entwickelte sich hingegen nicht, im Parlament (*Duma*) herrschte weiterhin ein restriktives Wahlrecht, da dort die nationalen Minderheiten nicht ihrer Bevölkerungszahl entsprechend repräsentiert waren und das schon deshalb kein Forum für die Propagierung ukrainischer Ideen werden konnte. Anders als in Österreich blieb die Bauernschaft national indifferent, und die Ukrainer in den Städten ließen sich nur teilweise mobilisieren. Die 33 Millionen Ukrainer im Zarenreich stellten gleichwohl die Mehrheit, ihnen standen nur vier Millionen in der Habsburgermonarchie gegenüber.

Obgleich also im Zarenreich bis zum Ende seines Bestehens keine ukrainische Massenbewegung ausgemacht werden kann, ist die Bilanz keine schlechte. Denn trotz aller Restriktionen und Verbote entstand zumindest bei gesellschaftlichen Trägerschichten ein ukrainisches Sonderbewusstsein, was vor allen Dingen eine vollständige, irreversible Angleichung an das Russentum verhinderte. Ob dies nun auf einen vitalen national-ethnischen Kern zurückzuführen ist oder aber auf die Unfähigkeit oder Unwilligkeit des russländischen Imperiums, wahrhaftig assimilatorisch zu wirken, sei dahingestellt. Vielleicht mangelte es dem Imperium an ausreichenden Homogenisierungsmitteln zur Schaffung einer einzigen russisch-ostslavischen Identität, zumal das Bildungswesen bis zur Revolution sträflich vernachlässigt wurde. Es fehlten nicht nur ukrainische Schulen im sog. Südrussland, sondern Schulen und Lehrer überhaupt, welche als Multiplikatoren einer russisch-imperialen Identität hätten fungieren können. Das Misstrauen gegenüber den »Intellektuellen an sich« als potentielle Aufrührer gegen die zarische Macht mag hierfür ein wesentlicher Grund gewesen sein. Zudem hielten viele Russen die ›ukrainische Frage‹ bereits für gelöst. Dass die Ukrainer keine Russen wurden, frappiert auch heute noch den einen oder die andere.

Kapitel 9
Die ukrainischen Länder unter der Herrschaft des Habsburgerreichs

Nach der Wiederauferstehung des für 123 Jahre von den Landkarten getilgten polnischen Staates in Folge des Ersten Weltkriegs war die Büste des ›guten Kaisers‹ Franz Joseph im ehemaligen Kronland Galizien und Lodomerien, so die offizielle Bezeichnung, nicht mehr erwünscht. Sie musste den Symbolen des neuen Polens weichen. Doch einige ehemalige Untertanen wollten ihrem Kaiser zumindest symbolisch eine letzte Ehre erweisen. Sie beschlossen, seine Büste feierlich zu begraben:

»Der ukrainische Schreiner Nikita Kolohin zimmerte einen großartigen Sarg aus Eichenholz. Drei tote Kaiser hätten in ihm Platz gefunden. Der polnische Schmied Jarosław Wojciechowski schmiedete einen gewaltigen Doppeladler aus Messing, der auf den Deckel des Sarges genietet wurde. Der jüdische Thoraschreiber Nuchim Kapturak schrieb mit einem Gänsekiel auf eine kleine Pergamentrolle den Segen, den die gläubigen Juden zu sprechen haben beim Anblick eines gekrönten Hauptes, wickelte sie in ein gehämmertes Blech und legte es in den Sarg.«[18] Graf Morstin schließlich, ein ehemaliger Offizier der k. u. k. Armee und die Personifizierung des übernationalen Österreichers, »grüßte zum letzten Mal mit dem Sä-

---

18 Joseph Roth, »Die Büste des Kaisers«, in: J.R., *Werke*, Bd. 5: *Romane und Erzählungen 1936–1940*, Köln [u.a.] 1991, S. 655–676, hier S. 675.

bel den Kaiser. Da erhob sich ein Schluchzen in der Menge, als hätte man jetzt erst den Kaiser Franz Joseph begraben, die alte Monarchie und die alte Heimat.«

So würdevoll, so traurig wurde also im Nordosten der ehemaligen Monarchie Abschied vom Kaiser und von der alten Ordnung genommen, zumindest wenn man Joseph Roth (1894–1939) traut, der in seinem Werk dem alten Galizien als einem »Paradies mit kleinen Fehlern« ein literarisches Denkmal gesetzt hat. Auch sein polnischer Schriftstellerkollege Józef Wittlin bekundete, das Zusammenleben der vielen Nationalitäten (Polen, Ukrainer, Juden, Deutsche und Armenier) vor dem Weltkrieg sei einträchtig gewesen.[19]

Dieses Bild der glücklich unter dem Zepter Habsburgs lebenden Völkerschaften Galiziens erscheint so stimmig, dass das Wissen um den am 2. November 1918 beginnenden Kampf um Lemberg und damit um die Macht in Ostgalizien zwischen Polen und Ukrainern verstört. Erstes Opfer dieser Auseinandersetzung wurde die örtliche jüdische Bevölkerung und letztlicher Sieger die polnische Seite. Folgt man dem bereits erwähnten Schriftsteller Jurij Andruchovyč, war Lemberg 1918 ohnehin eine polnische Stadt gewesen, »nicht auf einer abstrakten, unpersönlichen Ebene, sondern sehr konkret und unmittelbar, es waren ihre Torbögen, Hinterhöfe, Seitengassen, die sie in- und auswendig kannten, und sei es nur, weil sie dort zum ersten Mal ein Mädchen geküsst hatten. Die Ukrainer, nur von der patriotischen Idee vom ›fürstlichen Ruhm unseres Lwiw‹ beseelt, stammten mehrheitlich vom Land und fan-

---

19 Józef Wittlin, *Mój Lwów*, Warszawa 1991, S. 91.

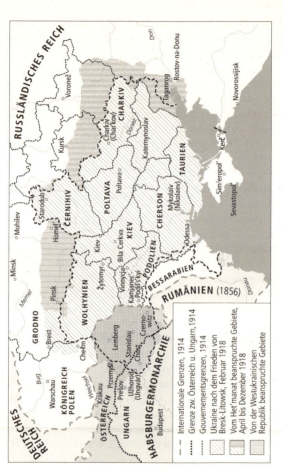

Die Ukraine 1846–1914

den sich in der fremden Umgebung nur schwer zurecht« – so heißt es in der Essaysammlung *Das letzte Territorium*.[20]

Der von Roth, Wittlin und vielen anderen Künstlern geformte galizische Mythos des Miteinander prägt das Galizien-Bild bis in unsere Zeit. Dieser Mythos umfasst nicht nur die habsburgische Zeit, sondern insbesondere bei polnischen Schriftstellern ebenfalls die Zwischenkriegszeit, in der Galizien Teil der Zweiten Polnischen Republik war. Erst der Zweite Weltkrieg und die sich daran anschließende bevölkerungsstrukturelle Homogenisierung dieses Raums markierten das vorläufige Ende des Galizien-Mythos. Vorläufig deshalb, weil eine moderne Art der Heimwehliteratur in Polen, aber auch der westlichen Ukraine entstanden ist. Die diesen Raum über lange Zeit kennzeichnende Multikulturalität, deren Ende in autobiographisch geprägten Umsetzungen so lautstark beklagt wird, war gleichfalls der Ursprung gewaltsamer interethnischer Konflikte; dessen ungeachtet transportiert der Mythos Galizien nach wie vor die Vorstellung einer fruchtbaren und friedlichen Symbiose der dort siedelnden Völkerschaften.

Abseits der literarisch geformten Narrationen spielt das habsburgische Galizien in den nationalen Mythologien der Polen und der Ukrainer eine große Rolle: Es fungiert in beiden Kontexten als ein ›Piemont‹, in Analogie zu der oberitalienischen Region, in der der Prozess des *Risorgimento* (»Wiedererstehen«) seinen Anfang nahm, der mit der Einigung Italiens in den Jahren 1860 bis 1866 endete. Beiden Nationalitäten gelang es unter dem im Vergleich

---

20 Jurij Andruchovyč, *Das letzte Territorium*, aus dem Ukrain. von Alois Woldan, Frankfurt a. M. 2003, S. 35 f.

mit Preußen und Russland liberalen Regime Habsburgs, ihre nationalen Projekte entschieden voranzutreiben. Im polnischen Fall vollzog sich die Genese von einer vormodernen, sich auf die Oberschichten beschränkenden Nation hin zu einer alle Bevölkerungsgruppen umfassenden. Den Ukrainern/Ruthenen gelang es ihrerseits, die bereits in der frühen Neuzeit einsetzende Polonisierung der alten Eliten aufzuhalten und eine nationalbewusste Gruppe patriotischer Vorkämpfer hervorzubringen. Diese sollten bald als nationale Multiplikatoren fungieren. Mittelfristig führte dies zur Ausformulierung eines – aus polnischer Sicht – separatistischen ruthenischen Programms. Dessen Ziel war, ähnlich den Ukrainern im Russländischen Reich, nicht die Abspaltung, sondern eine ruthenische Autonomie unter der habsburgischen Krone.

Nach der Volkszählung des Jahres 1910 lebten im Kronland vierzig Prozent Ukrainer, denen gut fünfzig Prozent Polen und zehn Prozent Juden sowie einige andere Gruppen gegenüberstanden. Das Gebiet westlich des Flusses San, der die Grenze zwischen West- und Ostgalizien markierte, war dabei kompakt polnisch besiedelt, allerdings mit einem starken jüdischen Bevölkerungsanteil durchsetzt. Im Habsburgerreich wurden Juden übrigens als Religionsgemeinschaft anerkannt, sie galten aber nicht als distinkte nationale Gruppe. Im Ostteil des Kronlands stellten Polen dagegen nur eine Minorität, aber gemeinsam mit den Juden in den Städten die Mehrheit. Die ukrainische Bevölkerung war in Galizien bäuerlich und zudem pauperisiert. Nicht ohne Grund galt Galizien im 19. Jahrhundert als das »Armenhaus Europas«. Es herrschte Landarmut bei hohem Bevölkerungswachstum. Die Bauernbefreiung von

1848 hatte die Situation nicht verbessert, behinderten die fortbestehenden feudalen Strukturen doch eine sozioökonomische Transformation. Wirtschaftlich dominierten weiterhin Polen. Ostgalizien war das Gebiet der Monarchie, welches das größte Auswanderungskontingent stellte. Von einer den Arbeitskräfteüberschuss absorbierenden Industrialisierung konnte nicht die Rede sein, obgleich beispielsweise Drohobyč und Boryslav zu lohnenden Erdölabbaugebieten avancierten, dank welcher die Monarchie für einige Jahre der drittgrößte Ölproduzent der Welt werden sollte. Trotz der persönlichen Freiheit der bäuerlichen Bevölkerung waren die ökonomischen Voraussetzungen in Galizien keinesfalls ideal für das Entstehen einer vitalen nationalen Bewegung. Vielmehr blieb Galizien bis zum Ersten Weltkrieg das charakteristische Modell einer ökonomisch zurückgebliebenen Region mit allen Folgen für die Bevölkerungsstruktur bei niedrigem Urbanisierungs- und Differenzierungsgrad.

Dass die galizischen Ukrainer den Vorsprung ihrer Landsleute im Zarenreich auf dem Gebiet der nationalen Arbeit so mühelos aufholen konnten, muss demnach andere Gründe haben. Sie sind nicht vorrangig in den gegebenen sozioökonomischen Verhältnissen und dem verspäteten Modernisierungsdruck zu sehen. Die im Vergleich mit den ukrainisch-russischen Ländern geringe Anzahl einer sich als ukrainisch-ruthenisch definierenden Oberschicht spielte eine marginale Rolle. Welche Faktoren machten also das nationale ukrainische Projekt in Galizien (weniger in den anderen unter habsburgischer Ägide stehenden ruthenischen Gebieten Bukowina und Karpato-Ukraine) so erfolgreich?

Zur Beantwortung dieser Frage heißt es, in das letzte Viertel des 18. Jahrhunderts zurückzukehren. Die erste Teilung Polens 1772 hatte das später als Galizien bezeichnete Gebiet der Habsburgermonarchie zugeschlagen. Das Territorium blieb mit leichten Modifizierungen, wie z. B. durch den Frieden von Schönbrunn 1809, im Wesentlichen bis zum Ende der Monarchie unverändert. Die auf einem aufgeklärten Absolutismus beruhenden Josephinischen Reformen seit 1780 beeinflussten auch diese neu erworbenen Gebiete. Sie zielten auf eine effektivere Staatsführung durch Homogenisierung und Zentralisierung, die partielle Germanisierung war hingegen eher ein Nebeneffekt. Lockerung der Zensur, Aufhebung des Zunftzwanges und die Modifizierung der Grundlasten waren weitere Folgen der Reformen, die z. T. in Galizien umgesetzt wurden. Zudem schuf das sog. Toleranzpatent eine wesentliche Voraussetzung für die spätere Judenemanzipation sowie für die Gleichstellung anderer religiöser Bekenntnisse mit dem römischen Katholizismus. Davon profitierte auch die unierte bzw. nun als griechisch-katholisch bezeichnete Kirche. Die unter polnischer Herrschaft vernachlässigte Ausbildung ihrer Priesterschaft wurde verbessert, 1774 das Barbareum in Wien gegründet, später weitere Ausbildungsstätten in Lemberg, und seit 1808 existierte die Metropolie Halyč.

Ein Teil der nun gut ausgebildeten Kleriker begann zu Beginn des 19. Jahrhunderts gegen die Dominanz der polnischen Sprache im religiösen Schrifttum vorzugehen, die ein Erbe der *Rzeczpospolita* war. Getrieben von der Angst vor einer allmählichen Latinisierung ihrer Gläubigen, verfassten sie eigene Broschüren, die in einer Mischung aus

Kirchenslavisch und der sog. Volkssprache geschrieben waren. Bereits hier wird ein wesentlicher Unterschied zum sog. nationalen Erwachen in den russischen Gebieten evident: In Galizien war der Einfluss der Priester so groß, dass ihnen in der Rückschau sogar das Prädikat ›Bewahrer des Ukrainertums‹ verliehen werden sollte. Die Dorfpopen lebten Seite an Seite mit dem Volk, der zukünftigen »Modelliermasse« einer ukrainischen Nationalität. Sie teilten deren Armut und wuchsen in die Rolle als nationale Vorkämpfer hinein. Ganz anders als in der Ostukraine, wo bäuerlich gekleidete, aber die Volkssprache nur ungenügend beherrschende und wirtschaftlich gut gestellte Städter versuchten, auf dem Land für die patriotische, später dann nationale Sache zu agitieren. In Galizien genoss der unierte Priester bzw. der auf dem Dorf aufgewachsene Popensohn das Vertrauen der bäuerlichen Bevölkerung. Insbesondere die Erfahrung der Armut am eigenen Leib sollte auch das formulierte nationale Projekt beeinflussen: die große Bedeutung der Landfrage, die Melange aus Bauernsozialismus und nationalem Programm.

Vorerst ging es aber auch den ukrainischen Protonationalisten in Galizien um Folklore, Volksmärchen und Sprache: Erste patriotische Zirkel entstanden in den 1830er Jahren (z. B. die sog. Ruthenische Triade), Volksliederanthologien wurden gedruckt. Zwischen den 1830er und den 1860er Jahren diskutierte man, welcher Schriftsprache man sich fürderhin bedienen sollte: einer auf der von den Bauern der Umgebung gesprochenen sog. Volkssprache oder einer Mischung aus Kirchenslavisch mit großrussischen bzw. polnischen Elementen. Die erste Variante setzte sich durch, entscheidend aber war, dass derartige Debatten überhaupt öffentlich geführt werden durften, und dies noch in einer ukrainischen Sprache. Denn bereits in den 1870er Jahren existierte in Galizien eine Vielzahl von ukrainischsprachigen Periodika, es gab Lese- und Bildungsvereine (z. B. die »Prosvita«), Genossenschaften, wissenschaftliche Vereine (wie die »Ševčenko-Gesellschaft«), einige ukrainischsprachige Lehrstühle sowie ein zwar dürftiges, jedoch zunehmend besser ausgebautes Elementarschulwesen. Im Russländischen Reich war der öffentliche Gebrauch des Ukrainischen hingegen verboten (siehe hierzu Kapitel 8).

So bot die Habsburgermonarchie nicht nur der ukrainischen, sondern auch der polnischen Bevölkerung den politischen Rahmen zur Entfaltung eines nationalen und kulturellen Lebens, von denen die Landsleute jenseits der Grenzen nur zu träumen vermochten. Das Imperium an der Donau war durch die revolutionären Ereignisse der Jahre 1848/49 ins konstitutionelle Zeitalter eingetreten, unterbrochen nur von einer mehr als ein Jahrzehnt dauernden Phase des Neoabsolutismus. Die Möglichkeit einer wenn auch eingeschränkten politischen Partizipation sowie die Gewährung bürgerlicher Grundrechte (zumindest für einen Teil der männlichen Bevölkerung), die Anerkennung sprachlicher Rechte, ein potentiell höherer Bildungsgrad sowie die Bauernbefreiung waren entscheidende Voraussetzungen für die Entfaltung nationalen Lebens.

Als eigenständiger politischer Faktor machten sich Ruthenen erstmals im Jahr 1848 auf dem Prager Slavenkongress bemerkbar. Dort traten gleich zwei Delegationen auf: Der von Prinz Leon Sapieha geführte »Sobor rus'kyj« (»Ruthenische Versammlung«), der in der Tradition des *gente Rutheni – natione Poloni* stand, sich also als Zweig des polnischen Volkes definierte. Diesem stand die »Holovna Rus'ka Rada« (»Ruthenischer Hauptrat«) gegenüber, die von der Existenz einer vom Polentum separierten ruthenischen Entität ausging. Damit nicht genug: Diese Gruppe formulierte bereits zu diesem Zeitpunkt die bis zum Ende der Monarchie zentrale Forderung aller nationalistischen ukrainischen Gruppen, die Teilung des Kronlands Galizien in einen polnischen West- und einen ruthenischen Ostteil; ein Postulat, welches durch die obwaltende Bevölkerungsverteilung plausibel erschien. Damit war ein Maximalziel definiert worden, an dem kein polnischer Nationalist, ob adlig oder Sozialdemokrat, mit sich diskutieren lassen würde. Die Einheit der zu diesem Zeitpunkt nur gedachten *Rzeczpospolita*, deren Wiedererstehen gar nicht auf der tagespolitischen Agenda stand, wurde polnischerseits nicht einmal theoretisch erörtert. Der Boden für künftige, sich oft gewaltsam entladende Konflikte war damit gleichfalls bereitet. Wien spielte dabei zumeist eine wenig glückliche Rolle, da man lange Zeit eine Politik des »Divide et impera« verfolgte. Nach dem sog. Ausgleich von 1867 mit Ungarn brauchte die Zentrale die polnische Unterstützung gegen die ebenfalls ›national erwachten‹ Tschechen, welche den deutschen Besitzstand in Böhmen und Mähren direkt bedrohten. Ab 1868 fanden sich konservative polnisch-galizische Adlige zunehmend zu einem Bündnis mit Wien bereit, zumal man das revolutionäre Feuer der Landsleute im Zarenreich schon länger dubios fand. Das sog. Autonomiestatut von 1868 sicherte denn auch die polnische Vorherrschaft im Kronland Galizien. Es ging zu Lasten der Ruthenen und machte die polnische Nationalität innerhalb der westlichen Reichshälfte zu einer bevorzugten, mit den Deutschen auf vielen Ebenen ebenbürtigen Gruppe.

Für die Ruthenen, die sich zunehmend häufiger als Ukrainer bezeichneten, bedeutete dies, in den politischen Vertretungskörpern des Zentral- und Landesparlaments (dem sog. *Sejm*) unterrepräsentiert zu sein. Der Wiener Reichsrat war in den 1860er Jahren noch ein Kurien-Parlament gewesen, erfuhr in der Folge einige Erweiterungen und wurde 1907 nach einem freien, allgemeinen und direkten Wahlrecht gewählt. Bei näherer Betrachtung war es so gleich allerdings nicht, zumal Frauen sowohl vom passiven als auch aktiven Wahlrecht ausgeschlossen blieben. Damit nicht genug: Das cisleithanische Wahlrecht unterschied nach einem antizipierten kulturellen Niveau der einzelnen Nationalitäten, und dabei schnitten die als rückständig geltenden Ruthenen schlechter ab als Deutsche oder Polen. Robert A. Kann, einer der profundesten Kenner der Geschichte des Habsburgerreichs, meinte dazu: Das Wahlrecht von 1907 schuf »nur Gleichheit hinsichtlich der Stellung der Einzelstimmen innerhalb der Gruppe, nicht Gleichheit bei einer übernationalen Gesamtaufteilung der Stimmen«. Dies hieß konkret, dass ein ruthenischer Kandidat für ein Mandat doppelt so viele Wählerstimmen auf sich vereinigen musste wie ein polnischer. Der Anteil der Ruthenen im Reichsrat oder im bis zum Ende der Monarchie nach Kurien gewählten Landtag entsprach folglich nicht ihrem Bevölkerungsanteil, was immer wieder zu Unruhen führte. Kontrovers wurde auch die Frage nach der Errichtung einer eigenen, ukrainischsprachigen Universität geführt.

Weiteren Konfliktstoff bot die Durchführung der Wahlen selbst. Die »galizischen Wahlen« waren weit über die Grenzen der Monarchie berühmt-berüchtigt und ein euphemistischer Ausdruck für die massiven und zielgerichteten Wahlmanipulationen seitens der polnischen Administration zuungunsten missliebiger Kandidaten der ruthenischen Nationalisten oder linker polnischer Gruppierungen. Der Wiener Zentrale blieben die die Grenze der Verfassungsmäßigkeit überschreitenden Praktiken in Galizien nicht verborgen. Man ignorierte sie aber aus naheliegenden Gründen, solange, wie es in einem internen Behördenschreiben hieß, »der Schein der Legalität« gewahrt werden könnte.

Genau dies war nach dem 12. April 1908 nicht länger möglich: Der ruthenische Student Miroslav Sičyns'kyj (1887–1979), Mitglied der eher peripheren Sozialdemokratischen Ukrainischen Partei (USDP), erschoss an diesem Tag den galizischen Statthalter Graf Andrzej Potocki (1861–1908). Er begründete dies mit den Wahlverstößen und dem allgemein an Ruthenen begangenen Unrecht, für das er den Statthalter, Abkömmling einer der ältesten und reichsten polnischen Magnaten-Familien, persönlich verantwortlich machte. Wien sah sich nun gezwungen, zumal in Anbetracht der gleichzeitigen bosnischen Annexionskrise, welche das Kronland Galizien in einem nicht so unwahrscheinlichen Krieg mit dem Zarenreich zu einem Aufmarschgebiet gemacht hätte, den ›galizischen Verhältnissen‹ größere Aufmerksamkeit zu schenken. Im sog. Ausgleich vom Januar 1914 wurden schließlich einige zentrale ruthenische Forderungen festgeschrieben: ein erweitertes Sejm-Wahlrecht, die Errichtung einer ukrainischen Universität und anderes mehr, allerdings keine Kronlandteilung. Wegen des Ersten Weltkriegs wurde dieses Abkommen aber nicht mehr umgesetzt.

Schon seit der Jahrhundertwende war allgemein eine Radikalisierung der Nationalisten in Ostgalizien polnischer und ukrainischer Provenienz festzustellen gewesen. Diese äußerte sich in häufigeren Agrarstreiks, Demonstrationen, bis hin zu den zunehmenden Aktivitäten paramilitärischer Verbände wie den Sič-Schützen oder den Sokil-Gruppen auf ukrainischer bzw. den »Piast«-Einheiten auf polnischer Seite. Der ukrainische Schriftsteller Andruchovyč blickt dennoch etwas nostalgisch-ironisch auf das habsburgische Galizien zurück: »Unter den potentiellen Sprengladungen, mit denen Österreich-Ungarn damals aufgrund seiner inneren Zerrissenheit geradezu gepolstert war, scheint der ukrainische der am wenigsten explosive gewesen zu sein. Was nicht heißt, dass er nicht dennoch hätte losgehen können; das Beispiel des ukrainischen Studenten Sitschynskyj [sic], der entschlossen und ohne raskolnikowsche Gewissensnöte den kaiserlichen Statthalter in Galizien [...] umlegte und neun Kinder zu Waisen machte, beweist, dass auch wir uns nicht lumpen ließen.« Der Attentäter konnte übrigens unter nie ganz geklärten Umständen aus dem Gefängnis entkommen und lebte bis 1979 in Detroit. Er war dort in der ukrainischen Diasporagemeinde politisch aktiv, aber nicht mehr gewaltbereit. Einiges deutet darauf hin, dass er bei seiner Flucht von offizieller Seite unterstützt worden war, denn sowohl Wien als auch gewisse polnische Kreise hatten großes Interesse daran, diese Märtyrergestalt aus der Monarchie zu entfernen. Schon die Verhinderung des ursprünglich verhängten Todesurteils soll auf das Betreiben des Potocki-Nachfolgers als Statthalter, Michał Bobrzyński (1849–1935), zurückgegangen sein.

Die Radikalisierung und zunehmende Gewaltbereitschaft der in Galizien aktiven ukrainischen Nationalisten darf aber nicht den Blick für die über weite Strecken und vermutlich sogar überwiegende friedliche Koexistenz zwischen den Individuen trüben. Wie auch im russischen Fall gibt es Indikatoren, die von symbiotischen, zumindest pragmatisch angelegten polnisch-ukrainisch-jüdischen Lebenswelten zeugen: Hier ist beispielsweise auf das Heiratsverhalten in Lemberg hinzuweisen. Danach war vor dem Ersten Weltkrieg jede sechste in der Landeshauptstadt geschlossene Ehe polnisch-ruthenisch gemischt, was auf einen friedlichen Umgang im täglichen Leben schließen lässt.

In den Jahren vor dem Ersten Weltkrieg existierten in einigen ostgalizischen Regionen bereits sehr aktive nationale ukrainische Organisationen. Daneben stand allerdings eine nicht einflusslose politische Gruppierung, welche sich dem nationalen Bekenntniszwang entzog, der von den Intellektuellen des ukrainophilen Lagers immer heftiger eingefordert wurde, die sog. Russophilen. Diese sahen sich nicht nur selbst nicht als Teil einer ukrainischen Nationalität, sondern stellten diese grundsätzlich in Frage. Sie fühlten sich vielfach als Großrussen, was in Anbetracht der fließenden Grenzen zwischen den Sprachen z. B. leicht gelang. Sozialpolitisch waren sie seit den 1860er Jahren aktiv, zumeist (aber nicht immer) konservativ, wodurch sie immer wieder zu einem begehrten Partner der galizisch-polnischen Administration wurden und die Ukrainophilen noch mehr verbitterten. Gegenüber der Monarchie verhielten sich die Russophilen größtenteils loyal, trotz ihres kulturrussischen Ansatzes. Dies sollte sich erst nach 1900 graduell ändern, als einige für eine auch staatsrechtliche Verbindung mit dem Zarenreich eintraten. Für St. Petersburg, das die galizischen Freiheiten ohnehin mit Misstrauen betrachtete und begehrliche Blicke auf Ostgalizien warf, kam diese Gruppe nicht ungelegen. Man unterstützte sie ideologisch und finanziell, half ihnen aber insgesamt weniger, als die österreichischen Behörden vermuteten.

Der russische Faktor war also trotz aller Repressionen, denen die Ukrainer im Zarenreich ausgesetzt waren, auch in Galizien eine Option. Die Russophilen spielten, von der ukrainisch-nationalen Geschichtsschreibung über Jahrzehnte als Verräter gebrandmarkt, für den Prozess des ukrainischen *nation building* durchaus eine Rolle. Denn die ukrainische Bewegung in Galizien fußte auf dieser russophilen bzw. anfänglich altruthenischen Bewegung, aus der die ukrainophile, populistische Richtung überhaupt erst hervorgehen konnte. Russophile hatten bis in die 1880er Jahre hinein die Organisationen, Vereine usw. kontrolliert, die für das spätere nationale Leben so wichtig geworden sind, ja bauten sie im Wesentlichen überhaupt erst auf. Sie vermittelten der ruthenischen Landbevölkerung die Botschaft ihrer religiösen Differenz zu den römisch-katholischen Polen. Und lange Zeit schien allein dieser Faktor den Unterschied zwischen Polen und Ruthenen auszumachen. Nicht ohne Grund entwickelte sich die griechisch-katholische Kirche zu einer Nationalkirche zumindest für Westukrainer. Sie agierte bereits zu Beginn des 19. Jahrhunderts diffus proruthenisch, nach der Revolution von 1848/49 russophil, d. h. vor allen Dingen antirömisch-katholisch, und wurde später eindeutig ukrainophil. Die Verbindung zwischen Religiosität und Nationalität war besonders während der Zeit des Metropoliten Andrij Šeptyc'kyj (1865–1944) eng.

Das sich seit 1890 ausbildende Parteienwesen Galiziens hatte in einer dieser russophilen Vereinigungen seinen Anfang genommen: in dem 1870 gegründeten »Akademičeskyj Kružok« (»Akademischer Kreis«). Die sich für westliche Theorien wie den Sozialismus interessierenden Bauernsöhne Mychajlo Pavlyk (1853–1915) und Ivan Franko (1856–1916) engagierten sich in diesem Verein während ihres Studiums in Lemberg. Ihnen gelang es alsbald, dieser Vereinigung und ihrer Presse thematisch eine populistische, auf das Volk und seine Not konzentrierte Richtung zu geben. Sie standen in Kontakt mit dem bereits genannten exilierten Drahomanov. Er war ein Verfechter eines bauernzentrierten Sozialismus, welcher seiner Meinung nach allein einer »plebejischen Nation« wie der ukrainischen angemessen sei (siehe auch Kapitel 8). Die Gruppe arbeitete seit den 1870er Jahren eng mit den ebenfalls in Lemberg operierenden polnischen Linken zusammen und vertraten eine westeuropäische Variante des Sozialismus. Zudem stellte schon zu diesem Zeitpunkt die Rekonstitution Polens in den Grenzen von 1772 (also einschließlich Ostgaliziens) ein wesentliches, allerdings noch unrealistisches politisches Ziel dar. Derlei Fragen spielten jedoch bei der Zusammenarbeit beider Gruppen vorerst keine Rolle, weil man seitens der österreichisch-galizischen Behörden politischer Verfolgung ausgesetzt und im Untergrund war. Auch in der Habsburgermonarchie gab es nämlich, wie im deutschen Kaiserreich, ein sog. Sozialisten-Gesetz.

Anfang der 1890er Jahre hatte sich in der westlichen Reichshälfte das politische Klima so weit liberalisiert, dass legale Parteigründungen möglich wurden. Als erste ruthenische Partei entstand die von Pavlyk und Franko dominierte »Radikale Partei«, in der jedoch bald drei Gruppen miteinander konkurrierten: die sog. Drahomanovisten um Pavlyk und Franko; Sozialdemokraten, die für die enge Zusammenarbeit mit den polnischen Genossen eintraten; und eine Gruppe, die für die Schaffung einer bürgerlichen Nationalgesellschaft plädierte. Das politische ukrainische Spektrum der nächsten Jahre war hier angelegt: Neben den Russophilen und den Radikalen entstanden im Verlauf der 1890er Jahre eine sozialdemokratische (USPD) und eine nationaldemokratische Partei. Die Nationaldemokraten wurden die einflussreichste ruthenische Partei im Kronland. Sie forderte eine einheitliche ruthenisch-ukrainische Gesellschaft, auf längere Sicht die Vereinigung Ostgaliziens mit der Bukowina in einem Kronland und als Sofortmaßnahme die nationale Autonomie u.a. durch die Teilung der Behörden Galiziens in polnische und ukrainische. Konkrete Vorstellungen, was mit den Brüdern und Schwestern in der russischen Ukraine und in der Karpato-Ukraine geschehen sollte, entwickelten sie so recht nicht. Alle ukrainischen Parteien mit Ausnahme der national-klerikalen und der Russophilen kooperierten im politischen Tagesgeschäft im Kronland und im Reichsrat miteinander. Über die Zeit ist – wie auch bei den Polen – ein zunehmender nationaler Integrationsprozess über die Partei- und Kronlandgrenzen hinaus zu registrieren.

Seit der Revolution von 1848/49 galten die Ukrainer wegen ihrer Treue zum Kaiserhaus als sog. Tiroler des Ostens, woran sich bis in den Ersten Weltkrieg hinein grundsätzlich nichts ändern sollte. Die politische Maximalforderung blieb die nach der Teilung des Kronlands in einen polnischen und einen ruthenischen Teil. Die Bildung eines eigenen Staats stand also nicht auf der Agenda. Dennoch wurde auf galizischem Boden die erste Schrift verfasst, welche die Forderung nach der Unabhängigkeit aller Ukrainer erhob: in der 1895/96 veröffentlichten *Ukraïna Irredenta* (»Unerlöste Ukraine«). Ihr Autor Julijan Bačyns'kyj (1870–1940) wird in einer ukrainisch-nationalen Historiographie zumeist als glühender ukrainischer Patriot gepriesen und seine Ideen nur stark verkürzt wiedergegeben. Zwar forderte Bačyns'kyj eine »freie, große und unabhängige Ukraine [...] einig und unteilbar vom San bis zum Kaukasus« und lieferte damit vermutlich einen ersten Hinweise auf die *sobornist',* den Wunsch, alle Ukrainer in einem Staat zu vereinigen. Ignoriert wird hingegen, dass er vom Standpunkt eines überzeugten Sozialdemokraten seiner Zeit aus argumentierte. Die Ruthenen der Habsburgermonarchie sollten vorerst nur die Demokratisierung und Föderalisierung der Monarchie anstreben. Erst in einem nächsten Schritt sollte die ukrainische Unabhängigkeit folgen, und zwar aus primär ökonomischen Gründen, da schon Marx die Schaffung wirtschaftlicher Großräume favorisiert hatte. Diese würde allerdings nur eine Übergangserscheinung sein, da jeder Staat im Verlauf der weltweiten kapitalistischen Entwicklung durch Überproduktionskrisen und Klassenantagonismen seine Daseinsberechtigung verliere, auch der ukrainische. In dem Weltstaat der Zukunft würde es schließlich zur Auflösung alles Nationalen kommen. Bačyns'kyj offenbarte eine recht unromantische Vorstellung von der Entstehung der ukrainischen Nation: Diese sei ein Produkt der österreichischen Politik während der Revolution von 1848 gewesen, welche ein Gegengewicht zu den aus ihrer Sicht notorisch illoyalen Polen hätte schaffen wollen. Nur »von oben« hätte die ukrainische Nation entstehen können, denn eine nationale Intelligenz habe es nicht gegeben, die Popen seien zu ungebildet gewesen. Er übernahm damit ein in der Zeit weitverbreitetes Bonmot, dem zufolge Franz Seraph von Stadion (1806–1853) die Ruthenen Galiziens während seiner Zeit als Gouverneur »erfunden« habe, um sie gegenüber den revolutionär gestimmten Polen auszuspielen. Die Wirkung der Schrift Bačyns'kyjs in ihrer Zeit war relativ gering, fand z. B. nicht einmal Eingang in das sozialdemokratische Parteiprogramm der USDP. Auch sonst sind Diskussionen und Bezugnahmen auf diese Broschüre erst aus späterer Zeit überliefert. Unklar ist zudem, ob die nach der Jahrhundertwende von dem ehemaligen Sozialisten Michnovs'kyj verfasste, in nationaler Hinsicht ungleich radikalere Schrift *Samostijna Ukraina* (»Unabhängige Ukraine«) in Kenntnis der Position Bačyns'kyjs geschrieben wurde.

Dieser blieb übrigens sein Lebtag ein Anhänger einer künftigen sozialistischen Ukraine. Nachdem er sich vor dem Ersten Weltkrieg in der USDP engagiert und zwischen 1914 und 1917 die ukrainischen Aktivitäten der Habsburgermonarchie tätig unterstützt hatte (siehe hierzu Kapitel 10), wurde er einige Zeit Mitglied der Regierung der Ukrainischen Volksrepublik (UNR) und ein erbitterter Gegner der Bol'ševiki. Nach einigen Jahren in den ukrainischen Emigrantenzirkeln der USA, Wiens und Berlins begann er im Verlauf der 1920er Jahre, in der Ukrainischen

Sowjetrepublik (USSR) die Synthese zwischen Sozialismus und Nationalismus verwirklicht zu sehen, womit er nicht alleine stand (siehe hierzu Kapitel 12). Zu Beginn der 1930er Jahre zog es Bačyns'kyj in die UdSSR. Dies war ein ungünstiger Zeitpunkt, wie sich zeigen sollte, denn die Phase eines nationalen Sozialismus in der UdSSR war vorüber. Als angeblicher Konterrevolutionär wurde er verhaftet und starb später in einem Arbeitslager. An der Person Bačyns'kyjs lässt sich die Verquickung nationalen und sozialen Gedankenguts, die im ukrainisch-nationalen Projekt in seinen Anfängen so ausgeprägt war, exemplarisch demonstrieren. Erst in den 1920er Jahren und insbesondere in den Emigrantenzirkeln spielte diese Verbindung dann keine Rolle mehr, und das nationale Projekt wandelte sich dort ausdrücklich zu einer Angelegenheit der politischen Rechten.

Welche Rolle spielte das habsburgische Galizien rückblickend für die ukrainische, aber auch die polnische Nationalbewegung? Trotz der ökonomischen Rückständigkeit gab es dort Mobilisierungs- und Modernisierungsfaktoren. Es wurde ein flächendeckendes Volksschulwesen geschaffen und erste Kodifizierungen des Ukrainischen. Vor allen Dingen aber übten sich Polen und Ruthenen in Demokratie, sie agierten in Partei und Verbänden, durften (zumindest die Männer) wählen, bildeten Eliten aus, welche besonders im polnischen Fall in der Zwischenkriegszeit wichtige Funktionen im wiedererstandenen Staat einnehmen sollten. Galizien war somit eine Schule der Nation für Polen und Ukrainer gewesen; eine Schule allerdings, in der ein und dasselbe Klassenzimmer von zwei Schulklassen beansprucht wurde.

Kapitel 10
Die ukrainischen Länder im Ersten Weltkrieg

Der Beginn des Ersten Weltkrieges brachte für die ukrainischen Länder genau die Folgen, welche von den Militärstrategen beider Lager seit Jahren durchgespielt worden waren. Ostgalizien wurde bereits Mitte August 1914 zum Aufmarschgebiet russischer Truppen und ohne große Gegenwehr besetzt. Der Vormarsch wurde, wie es den österreichischen Planungen entsprochen hatte, am Fluss San, der das westliche Kronland vom östlichen schied, bei der Festung Przemyśl gestoppt. Ostgalizien sollte eine der am weitläufigsten zerstörten Regionen im Ersten Weltkrieg werden.

Die Folgen des Kriegsbeginns für die ansässige Bevölkerung – ob nun polnisch, ukrainisch oder auch jüdisch – waren von Anfang an tiefgreifend. Bereits nach der österreichischen Kriegserklärung an Serbien vom 28. Juni 1914 war in der Monarchie der Ausnahmezustand verhängt worden. Bürgerliche Rechte wurden eingeschränkt, es herrschte eine strenge Kriegszensur, und der Reichsrat (anders als beim deutschen Verbündeten) war ausgesetzt. Auch die Lebensbedingungen verschlechterten sich drastisch: Die Preise explodierten, die Arbeitszeiten wurden verlängert und Lohnkürzungen verfügt, Streiks und jede vermeintliche Illoyalität streng verfolgt. Dennoch begrüßten sowohl polnische als auch ukrainische Aktivisten den Krieg. Eine internalisierte Russophobie und die Hoffnung auf die Befreiung der unter dem ›russischen Joch‹ stehenden Kompatrioten waren dafür wesentliche Motive. Bereits in den Sommermonaten hatten sich überparteiliche nationale Konsortien gebildet, welche bei Anerkennung der Kriegszielpolitik der Mittelmächte (soweit diese zu diesem Zeitpunkt bekannt waren) für ihre nationalen Ziele auftraten. Auf polnischer Seite bildete sich der »Naczelny Komitet Narodowy« (»Oberstes Nationalkomitee«), in dem sich die polnischen Parteien mit proösterreichischer Orientierung sammelten. Polen sollte durch den bewaffneten Kampf gegen die Russen wiedererrichtet werden. Im ukrainophilen Lager hatte sich die »Holovna Ukraïns'ka Rada« (»Ukrainischer Hauptrat«) formiert, welche sich mit prohabsburgischen Loyalitätskundgebungen wie dem »Manifest an das ukrainische Volk« hervortat: »Das Leid der österreichisch-ungarischen Monarchie wird unser Leid sein«, hieß es darin. Bis in den Weltkrieg hinein war die ukrainische Bevölkerung mehrheitlich prohabsburgisch – und zwar in einem höheren Maß als die galizischen Polen. Dass sich die ukrainischen »Tiroler der Ostens« im Verlauf der Kriegshandlungen allmählich von der Monarchie abwandten, ist der Zentrale zu einem nicht geringen Teil anzulasten.

Die Forderung nach einer Vereinigung mit den Ukrainern des Zarenreichs unter der Herrschaft Habsburgs wurde weiterhin nicht erhoben. Dennoch arbeitete die »Holovna Ukraïns'ka Rada« eng mit dem »Sojuz Vyzvolennja Ukraïny« (»Bund zur Befreiung der Ukraine«, SVU) zusammen, einem aus exilierten Ukrainern aus dem Zarenreich gebildeten Verbund. Dieser wurde erst von Wien, später von Berlin finanziert. Verbände wie diese sind im größeren Kontext der Pläne der Mittelmächte zu sehen, welche das Zarenreich von innen durch seine sog. Fremdvölker revolutionieren lassen wollten, um es zu schwächen. Dazu agitierte man u.a. unter Kriegsgefangenen und versuchte, sie militärisch einzubinden. Auch den eigenen Untertanen kam man entgegen: Einzelne Truppenteile wurden polonisiert bzw. ukrainisiert.

Der Einmarsch der russischen Truppen wenige Monate nach Kriegsbeginn beendete schlagartig das gewohnte national-politische Leben der Ostgalizier, gleich welcher Nationalität. Es kam zu zahlreichen Verhaftungen potentieller ›Unruhestifter‹. Der russische Generalgouverneur Georgij Graf Brobrinskij ging mit großer Entschlossenheit gegen jedwede nationale Aspirationen vor und machte sich daran, ein wesentliches russisches Kriegsziel umzusetzen: die strukturelle Angliederung Ostgaliziens und der mehrheitlich ukrainisch besiedelten Gebiet an das Zarenreich. Brobrinskij betrachtete diese als »festverwurzelte russische Gebiete« und ›versprach‹ deren Verwaltung nach »russischen Prinzipien«, welche sich von den bislang in Galizien üblichen deutlich unterscheiden sollten. Die russischen Verantwortlichen glaubten z.B. irrigerweise, mit Maßnahmen wie der Einführung der russischen Amtssprache offene Türen bei der örtlichen Bevölkerung einzurennen und lediglich von einigen hartleibigen Polen Unwillen zu ernten. Doch damit hatte die russische Seite die galizischen Verhältnisse komplett falsch eingeschätzt und insbesondere die ukrainophile Bewegung eklatant unterschätzt, was u.a. auf die in der Vergangenheit nicht immer objektive Berichterstattung russophiler galizischer Kreise zurückzuführen sein dürfte.

Die Russophilen setzten in jedem Fall die größte Hoffnung in die russischen Besatzer. Man bot den neuen Herren die Kollaboration an; deren Misstrauen war aber offenbar groß, denn man holte stattdessen Verwaltungspersonal aus dem russisch-ukrainischen Hinterland und damit Personal, welches sich im Land nicht gut auskannte. Überhaupt zeigte sich während der neunmonatigen Besatzung (der eine zweite, noch kürzere nach der Brusilov-Offensive im Sommer 1916 folgen sollte) ein militärpolitisches Primat, welches sich von den anfänglichen Bekundungen Bobrinskijs unterschied: Der Militärverwaltung ging es um die Pazifizierung des Hinterlandes und um die Aufrechterhaltung der Ruhe. »Eine russophile nationale Revolution, eine großangelegte Begleichung alter Rechnungen mit den Österreichern war das Letzte, was man unter diesen Bedingungen gebrauchen konnte« (Anna Veronika Wendland). Die Russophilen erlebten unter der Besatzung nicht die so lange erhoffte Renaissance ihrer Bewegung, sondern wurden kleingehalten. Beim Rückzug der russischen Truppen während der österreichisch-ungarischen Gegenoffensive im Frühjahr 1915 schlossen sich einige von ihnen dennoch den nach Osten zurückdrängenden Armeen an; man befürchtete, nicht zu Unrecht, die Rache der Österreicher.

Bereits zu Beginn der Kriegshandlungen waren tatsächliche und vermeintliche Russophile seitens der österreichischen Verwaltung, aber auch durch Polen und Ukrainer Repressionen ausgesetzt gewesen, was übrigens auch in der österreichischen Literatur, etwa bei Karl Kraus in seinem Drama *Die letzten Tage der Menschheit* (1918/19) oder in Georg Trakls Gedicht »Grodek« (1914) thematisiert wurde. Im Zusammenhang mit der Verfolgung vermeintlich illoyaler Ukrainer berühmt-berüchtigt wurde das Lager Thalerhof in der Steiermark, welches bis heute in der nationalen ukrainischen Opfermythologie eine Rolle einnimmt. Außer Russophilen saßen dort weitere als unzuverlässig eingestufte Ukrainer, galizische Juden u.a. ein. Die Verhältnisse in diesem Lager waren katastrophal: Allein im Frühjahr 1917 starben mehrere tausend von ihnen an Unterernährung. Eine tiefgreifende Entfremdung von der österreichischen Macht war die Folge.

Die größten Opfer aber erbrachten wieder einmal die galizischen Juden, die einerseits durch Enteignung und Vertreibungen, andererseits durch Pogrome besonders während der russischen Besatzung großes Leid erfuhren.

In den national weitaus indifferenteren ukrainischen Ländern unter dem Zepter Russlands blieb es nach Kriegsbeginn weitgehend ruhig. Erst die Ereignisse im Februar 1917, die ihren Anfang in der weit entfernten Hauptstadt nahmen, sollten eine gewisse Mobilisierung bringen; eine Mobilisierung in nationaler und sozialer Hinsicht, welche in dieser Kombination die ukrainische Frage ohnehin so stark beeinflusste. Nachdem der Zar dem Thron entsagt hatte, blieb die Situation in Kiev, ähnlich wie in den russischen Zentren im Norden, unübersichtlich, aber stabil: Die Petrograder Provisorische Regierung wurde dort durch ein »Exekutivkomitee des Rats vereinigter gesellschaftlicher Organisationen« vertreten. Wie in Petrograd auch, so entstanden in Kiev erste Bauern- und Soldatenräte, welche vor allen Dingen den Wunsch nach sozialer Reform und Frieden formulierten. Eine im weitesten Sinne ukrainische Manifestation war die Gründung der »Central'na Rada« (»Zentralrat«) im Frühjahr 1917 auf Initiative des national gemäßigten, Russland gegenüber loyalen »Tovarystvo Ukraïns'kych Postupovciv« (»Gesellschaft der ukrainischen Fortschrittler«, 1908 gegründet). Der Rada schlossen sich schnell viele der entstandenen Organisationen, Gewerkschaften und Parteien (u. a. Sozialdemokraten und Sozialrevolutionäre) an. Als Präsident fungierte Mychajlo Hruševs'kyj, der bereits 1905 sein galizisches Exil verlassen hatte. Durch das Übergewicht der Sozialdemokraten und Sozialrevolutionäre sowie die Unterstützung der Soldaten-, Arbeiter- und Bauernräte erhielt die Rada ein deutlich linkes Gepräge. Dezidiert nationale Forderungen, etwa nach der Unabhängigkeit, spielten hingegen noch keine Rolle. Die Erlangung einer nationalen Autonomie im Rahmen einer demokratischen russländischen Föderation wurde als maximales Ziel formuliert. Doch diese Minimalforderung erschien Petrograd bereits als Zumutung. Mehrheitlich hing man dort der Idee des »Einen und unteilbaren Russlands« an, welche autonome Rechte nicht zuließ. Kiev hielt sich dagegen an die von der Petrograder Provisorischen Regierung unter dem Fürsten Georgij E. L'vov (1861–1925) ausgegebenen Parole, die endgültige Staatsform und das Miteinander der Nationalitäten des Russländischen Reichs erst durch eine in Friedenszeiten einzuberufende Konstituante bestimmen lassen zu wollen. Nach längeren Verhandlungen wurde eine autonome Rada-Ukraine anerkannt, da Petrograd die Machtmittel fehlten, diese zu hintertreiben. Die Ukrainisierung einzelner Truppenteile konnte ebenfalls nicht verhindert werden. Eine Vielzahl ungelöster Probleme, wie die Weiterführung des Krieges, die Agrarfrage oder auch die Zukunft der Ukraine, führte schließlich zum Sturz der Regierung

L'vov und seiner Ersetzung durch Alexander F. Kerenskij (1881–1970). Im ganzen Reich folgten Aufstände und Agrarstreiks. Die Landfrage nahmen die unzufriedenen Bauern zunehmend in die eigenen Hände, indem sie Großgrundbesitzer enteigneten. Auch die Rada, deren reale Macht kaum in das Kiever Umland reichte, konnte nicht intervenieren. Immer noch unterschätzte man dort die Sprengkraft der Landfrage. Menetekel wie die Abhaltung eines den Sozialrevolutionären nahestehenden ukrainischen Soldatenkongresses mit 3000 Delegierten wurden nicht richtig gedeutet.

Der Sieg der Bol'ševiki im Oktober 1917 in Petrograd verschärfte die Lage zusätzlich. Die Rada versuchte nun, sich mittels nationaler Maßnahmen Erleichterung zu verschaffen, obgleich soziale notwendiger gewesen wären: Im sog. 3. Universal vom 7. November verkündete sie die Gründung der Ukrainischen Volksrepublik (»Ukraïns'ka Narodna Respublika«, UNR) als Teil einer Russländischen Föderation »gleicher und freier Völker«. Die potentiellen Grenzen dieses autonomen Staates wurden festgelegt und umfassten die Gebiete um Kiev, Podolien, Volhynien, Černihiv, Poltava, Charkiv, Katerynoslav, Cherson und das sog. Taurien (ausdrücklich ohne die Krim). Gebiete wie Cholm (Chełm) oder Voronež sollten auf Wunsch der dortigen Bevölkerung gegebenenfalls ebenso Teil der UNR werden. Nicht einmal als Wunschziel in ferner Zukunft wurde hingegen die Vereinigung mit den nationalen Brüdern und Schwestern der Habsburgermonarchie postuliert.

Diese UNR hatte, wie sich zeigen sollte, nur wenig Rückhalt in der Bevölkerung. Die überwiegend russische oder russifizierte Stadtbevölkerung war für eine diffuse ukrainische Idee nur schwer zu begeistern, die durch das Fronterlebnis radikalisierten Soldaten interessierten sich genauso wie die Bauern primär für soziale Veränderungen. Eine Verbindung zwischen der Rada und ›dem Volk‹ entwickelte sich nicht, zumal es nicht gelang, den sozialpolitischen Inhalt dieses 3. Universals in ausreichendem Maß zu popularisieren: Großgrundbesitzer, Kirchen und Klöster sollten entschädigungslos enteignet und das Land an Bauern verteilt werden. Gleichzeitig entfremdete man mit diesen Ankündigungen Besitzende, die mit der ukrainischen Idee zumindest geliebäugelt hatten.

Dazu kam, dass seit Ende Oktober 1917 Bol'ševiki-Verbände auf dem Gebiet der Ukraine in den Kampf um die Macht eintraten und mit den Truppen der Rada wiederholt zusammenstießen. Nach Scharmützeln u.a. bei Vinnicja und Charkiv proklamierten die Bol'ševiki eine ukrainische Sowjetrepublik als Gegenregierung zur UNR. Der Vormarsch der Roten Garden auf Kiev begann.

In dieser Situation sah sich die Rada zu zwei folgenreichen Schritten veranlasst: zur Proklamation der Unabhängigkeit der UNR von Sowjetrussland im 4. Universal vom 12. Januar 1918 und – nach der Einnahme Kievs am 24. Januar durch die Roten Garden – zu einem weitgehenden Kooperationsangebot an die Mittelmächte. Diese hatten seit Dezember 1917 mit den Bol'ševiki in Brest-Litowsk über die Beendigung des Krieges verhandelt und sich gleichzeitig von den in Wien und Berlin seit Jahren antichambrierenden Exilukrainern von dem großen strategischen und wirtschaftlichen Nutzen der ukrainischen Gebiete überzeugen lassen. Zu den deutschen und den österreichischen

Kriegszielen gehörte der Wunsch nach politischem und wirtschaftlichem Einfluss auf diese Region. Die Vorstellung, dass sich die nach dem Hungerwinter von 1917/18 so gefährliche Ernährungskrise an der Heimatfront mit Hilfe ukrainischer Getreidelieferungen elegant lösen lassen würde, führte dann zum Anfang Februar unterzeichneten »Brotfrieden«. Auf der Grundlage einer völlig unrealistischen Vorstellung vom Leistungsvermögen der ukrainischen Landwirtschaft wurden darin große Getreidelieferungen an die Mittelmächte festgelegt. Als Gegenleistung erhielt die von den Roten Garden bedrängte UNR deutsche und österreichische militärische Hilfe und konnte im März 1918 nach einem kurzen ›roten‹ Zwischenspiel wieder in Kiev Quartier beziehen.

Ein weiterer Grund für die alles andere als selbstlose Hilfe der Mittelmächte für die UNR war die zwischenzeitliche Weigerung des sowjetrussischen Verhandlungsführers Trockij (gegen den Willen Lenins), einen Diktatfrieden anzunehmen. Mit der Besetzung der Ukraine durch die Mittelmächte sollte nämlich die Sowjetregierung gefügig gemacht werden, was tatsächlich gelang. Zwei Tage nach der Besetzung Kievs konnte der Brester Frieden zwischen Berlin und Moskau unterzeichnet werden.

Die UNR hatte nicht von vornherein auf die Karte der Mittelmächte gesetzt, sondern vergeblich auf die Entente gehofft. Anfang Januar 1918 war es zu einem Treffen mit Entente-Diplomaten im rumänischen Iași gekommen. Die UNR-Unterhändler hatten angeboten, an der Seite der Entente gegen die Mittelmächte zu kämpfen, wenn man sie militärisch gegen die Roten Garden unterstützen würde. Weder Frankreich noch England hatten allerdings einen ukrainischen Staat auf der Agenda. Sie setzten auf ein nichtsozialistisches einiges und unteilbares Russland.

Gegenüber den Mittelmächten versuchte die UNR-Regierung eigenes Profil zu erlangen: Insbesondere weigerte sie sich, den vom deutschen Generalfeldmarschall von Eichhorn erteilten »Feldbestellungsbefehl« umzusetzen, der die Autorität der UNR grundlegend verletzt hätte. Dieser Befehl war erteilt worden, als klar wurde, dass die im Brotfrieden verabredeten Kontingente nicht zu realisieren waren. Die sich gegenüber den Interessen der Mittelmächte nur eingeschränkt willfährig zeigende ukrainische Regierung wurde daraufhin kurzerhand abgesetzt und durch die schillernde Gestalt des Het'man Pavlo Skoropads'kyj (1873–1945) ersetzt. Auf die politisch eher links stehende Ukrainische Volksrepublik folgte ein konservativer Marionettenstaat – die »Ukraïns'ka Deržava« (»Ukrainischer Staat«). Skoropads'kyj, Abkömmling der kosakischen *staršyna* und damit als vordergründige ukrainische Integrationsfigur nicht ungeeignet, war im Zarenreich General gewesen. Dessen ungeachtet räumte er den deutschen Militärs weitgehende Rechte ein. Er erkannte das Abkommen von Brest-Litowsk ohne Einschränkungen an und räumte den Mittelmächten umfassende militärische Befugnisse ein. Der Handel stand ebenfalls unter ihrer Kontrolle, der von der UNR abgeschaffte Großgrundbesitz musste wieder eingesetzt werden bzw. die begünstigten Bauern hatten diesen zu bezahlen. Die Mittelmächte versuchten einerseits, die Entstehung einer eigenständigen ukrainischen Macht zu verhindern, an der auch der Het'man selbst kein wirkliches Interesse hatte. Andererseits wurde das symbolische nationale Kapital der »Ukraïns'ka Deržava« durchaus genutzt: In seiner kurzen Amtszeit als Het'man (April bis November 1918) wurden ihm alle Ehrenbezeugungen eines Staatsoberhauptes zuerkannt. Bei seinem ›Staatsbesuch‹ im Deutschen Reich im September 1918 wurde er von Wilhelm II. mit allen militärischen Ehren empfangen. Man wusste Skoropads'kyjs Empfänglichkeit für Uniformen und Prunk aller Art durchaus zu nutzen. Nach seiner Flucht aus der Ukraine gemeinsam mit den zurückdrängenden Truppen nahm er in Berlin Exil, wo er bis zu seinem Tod 1945 lebte. Er starb wenige Tage vor Kriegsende an den Folgen von Verletzungen eines Bombenangriffs.

Der nationalukrainischen Geschichtsschreibung gilt er als Unperson, und zwar nicht wegen seines Bündnisses mit den Mittelmächten, denn die Versuche, mit Hilfe der Deutschen eine ukrainische Staatlichkeit zu erlangen, sollte in den folgenden Jahrzehnten Konjunktur haben. Der Grund für seinen schlechten Ruf ist eher in seiner doppelten nationalen Loyalität zu suchen. Skoropads'kyj war ein typisches Produkt zweier Kulturen: Reste eines kosakischen Sonderbewusstseins hatten sich bei ihm ohne Zweifel erhalten. Karriere gemacht hatte er allerdings im russischen imperialen System, welches er verinnerlicht hatte. So vertrat er letztlich sogar als Het'man russische Kriegsziele und stand einer unabhängigen Ukraine innerlich ablehnend gegenüber. In seiner am 14. November 1918 veröffentlichten *hramota* (»Urkunde«), eine seiner letzten Amtshandlungen, befürwortete er die Bildung einer Allrussischen Föderation, in der die Ukraine nur ein Teil sein würde. Für nationalbewusste Ukrainer bedeutet dies ein Verrat an der ukrainischen Idee.

Dass der Het'man ein Anhänger des »Einen und unteilbaren Russlands« war, wird auch im Zusammenhang mit der von den Mittelmächten stark eingeschränkten ukrainischen Außenpolitik deutlich. Das völkerrechtlich nicht allgemein anerkannte Het'manat musste seine diplomatischen Beziehung auf die Mittelmächte und deren verbündete Staaten beschränken. Der in nationalukrainischen Angelegenheiten stark engagierte Außenminister Dmytro Dorošenko (1882–1951) strebte seinerseits die Vereinigung aller seiner Meinung nach ukrainischen Gebiete an, »die in der einen oder anderen Weise in fremde Hände« gelangt seien, so die Don-Region, Cholm oder Bessarabien, aber auch die Halbinsel Krim. Dort hatte Matvej Sulejman Aleksandrovyč Sul'kevič, ein weiterer ehemaliger Zarengeneral, mit deutscher Hilfe kurzzeitig ebenfalls einen Marionettenstaat bilden können. Skoropads'kyj wollte aus strategischen und wirtschaftlichen Gründen die Krim an die Ukraine angliedern: Letztere könne nicht leben, »wenn sie die Krim nicht beherrscht. Das würde eine Art Körper ohne Füße sein.« Etwas putzig empfand er allerdings die Bemühung seines Außenministers, die Krim zu ›ukrainisieren‹: »Irgendwelche jungen Leute in ukrainischen Kostümen versuchten in Jalta und den angrenzenden Ortschaften das Publikum davon zu überzeugen, dass sie doch Ukrainer werden sollten. Das hatte keinen Erfolg, schadete aber auch niemandem.« Zu den stärksten Geschützen Kievs gehörte das gegenüber der Krim verhängte Zuckerembargo, das erhebliche wirtschaftliche Probleme brachte. Neben dem Fremdenverkehr, welcher in den Kriegsjahren keine Rolle spielte, war der Export konservierter Früchte der wichtigste Wirtschaftsfaktor der Halbinsel. Ohne Zucker gab es allerdings auch keine Fruchtkonserven. So entwickelte die Regierung des einen Marionettenstaats gegenüber einem zweiten eine gewisse subtile Eigeninitiative, sehr zum Unwillen des Deutschen Reichs. Die aus fast allen auf der Halbinsel beheimateten Nationalitäten bestehende Krim-Regierung trat geschlossen, aber aus unterschiedlichen Gründen gegen die ukrainischen Avancen auf: Die russischen Minister hofften, dass die Krim Teil eines nichtsozialistischen Russlands sein würde. Die krimtatarischen Mitglieder wünschten einen formal unabhängigen, eng an das Osmanische Reich angelehnten Staat. Aus Moskau intervenierte der sowjetrussische Außenminister Čičerin, der die Krim für Sowjetrussland reklamierte. Das Deutsche Reich sah sich seit Anfang Oktober 1918 zu Vermittlungsgesprächen zwischen den Parteien genötigt. Diese blieben ergebnislos und gingen die Deutschen auch bald nichts mehr an. Mitte November begann der Rückzug ihrer Truppen und die diversen Marionettenstaaten brachen zusammen.

Als einziger wirklicher Erfolg des Het'manats wird die Ukrainisierung des Bildungs- und Wissenschaftsbereichs genannt, auf die sowohl die wiederbelebte UNR als auch die spätere Ukrainische Sowjetrepublik aufbauen konnten.

Am 13. November, in etwa gleichzeitig mit der Veröffentlichung der *hramota* Skoropads'kyjs und dem deutschen Rückzug, hatte sich in Bila Cerkva ein sog. Direktorium aus Sozialdemokraten und anderen linken Politikern gebildet. Dieses restituierte die UNR und konnte nun einen erheblichen Teil der Bauernschaft für sich gewinnen. Zudem kontrollierten die UNR-Truppen vermutlich das einzige Mal während ihres Bestehens ein Großteil des beanspruchten Territoriums. Das Direktorium selbst war alsbald tief zerstritten, die sozialistischen Mitglieder wie Vynnyčenko verließen dieses Gremium, zurück blieben die Nationalisten, insbesondere der bislang für Militärfragen zuständige Symon Petljura (1879–1926).

Noch unter der Ägide Vynnyčenkos hatte man sich für ein modifiziertes Rätesystem ausgesprochen, dass den populären Parolen der Bol'ševiki Paroli bieten wollte: Statt einer »Diktatur des Proletariats« sollte es eine »Diktatur des werktätigen Volkes« geben. Eine großangelegte Bodenreform sollte die Agrarfrage lösen. Zu einer konsequenten Umsetzung kam es allerdings nicht, schon die vielfältigen Herausforderungen durch die Gegner verhinderte dies: Die vorwärtsdrängenden Roten Garden besetzten wiederholt (im Februar und im Dezember 1919 sowie im Juni 1920) Kiev. Seit Sommer 1919 bedrohten weiße Truppen erst unter Anton I. Denikin (1872–1947), später dann unter dem politisch flexibleren Petr N. Vrangel' (1878–1928) die ukrainischen Territorien. Endgültig geschlagen geben musste sich die UNR aber den Bol'ševiki im Herbst 1920.

Die historische Bewertung der UNR und der Person Petljuras ist nicht nur aus der Perspektive einer nationalukrainischen Geschichtsschreibung schwierig: Auf der Haben-Seite schlägt zu Buche, dass es dem Direktorium im Januar 1919 erstmals gelang, die später in den ukrainischen Staatskonzeptionen so wichtige *sobornist'* zu verwirklichen, denn die Ostukraine vereinigte sich mit der Westukrainischen Volksrepublik (»Zachid'no-Ukraïns'ka Narodnja Respublika«, ZUNR). In einem feierlichen Akt wurde diese Vereinigung proklamiert, die dem westlichen Teil volle Autonomie zusicherte. Der bisherige Präsident der Westukraine, Jevhen Petruševyč (1863–1940), wurde Mitglied des Direktoriums. Die ZUNR hatte sich im November 1918 in den Wirren des Zusammenbruchs der Habsburgermonarchie und dem beginnenden Kampf zwischen Polen und Ukrainern um die Herrschaft in Ostgalizien gebildet. In ganz Ostgalizien kam es zwischen polnischen und ukrainischen Verbänden, die sich aus den Resten der österreichischen Armee gebildet hatten, zu Kämpfen. Die »Ukraïns'ka Halyc'ka Armija (»Ukrainische Galizische Armee«, UHA) schlug sich wacker, aber war auf die Hilfe der ostukrainischen Truppen angewiesen. Es kam zur beschriebenen Vereinigung.

Petljura indes setzte eigene Prioritäten: Die *sobornist'*, die Vereinigung aller Ukrainer in einem Nationalstaat, war in Anbetracht der Gefährdung der ostukrainischen Staatlichkeit durch die allgegenwärtige militärische Bedrohung nicht von großer Bedeutung. Er war bereit, auf die ukrainischen Gebiete der ehemaligen Monarchie zu verzichten, wenn dies der Preis etwa für ein antirussisches Bündnis war. Tatsächlich versuchte Petljura seit dem Frühjahr 1919, eine gegen Sowjetrussland gerichtete Allianz mit dem wiedererrichteten Polen unter Józef Piłsudski zu schließen. Dieses Ansinnen stieß bei Westukrainern, welche sich in der Vergangenheit so viele Auseinandersetzungen mit Polen um Ostgalizien geliefert hatten, auf blankes Entsetzen. Konflikte zwischen West und Ost gab es ohnehin genügend: Eine mehr oder weniger nationalbewusste ostgalizische Bevölkerung war durch die österreichische Spielart des Parlamentarismus geprägt, auch ›rechte‹ Parteien hatten sich die soziale Frage zu eigen gemacht und lehnten die sozialrevolutionären Attitüden der Ostukrainer ab. Es zeigte sich bereits jetzt, dass Ost und West in puncto nationales Projekt höchst unterschiedliche Entwicklungen genommen hatten. Petruševyč reagierte: Er unterstellte im Spätherbst 1919 die verbliebenen Truppen seiner UHA den weißen Generälen um Denikin, mit denen man vorher schon geliebäugelt hatte, löste die ZUNR aus der Ukrainischen Volksrepublik heraus und ging ins Wiener Exil. Petljura, der nun keinerlei Rücksichten mehr auf die Westukrainer nehmen musste, erkannte Anfang Dezember die polnische Herrschaft über Ostgalizien an, das ohnehin mit vorläufiger (später dann endgültiger) Billigung der Alliierten polnisch verwaltet wurde. Im Frühjahr 1920 wurde in Warschau zwischen Polen und der Ukraine eine politische und militärische Konvention geschlossen, welche langfristig wenig vorteilhaft für die ukrainische Seite gewesen wäre, zumal unklar war, welcher polnisch-ukrainischen Zukunftsvision die polnische Seite frönte. Allein die Bewahrung der ukrainischen Unabhängigkeit hätte dieses Bündnis legitimiert. Dieser Erfolg stellte sich aber nicht ein, denn obgleich im Mai 1920 die Einnahme Kievs noch einmal für wenige Wochen gelang, war der Sieg der Bol'ševiki nicht mehr zu verhindern. Im Sommer hatten deren Truppen den größten Teil der Ukraine besetzt, die Weißen sich auf die Krim zurückgezogen, Großbritannien und Frankreich sich außerdem mit dem Sieg der Roten abgefunden. Die alsbald in der Ostukraine durchgeführten Agrarreformen überzeugten die bäuerliche Bevölkerungsmehrheit, die Ukrainisierungspolitik der frühen Sowjetunion die nationalbewegten Intellektuellen.

Petljura ging ins französische Exil, wo er im Mai 1926 von dem aus der Ukraine stammenden jüdischen Anarchisten Samuel Schwartzbard umgebracht wurde. Als Motiv gab dieser an, dass Petljura die Schuld an den in der Ukraine von UNR-Truppen begangenen Pogromen trage. Tatsächlich verloren mehrere zehntausend Juden in den Jahren 1919/20 ihr Leben. Der Attentäter wurde von einem französischen Gericht freigesprochen. Inwieweit Petljura versucht hatte, die von ihm erlassenen Direktiven zum Schutz der jüdischen Bevölkerung auch durchzusetzen, ist umstritten. Eine persönliche Schuld bzw. eine antisemitische Haltung Petljuras ist allerdings nicht nachzuweisen, wenngleich er die politische Verantwortung trug.

Welchen Einfluss hatte die UNR auf das kollektive nationale Gedächtnis in der Ukraine, auf das über den Lauf der Zeit unterschiedlich intensiv verfolgte nationale Projekt? Auf der symbolisch-materiellen Ebene ist das Erbe der UNR unübersehbar, schon die nationalen Farben oder das im öffentlichen Raum allgegenwärtige Porträt Hruševs'kyjs als Rada-Vorsitzender zeigen dies. Auch der in dieser Zeit dokumentierte Beharrungswille ist beachtlich, denn fast zwei Jahre gelang es der UNR trotz widrigster Umstände, wenigstens einen virtuellen Staat existieren zu lassen. Schon deshalb ist die Ukrainische Volksrepublik ein wichtiges Element in der ukrainischen nationalen Erzählung.

Eher regionale Bedeutung in der südlichen Ukraine genießt die Erinnerung an die anarchistische Bauernbewegung unter Nestor Machno (1888–1934), die sog. Machnovščina. Unterstützt von einem Teil der Bauern, mal mit, mal gegen die Bol'ševiki kämpfend, aber immer gegen die Weiße Armee, orientierte Machno sich an den Theorien

Bakunins sowie Kropotkins und strebte die Einrichtung freier Gemeinden an. Mit der Implementierung der Sowjetmacht auf dem Gebiet der Ukraine endete dieses für eine kurze Zeit (1918/20), zumindest was den Zulauf anbelangt, recht erfolgreiche Experiment.

Kapitel 11
Die Zwischenkriegszeit
(Polen, ČSR, Rumänien)

In der nach dem Zweiten Weltkrieg entstandenen genrebildenden polnischsprachigen Literatur der »małe ojczyzne« (»kleinen Vaterländer«), in der die verlorenen Ostgebiete Polens beschworen werden, spielt Galizien eine besondere Rolle. Einer der Autoren, die sich mit diesem Thema befasst haben, war Andrzej Kuśniewicz (1904–1993). In seiner 1971 veröffentlichten Trilogie *Strefy* (»Zonen«) verfasste er seine literarische Version des Gebiets der »Małopolska Wschodnia« (»Östliches Kleinpolen«). Dies war der offizielle Name dieses Territoriums in der Zweiten Polnischen Republik, denn der Terminus »Galizien« bzw. »Westukraine« sollte aus dem öffentlichen Sprachgebrauch eliminiert werden. Im ersten Teil *Znaki Zodiaku* (»Tierkreiszeichen«), der auch auf Deutsch erschienen ist, wird das Galizien der Zwischenkriegszeit als gemeinsame Heimat verschiedener Nationalitäten dargestellt. Fünf Freunde aus vier Nationalitäten sind die Protagonisten, die in relativer Harmonie miteinander leben: Gustav, der Spross eines alten polnischen Adelsgeschlechts, und der Lehrersohn Aleksander sind polnischer Nationalität, der Sohn eines unierten Popen, Jevhen, ist Ukrainer, Salomon ist Jude und Konrad der Abkömmling deutscher Kolonisten. Sie erscheinen als idealtypische Repräsentanten der galizischen Vor- und Zwischenkriegsgesellschaft. Sie sprechen – zumindest bei Kuśniewicz – eine auch im übertragenen Sinn gemeinsame Sprache, nämlich die polnische. Zerstört wird diese Lebenswelt erst durch die Nationalsozialisten und endgültig durch die Sowjetunion – soweit die harmonische, literarische Variante.

Das sich als Nationalstaat definierende Polen der Zwischenkriegszeit zeigte sich hingegen nicht nur gegenüber vielen Polen, sondern auch gegenüber Angehörigen der nationalen Minderheiten repressiv. Die Minderheitenpolitik insgesamt muss, trotz einiger ›besserer‹ Phasen, insgesamt als assimilatorisch bezeichnet werden. Polnische Verantwortliche gingen irrigerweise von einer gewissen Freiwilligkeit aus. Angesichts des Zeitpunkts, denn man befand sich ja nicht mehr in der Vormoderne, sondern im nationalen Zeitalter, und des tatsächlichen Anteils nationaler Minderheiten von etwa 31 Prozent war dies ein kühner Plan. Nach offiziellen, immer wieder und wohl zu Recht bezweifelten Zahlen lebten über vier Millionen Ukrainer, je 1,1 Millionen Deutsche und Weißrussen sowie 2,1 Millionen Juden und andere nationale bzw. religiöse Gruppen in der Republik. Nicht nur die Deutschen, auch ein Großteil der Ukrainer hatten nun ein ausgeprägtes Nationalbewusstsein entwickelt. Immerhin: In der Verfassung von 1921 hatte der wiedererrichtete polnische Staat einen weitgehenden Minderheitenschutz auf den Gebieten der Religion, Sprache und Kultur verankert. Damit wollte man das etwa beim Völkerbund existierende Misstrauen zerstreuen und umstrittene, mehrheitlich nichtpolnische Gebiete wie das annektierte Ostgalizien durch einen vorbildlichen Minderheitenschutz zugesprochen bekommen. Diese Strategie war erfolgreich, denn Ostgalizien wurde mit dem Frieden von Riga 1921 vorläufig, durch die Pariser Botschafterkonferenz 1923 dann für weitere 25 Jahre Polen zugesprochen.

Seinen Versicherungen gegenüber den Minderheiten kam der Staat aber nur im Ansatz nach: Die den drei ostgalizischen Wojewodschaften Lemberg, Stanisławów und Tarnopol 1922 gesetzlich garantierte Selbstverwaltung etwa wurde nie umgesetzt. Die Zusage, eine ukrainische Universität einzurichten, was ja bereits während der Monarchie zu den zentralen ukrainischen Forderungen gehört hatte, wurde nicht eingehalten. Auf vielen Gebieten mussten die ostgalizischen Ukrainer sogar echte Rückschritte vergegenwärtigen: Das sich während der Habsburgerherrschaft dynamisch entwickelnde ukrainische Schulwesen beispielsweise wurde ab 1924 sukzessive zugunsten einer formalen Zweisprachigkeit (tatsächlich aber mit einer Dominanz des polnischsprachigen Unterrichts) eingeschränkt. Die vor 1918 existierenden ukrainischsprachigen Lehrstühle an der Universität Lemberg wurden abgeschafft, und der formal gleichberechtigte griechisch-katholische Klerus offen benachteiligt. Selbst polnische Historiker wie Władysław Serczyk gehen davon aus, dass das Regime niemals plante, die verfassungsmäßig garantierten Minderheitenrechte tatsächlich durchzusetzen.[21] Wirtschaftlich waren im Vergleich zur Vorkriegszeit ebenfalls keine grundlegenden Verbesserungen zu verzeichnen: Der Anteil der in der Landwirtschaft arbeitenden Bevölkerung lag immer noch bei achtzig Prozent. Nach wie vor war über die Hälfte des Bodens im traditionell landarmen Galizien in den Händen polnischer Großgrundbesit-

---

21 Władysław Serczyk, »Die sowjetische und die ›polnische‹ Ukraine zwischen den Weltkriegen«, in: Golczewski (Hrsg.) (s. Anm. 9) S. 202–223, hier S. 214.

zer. Eine nennenswerte Industrie siedelte sich nicht an, und der Bevölkerungsüberschuss wurde nur zu einem geringen Teil durch Abwanderung z. B. nach Übersee aufgefangen. Insgesamt änderte sich die sozioökonomische Struktur gegenüber den Verhältnissen von vor 1918 also kaum. Bei den wechselnden polnischen Regierungen waren höchstens Ansätze zu erkennen, die Lage in diesem Gebiet grundsätzlich verbessern zu wollen. Im Gegenteil erhöhte man mit den Versuchen, durch Ansiedlung polnischer Bauern die Nationalitätenverhältnisse zu verändern, die prekäre Lage noch. Zumindest im Bewusstsein nationalbewegter Ukrainer wurde dies als Überfremdung aufgefasst, was wiederum zu einer Radikalisierung führte. Die ukrainische Bevölkerung griff, wie bereits vor dem Ersten Weltkrieg, zur Selbsthilfe: Das ohnehin schon recht gut funktionierende Genossenschaftswesen wurde in der Zwischenkriegszeit weiter ausgebaut. Die patriotische Agitation ging dort, in ukrainischen Lesehallen und privat organisierten sonstigen Bildungseinrichtungen, weiter.

Etwas besser erging es der ukrainischen Bevölkerung in Volhynien, das vor 1918 Teil des Russländischen Reiches gewesen war. Diese war im Vergleich mit Galizien national weitaus weniger mobilisiert, und seitens der polnischen Administration agierte man weniger konfrontativ. Diese Politik ist eng mit der Person des Wojewoden Henryk Józewski (1892–1981) verbunden, der bis zu seinem Sturz 1938 durch polnische Nationalisten in dieser Zeit wohl einmalig integrativ gegenüber der ukrainischen Volksgruppe vorging. Sein Ziel war es, die Wojewodschaft zu einem Experimentierfeld einer gelungenen ukrainischen Integration in den polnischen Staat zu machen. Er förderte die ukrainische Sprache, das Genossenschaftswesen und den Kultus. Im Vergleich zur Zarenherrschaft waren dies echte Fortschritte für die nicht eben verwöhnten ukrainischen Bewohner. Nach dem Tod Piłsudskis 1935 entzog Warschau ihm aber sukzessive die Unterstützung. Im national stärker mobilisierten Ostgalizien wäre diese von einem niedrigen Niveau ausgehende Befriedungstaktik (ähnlich bei der deutschen Minderheit in Polen) wohl nicht gelungen.

Den Staaten Mittel- und Ostmitteleuropas war (mit Ausnahme der Tschechoslowakei) in dieser Zeit eine autoritäre Tendenz gemein. Polen war diesbezüglich kein Einzelfall. Dennoch spielte sich das ukrainische nationale und politische Leben innerhalb der *Rzeczpospolita* alles in allem innerhalb gewisser demokratischer Bahnen ab. Das Parteienspektrum umfasste die ganze Breite, es gab Nationaldemokraten, liberale und christliche Parteien, eine fragmentierte Linke, welche sich teils pro-, teils antisowjetisch zeigte. Daneben entwickelten radikalisierte ukrainische Nationalisten (vornehmlich mit militärischem oder intellektuellem Hintergrund) seit Beginn der 1920er Jahre eine rege Untergrundtätigkeit; zu einem Zeitpunkt also, nach dem der Kampf um die Unabhängigkeit aussichtslos geworden war. Diese konspirativen Aktionen waren z.T. friedlich; zwischen 1921 und 1925 formierte sich beispielsweise eine Untergrunduniversität, an deren Beispiel sich auch polnische Akademiker in Krakau während des Zweiten Weltkriegs orientierten. Man knüpfte aber auch an bereits vor dem Ersten Weltkrieg erprobte paramilitärische Traditionen an: 1920 wurde die »Ukraïns'ka Vijskova Orhanizacija« (»Ukrainische Militärorganisation«, UVO) ins

Leben gerufen. Der frühere Kommandeur der Sič-Schützen, Jevhen Konovalec' (1891–1938), war ihr Begründer und stand ihr bis zu seinem Tod vor. Die UVO verübte eine ganze Reihe von Attentaten gegen Repräsentanten des polnischen Staates, vermeintliche »Versöhner« aus den eigenen Reihen sowie gegen polnische Siedler in Ostgalizien. Den gegebenen demokratischen Spielraum nutzte man bewusst nicht aus, sondern rief die Anhänger zum Boykott der Wahlen zum Sejm auf. Die polnische Seite reagierte massiv, indem sie u.a. auch gemäßigte ukrainische Politiker in Vorbeugehaft nehmen ließ; eine, wie sich zeigen sollte, wenig taugliche Methode, denn derlei Maßnahmen führten zur Radikalisierung auch der bislang auf Ausgleich ausgerichteten Ukrainer.

1929 vereinigte sich die UVO während eines Treffens in Wien schließlich mit anderen national radikalen Organisationen zur »Orhanizacija Ukraïns'kich Nacionalistiv« (»Organisation Ukrainischer Nationalisten«, OUN). Sie sollte bald zur wichtigsten politischen Kraft des ukrainischen Exils werden und mit den faschistischen Strömungen der Zeit mehr als liebäugeln. Es nimmt nicht wunder, dass die OUN zu einem potentiellen Partner etwa der revanchistischen deutschen Gruppen in der Weimarer Republik avancierte, welche sich von den Ukrainern im Kampf gegen den verhassten »Saisonstaat« Polen Unterstützung versprachen. Bereits für die beginnenden zwanziger Jahre ist eine Unterstützung der UVO durch die Reichswehr belegt. Auch mit anderen politischen Widersachern Polens – insbesondere mit der ČSR – kam man ins Gespräch.

In Ostgalizien kam es zu Beginn der 1930er Jahre zu einer zweiten großen Terrorwelle sowie zu sozial bedingten

Bauernunruhen. Die Bilanz der ukrainischen Terroristen war beachtlich. Allein 1930 verübten sie mehr als 2000 »Aktionen«: Anschläge auf Großgrundbesitzer, Postämter, Postwaggons, aber auch Überfälle auf Geldbriefträger. Die Ermordung polnischer und ukrainischer Politiker wurde in mindestens 63 Fällen versucht, elfmal »erfolgreich«. Das prominenteste Opfer war 1934 der damalige Innenminister Bronisław Pieracki. Hinzu kamen Attentate auf die vermeintlichen oder tatsächlichen Kollaborateure ukrainischer Nationalität. Die Rache der Polen geriet schrecklich: Sog. »Pazifikationen« – ein Euphemismus – wurden durchgeführt. Man beließ es nicht bei Verhaftungen der tatsächlich Schuldigen, sondern bestrafte kollektiv, u.a. wurden zahlreiche ukrainische Dörfer niedergebrannt, unabhängig davon, ob die Bewohner den Terroristen geholfen hatten oder nicht. Es gab zwar vereinzelt internationale Proteste gegen das polnische Vorgehen, aber der Völkerbund schwieg. Bei vielen Ukrainern führte dies abermals zu Enttäuschung. Wie bereits in den Jahren 1918/19, als das Prinzip der nationalen Selbstbestimmung für die Ukrainer nicht umgesetzt wurde, war das Ergebnis eine größere Affinität gegenüber integralen, gewaltbereiten nationalen Gruppierungen. Zur bedeutendsten, der OUN, unterhielt das Deutsche Reich gute Beziehungen. Erst zwischen 1934 und 1938 trübte sich das Verhältnis etwas, denn in dieser Zeit gab es eine Annäherung zwischen Deutschland und Polen, die sich im deutsch-polnischen Nichtangriffspakt von 1934 manifestierte. Dass die ukrainische Frage für die deutsche Seite einen eher instrumentellen Charakter hatte, wie bereits im Ersten Weltkrieg, ist auch hier evident.

Die OUN war eine zeittypische ethnoradikale Gruppierung: Ähnlich wie bei der kroatischen Ustaša oder der makedonischen IMRO spielten Konspiration, eine strenge (para)militärische Hierarchie, nationale Mythologien und ein ausgeprägter Führerkult eine große Rolle. Und wie diese agierte man vor einem ideologisch-weltanschaulichen Hintergrund, der der eigenen ethnischen Gruppe eine feindliche ›fremde‹ gegenüberstellte. Die politischen Ziele, im Falle der OUN waren dies die Befreiung Ostgaliziens von polnischer Herrschaft sowie die Erreichung des Ziels der *sobornist'* mit allen, gegebenenfalls terroristischen Mitteln. Konovalec', der »Held von Kiev« während der dortigen Kämpfe der UNR mit den Roten Garden, wurde bis zu seiner Ermordung durch einen Agenten des sowjetischen Geheimdienstes NKVD 1938 genauso heldisch verehrt wie später Stepan Bandera (1909–1959). Die OUN war ideologisch ein Kind ihrer Zeit: Sie vertrat einen männerbündischen Elitebegriff, verherrlichte Jugend, Stärke und pflegte einen Kult um ihre für die ›gerechte Sache gestorbenen Helden‹. Dementsprechend war das Frauenbild: Zwar gab es eine diffuse Vorstellung von ›der ukrainischen Frau‹ als Kameradin an der Seite des für die nationale Sache kämpfenden Mannes, doch auch hier dominierte das Bild der Mutter als Symbol der Nation, der Frau als Herz der Nation, die männliche Helden gebiert. Dennoch engagierten sich zahlreiche Frauen in diesem radikalen Zweig der ukrainischen Nationalbewegung. Mit Ol'ha Basarab (1889–1924) existiert sogar eine nationale Märtyrerin. Im Ersten Weltkrieg hatte sie der Frauenkompanie der Sič-Verbände im habsburgischen Heer sowie verschiedenen karitativen Einrichtungen angehört. Im Februar 1924 wurde sie von der polnischen Polizei wegen der

Zugehörigkeit zur verbotenen UVO und angeblicher Spionagetätigkeiten verhaftet; ein Vorwurf, der weder eindeutig zu belegen noch völlig abwegig ist. Basarab avancierte dennoch wegen ihres Märtyrertodes – offenbar folterten polnische Beamte sie zu Tode – zu einem Blutopfer im nationalen (westukrainischen) Gedächtnis.

Ein nach den obigen Ausführungen vielleicht entstandener Eindruck, die gesamte ukrainische Bevölkerung Polens habe geschlossen hinter der ethnoradikalen UVO bzw. der OUN gestanden, mitgebombt oder auch nur sympathisiert, wäre falsch. Die Zahl der mit dem System zusammenarbeitenden Ukrainer, die der (wenn man so will) Kollaborateure, war ungleich höher als die der gewaltbereiten Nationalisten. Sie spielen allerdings in national-patriotischen Narrationen im Allgemeinen eine untergeordnete Rolle. Das polnisch-ukrainische Verhältnis in der Zwischenkriegszeit war mitnichten nur von Gewalt und Dissens geprägt. Kulturell und wissenschaftlich wurde Warschau neben Prag und Berlin sogar zu einem der Zentren ukrainischen Lebens außerhalb der USSR. Getragen wurde diese kulturell-wirtschaftliche Blüte ab 1926, nachdem Piłsudski durch einen Staatsstreich an die Macht gekommen war, zu einem nicht geringen Teil von exilierten Ostukrainern, die bereits in den Jahren 1919/20 unter Petljura Erfahrungen mit der polnisch-ukrainischen Zusammenarbeit gesammelt hatten. Das 1930 in Warschau gegründete, überwiegend von der polnischen Regierung finanzierte »Ukrainisch-wissenschaftliche Institut« war ein wesentliches Ergebnis. Die polnische Politik setzte also nicht allein auf Konfrontation, sondern bemühte sich ebenso um die Stärkung der antisowjetischen ukrainischen Kräfte im Land. Für diese Interpretation spricht schon der Zeitpunkt der Gründung, denn manch nationalbewegter Ukrainer sah in der damaligen sowjetischen USSR eine gelungene Alternative zu den alles in allem eher repressiven Verhältnissen in der Zweiten Polnischen Republik.

Ein letzter, grundlegender Versuch zur Normalisierung des Verhältnisses zwischen dem polnischen Staat und seinen ukrainischen Bewohnern wurde 1932 unternommen, auf dem Höhepunkt des OUN-Terrors und der harschen Reaktion seitens der Staatsmacht. Die maßgebliche Initiative ging von den gemäßigten Kräften der UNDO (»Ukraïns'ke nacional'no-demokratyčne ob'ėdnannja«, »Ukrainische nationaldemokratische Allianz«) aus. Diese 1925 gegründete Partei hatte unter der ukrainischen Bevölkerung im Zwischenkriegspolen die meisten Anhänger. Sie stellte sich ebenfalls gegen die polnische Herrschaft über Ostgalizien, setzte aber auf eine revisionistische Taktik, um die Lebensbedingungen der Ukrainer im Land zu erleichtern. Sie trat in Verhandlungen mit der polnischen Regierung ein, die sich bis in den Juli 1935 hinzogen. Das Ziel der ukrainischen Unterhändler, die Gewährung einer begrenzten Autonomie für die ostgalizischen Gebiete, wurde nicht erreicht. Man einigte sich jedoch darauf, die vielfältigen Repressionen durch die Staatsmacht einzustellen und im Gegenzug den seit dem Beginn der »Pazifikationen« verfolgten strikten Oppositionskurs auch der gemäßigten Ukrainer zu beenden. Dieser taktische Kompromiss kam letztlich zu spät, hatten doch alle Beteiligten inzwischen den Glauben an eine Übereinkunft verloren. Die Zahl derer, die auf eine ›Lösung‹ der ukrainischen Frage in einem ›großen Krieg‹ an der Seite eines starken Partners hofften, wurde größer. Als ein solcher Partner erschien vielen, besonders seit dem Münchner Abkommen vom Oktober 1938, das Deutsche Reich. Selbst die von Berlin gebilligte Einverleibung von Teilen der bis dahin von Prag verwalteten Karpato-Ukraine durch Ungarn sowie die Liquidierung des für einige Monate existierenden karpato-ukrainischen »Mini-Staates« unter Avhustyn Vološyn (1874–1945) konnte daran nichts ändern (vgl. hierzu auch Kapitel 13). Der seit 1937 sich wieder verstärkende Terror der OUN, auf den die polnischen Behörden abermals mit »Pazifikation« reagierten, und die Verhaftung einiger hundert tatsächlicher und angeblicher OUN-Mitglieder seit Frühjahr 1939 taten ein Übriges, um die dauerhafte Entfremdung zwischen Polen und Ukrainern zu verstärken.

Andere Staaten hatten in der Zwischenkriegszeit ebenfalls aus pragmatischen Gründen so lange ›die ukrainische Karte gespielt‹, wie diese außen- oder innenpolitisch Vorteile versprach. Dies gilt zum einen für die ČSR, in der emigrierte Ukrainer bis etwa 1926, dem Jahr der polnisch-tschechoslowakischen Annäherung, finanziell und kulturell gefördert wurden. In Prag entstand so beispielsweise im Wintersemester 1921/22 die Freie Ukrainische Universität, die sich vordem in Wien befunden hatte. Die sich wissenschaftlich und organisatorisch an der berühmten Prager Karls-Universität orientierende Bildungsanstalt erwarb sich ein hohes wissenschaftliches Renommee. Ein nicht zu vernachlässigender Teil der ukrainischen Gemeinschaft in diesem Staat definierte sich übrigens, wenn sie denn überhaupt schon etwas wie eine nationale Identität entwickelt hatte, nicht als Ukrainer, sondern als Russinen (vgl. hierzu Kapitel 16). Wie dem auch sei, die ostslavischen Bürger der ČSR lebten in der Karpato-Ukraine bzw. in der heute zur Slowakei gehörenden Region von Prešov. Der Wunsch auf eine vollständige territoriale Autonomie blieb genauso unverwirklicht wie der Wunsch nach der Schaffung eines einheitlichen russinisch-ukrainischen Gebietskörpers, allerdings erlangte man einen Grad von Selbstverwaltung, von dem andere ukrainische Gruppen nur träumen konnten: Die Karpato-Ukraine hatte einen eigenen Gouverneur und ab 1928 ein Regionalparlament. Das in ungarischer Zeit sträflich vernachlässigte Schulwesen wurde zügig ausgebaut. Übrigens war diese wirtschaftlich extrem rückständige Region keinesfalls homogen ostslavisch, vielmehr gab es mit je etwa fünfzehn Prozent Ungarn und Juden große ethnische und religiöse Minderheiten. Mit nur bescheidenem Erfolg versuchte die Prager Zentrale, das Gebiet durch den Ausbau einer effektiven Infrastruktur und Förderprogramme zu modernisieren. Überhaupt war es das erklärte Ziel der Prager Administration, durch solche und andere Maßnahmen den historisch begründeten Ansprüchen der Ungarn auf dieses Gebiet etwas entgegenzusetzen und die knappe halbe Million ostslavischer Staatsbürger an sich zu binden.

Am entschiedensten aber spielte Berlin »die ukrainische Karte«, nicht zuletzt um offene außenpolitische Rechnungen zu begleichen: In der Reichshauptstadt plante man ab 1926, zum Zeitpunkt, als die ČSR sich allmählich von den Exilukrainern abzuwenden begann, die Einrichtung des Ukrainischen Wissenschaftlichen Instituts (UWI). Den deutschen Geldgebern gemäß war es antipolnisch, antitschechisch und Entente-feindlich ausgerichtet. Das UWI wurde eine Bastion des sog. Het'man-Lagers im Deutschen Reich, zu seinem ersten Direktor wurde der ehemalige Außenminister Skoropads'kyjs, Dorošenko, bestellt. Somit dominierten also konservativ-protofaschistische Kräfte das Institut, der UVO bzw. der OUN blieb man aber skeptisch gegenüber. Das auch nach dem Ersten Weltkrieg fortbestehende deutsche Interesse an der Ukraine hatte eine antipolnische Grundlage, weshalb man offenbar Galizier gegenüber Ostukrainern bevorzugte. Wegen der seit 1922 recht erfolgreichen pragmatischen Annäherung an die UdSSR durfte der antikommunistische Akzent, der bei Emigranten aus der ehemaligen russischen Ukraine ausgeprägter war, nicht zu deutlich werden. Wissenschaftlich war das Institut übrigens recht produktiv und konnte verdienstvolle Arbeiten etwa auf dem Gebiet der Sprachwissenschaften oder der Geographie vorweisen.

Kapitel 12
Die Ukrainische Sozialistische Sowjetrepublik (USRR)

Wie bereits erwähnt, wurde die USSR in den zwanziger Jahren für manchen Ukrainer zu einer Art Sehnsuchtsraum, ob nun ganz real angestrebt (wie von Julijan Bačyns'kyj oder Mychajlo Hruševs'kyj) oder von ferne bewundert (z. B. von ukrainischen Sozialdemokraten in Polen). Die tatsächlich dort obwaltenden wirtschaftlichen Bedingungen und Lebensverhältnisse gaben hierfür eigentlich keinen Grund: Die im Ersten Weltkrieg von Kampfhandlungen relativ verschonten ostukrainischen Länder hatten im Bürgerkrieg schlimmste Zerstörung erlitten. Das so schwer von den Bol'ševiki erkämpfte Gebiet (man hatte immerhin vier Anläufe zur Eroberung Kievs gebraucht) hatte zusätzlich unter dem sog. Kriegskommunismus gelitten. Die Verstaatlichungen, Requirierungen, das Verbot des selbstständigen Verkaufs landwirtschaftlicher Produkte oder die Verfolgung tatsächlicher oder vermeintlicher Saboteure hatten schlimme Folgen gehabt, eine erste verheerende Hungersnot in den Jahren 1921/22 mit etwa fünf Millionen Hungertoten. Auch die bereits von Moskau beschlossene »Neue Ökonomische Politik«, die einen begrenzten Privathandel wieder erlaubte, konnte diese nicht mehr verhindern. Auf diese Hungersnot reagierten die offiziellen Stellen relativ besonnen, anders als beim sog. Holodomor eine Dekade später (siehe hierzu Kapitel 15). Die Behörden ergriffen Maßnahmen, um das Ausmaß des Sterbens zu begrenzen, und ließ ausländische Hilfslieferungen ins Land.

Ziel nationaler ukrainischer Sehnsüchte wurde die USRR durch die dort (und unionsweit) bis Ende der 1920er/Anfang der 1930er Jahre angewandte Politik der *korenizacija* (»Einwurzelung«) bzw. im ukrainischen Sprachgebrauch der *ukrainizacija*. Die Sprengkraft der nationalen Frage hatte die an die Macht gelangten Bol'ševiki relativ unvorbereitet getroffen. Schon der klassische Marxismus kannte keine ausgeformte Nationalitätentheorie, da man ja von einer allmählichen Auflösung der Nationalitäten ausging. Innerhalb der russischen Sozialdemokratie war der gebürtige Georgier Stalin der Einzige gewesen, der sich mit diesem Thema intensiver befasst hatte. In Kenntnis der Schriften der Austromarxisten Karl Renner und vor allen Dingen Otto Bauer war für ihn die Nation eine reine Schicksalsgemeinschaft. Eine jede Nationalität bedurfte eines eigenen Territoriums und einer eigenen Sprache. Schon vor dem Ersten Weltkrieg, besonders aber während der Revolutionen von 1917 wurde schon aus taktischen Gründen vermittelt, dass jedes Volk das Recht auf Eigenständigkeit besitze, die Sezession der nichtrussischen Nationalitäten damit möglich gewesen wäre. Tatsächlich versuchten die Bol'ševiki und der ab 1918 als Volkskommissar für Nationalitätenfragen fungierende Stalin genau dies zu verhindern und bekämpften sezessionistische Tendenzen. Nachdem die Sowjetmacht sich aber nach dem gewonnenen Bürgerkrieg gefestigt hatte, versuchte man neue Wege zu gehen, um die nichtrussischen Völkerschaften enger an sich zu binden. Die bereits erwähnte Politik der »Einwurzelung« war die Folge. Diese zeichnete sich durch die Förderung der nationalen Kultur aus, großangelegte Alphabetisierungskampagnen, Kodifizierung jener Sprachen, die bislang keine Schriftkultur kannten. In dieser Phase kam es übrigens zur Abfassung der ersten verbindlichen Grammatik des Ukrainischen. Die ausgegebene Parole lautete »National in der Form, sozialistisch im Inhalt«, denn »Einwurzelung« hieß auch, Partei- und sonstige Posten mit Einheimischen zu besetzen. Im ukrainischen Fall stieß diese von Moskau ausgegebene Direktive allerdings auf erhebliche Widerstände – und zwar seitens ukrainischer Kommunisten, welche zu einem großen Teil russifiziert waren. Mehr als einmal musste die KP-Zentrale bei den Genossen in Charkiv, bis 1934 Hauptstadt der ukrainischen Sowjetrepublik, intervenieren. Die des Ukrainischen nicht mächtigen einheimischen Genossen wurden von Moskau angewiesen, ›ihre‹ Sprache zu erlernen, auch um die Agitation und den Umgang mit der ukrainischen Bevölkerung zu erleichtern. Man erließ umfangreiche Verordnungen zur Förderung der ukrainischen Sprache. Zudem wurde versucht, anfangs noch nicht verbotene Gruppen des linken politischen Spektrums wie die Sozialrevolutionäre einzubinden.

Tatsächlich zeigte die Politik der Ukrainisierung beeindruckende Erfolge: Ein auf dem Gebiet der russischen Ukraine bis dahin nicht existentes ukrainischsprachiges Schulwesen wurde buchstäblich aus dem Boden gestampft: Noch 1917 hatte der Anteil an ukrainischen Schulen unter der Promillegrenze gelegen. 1932/33 genossen dagegen bereits 97 Prozent aller ethnischen Ukrainer auf dem Gebiet der USSR muttersprachlichen Unterricht, und 80 Prozent der dort verlegten Zeitungen waren in ukrainischer Sprache gedruckt. Selbst die nationalen Minderheiten innerhalb der ukrainischen Sowjetrepublik erlebten die Förderung muttersprachlichen Unterrichts. Geringer fielen allerdings die Fortschritte bei der höheren, vor allen Dingen universitären Ausbildung aus.[22] Die akademische Ausbildung und damit auch die Möglichkeit zum sozialen Aufstieg blieben weiterhin (wie bereits im Zarenreich) an die Erlernung des Russischen auf muttersprachlichem Niveau geknüpft. Dennoch, die erfolgreiche Ukrainisierung war ein Pfund, mit dem die sowjetische Führung außenpolitisch wuchern konnte. Propagandistisch wurde wiederholt die schlimme Lage der ukrainischen Brüder und Schwestern in Polen oder der von Rumänien gehaltenen Bukowina angemahnt.

Tatsächlich mussten die 800 000 rumänischen Staatsbürger ukrainischer Nationalität die wohl eklatantesten Verschlechterungen im Vergleich mit der Vorkriegszeit hinnehmen. Die rumänische Regierung ging davon aus, dass die bukowinischen Ukrainer eigentlich ethnische Rumänen seien, welche lediglich ihre Muttersprache verloren hätten. Sie wurden deshalb einer strengen Rumänisierungspolitik unterworfen, welche die Errungenschaften der Habsburgermonarchie beseitigte: In der Zwischenkriegszeit gab es dort keine ukrainischsprachige Schulbildung, keine ukrainischsprachige Presse, und die ukrainisch-orthodoxe Kirche (die Ukrainer der Bukowina waren, anders als in Galizien, mehrheitlich orthodox) wurde der Rumänisch-Orthodoxen Kirche unterstellt. Es wundert nicht, dass Propagandisten des ukrainisch-sowjeti-

---

22 Benedikt Praxenthaler, »Die Sowjetukraine zwischen den Weltkriegen«, in: Jordan [u.a.] (Hrsg.) (s. Anm. 12) S. 293–318, hier S. 302.

schen Modells in Rumänien besonders an Boden gewinnen konnten.

Weniger günstig war allerdings auch in der sowjetischen Ukraine die Lage der Kirchen: Nach dem Zerfall des Zarenreichs, den Revolutionen und dem Bürgerkrieg ist auf dem Territorium der Ostukraine eine Erscheinung zu beobachten, die man als Ukrainisierung der Orthodoxie bezeichnen sollte. Ein Teil der niederen rechtgläubigen Geistlichkeit plädierte für die Verwendung der ukrainischen Sprache im Gottesdienst, die Eheerlaubnis auch für den hohen Klerus, eine stärkere Einbindung von Laien usw. Er stieß damit auf den Widerstand hoher geistlicher Würdenträger. Diese sich als Reformer verstehenden Kräfte gründeten 1920 schließlich die Ukrainische Autokephale Orthodoxe Kirche (UAOK), die sich ohne Unterstützung der orthodoxen Hierarchie (und damit unkanonisch) mit Vasyl' Lypkivs'kyj (1864–1938?) im Oktober 1921 einen Metropoliten wählte. Anfangs wurde diese Kirche von den Sowjets teilweise gefördert bzw. war nicht den Verfolgungen ausgesetzt, welche die orthodoxe Kirche gleichzeitig zu erleiden hatte. Diese temporäre Bevorzugung hatte ihren Grund auch darin, dass die UAOK die von den Sowjets gewünschte Trennung von Staat und Kirche anerkannte. Moskau nutzte überdies jedes Mittel, um den orthodoxen Monolithen durch eine Politik des *Divide et impera* zu schwächen. Die Mitte der zwanziger Jahre einsetzenden antireligiösen Kampagnen der Bewegung der »Bezbožnyki« (»Gottlosen«) erreichte aber bald ebenfalls die autokephale Kirche. Mit den ersten Säuberungen begann dann ihr vorläufiges Ende: 1930 wurde die Selbstauflösung erzwungen, Vasyl' Lypkivs'kyj unter Hausarrest gestellt,

Priester wurden verhaftet. Erst im Zweiten Weltkrieg hatten die Kirchen innerhalb der Sowjetunion wieder einen größeren Handlungsspielraum, die UAOK blieb aber im Untergrund.

Mit dem Aufstieg Stalins, dem Ende der Neuen Ökonomischen Politik und der Einführung des ersten Fünfjahresplans 1928 erlebte die Wirtschaft der Ukraine eine profunde Transformation. Diese war gekennzeichnet durch einen überproportionalen Anstieg der Schwerindustrie, der zu Lasten des privaten Konsums ging, eine starke Urbanisierung und erste, noch wenig erfolgreiche Versuche der Kollektivierung der Landwirtschaft (seit 1926). Die zu Beginn der 1930er Jahre auch auf dem Gebiet der Ukraine wütenden Hungersnöte, auf die noch näher einzugehen sein wird, hatten hierin eine Ursache. Auch gesellschaftlich waren die Folgen gravierend. Parallel zum Ende der *korenizacija* fegten erste Repressionswellen über das Land hinweg, die das Vorspiel zu den unionsweit durchgeführten sog. Säuberungen (*čistki*) Mitte der 1930er Jahre waren. Diese dienten durch einen Elitenaustausch dazu, die Macht zu sichern und zu konsolidieren, und bereits zu Beginn der zwanziger Jahre hatte es vergleichbare Aktionen im Parteiapparat gegeben. Allgemein markiert der Mord an dem Leningrader Parteichef Kirov 1934 den Beginn der Großen Säuberungen. Ukrainische und einige andere der »nationalen Abweichung« beschuldigte nationale Parteikader waren jedoch schon früher Repressionen ausgesetzt. Eines der ersten Opfer war nicht in der Ukraine zu beklagen, sondern auf der Krim: Dort hatte man den Ersten Sekretär des ZK der ASSR (Autonome Sozialistische Sowjetrepublik), den Krimtataren Veli Ibragimov, 1928 des

»Nationalbolschewismus« beschuldigt und anschließend ›liquidiert‹. Er war in Moskau vermutlich deshalb in Ungnade gefallen, weil er sich der von der KP-Führung geplanten jüdischen Ansiedlung auf der Halbinsel widersetzt hatte; ein jüdisches Autonomes Gebiet wurde später bekanntlich in Birobidžan an der chinesischen Grenze gegründet. Nur ein Jahr später ereilte Sultan Galiev (1880–1929), Kommissar für muslimische Angelegenheiten, das gleiche Schicksal. Der Vorwurf lautete, er habe pantürkische Ziele verfolgt. Bald traf es auch die ukrainischen Genossen.

Der Zusammenhang zwischen der forcierten, jedoch an wirtschaftlichen Parametern gemessen fehlgeschlagenen Kollektivierungspolitik seit etwa 1929/30, der Parole der »Liquidierung der Kulaken als Klasse« und den politischen Prozessen und Säuberungen im Parteiapparat in der Ukraine sind evident. Gegen die Politik der strikten Getreideablieferungspflicht hatte sich dort reger bäuerlicher, aber auch politischer Widerstand seitens der ukrainischen KP geregt. Wie bereits gezeigt wurde (vgl. hierzu Kapitel 10), hatten ukrainische Bauern schon seit 1917 besonders entschlossen dafür gekämpft, die Verfügungsgewalt über Grund und Boden zu erhalten. Dieses Faktum wird in der ukrainisch-nationalen Geschichtsschreibung übrigens häufig als Indiz für den ausgeprägten ukrainischen Individualismus gelesen, der in einem krassen Gegensatz zu einem ausgemachten russischen Kollektivismus stehe. Die Staatsmacht reagierte mit Repressionen und Verhaftungen: Anfangs wurden Mitglieder der intellektuellen Führungsschichten und Verantwortliche aus den Bereichen der Wirtschaft und Industrie angeklagt. Unter dem Vorwurf, die sowjetische Volkswirtschaft geschädigt zu haben, traf es u. a. 1928 die Leitungsebene der Kohlegruben von Šachty, der der Prozess gemacht wurde. Ältere, verdiente Facharbeiter gerieten ebenso in den Fokus wie »bourgeoise Nationalisten«. Der Höhepunkt der Kampagne war der Prozess gegen den »Bund zur Befreiung der Ukraine« (»Spilka Vyzvolennja Ukraïny«, SVU).

Der Prozess und die Hintergründe gegen diese angeblich existierende antisowjetische Geheimgesellschaft wurde von den ukrainischen Wissenschaftlern Pristajko und Šapoval genaueren Untersuchungen unterzogen. Sie bezeichnen den Prozess als »politisches Schauspiel«: Im Charkiver Opernhaus klagte man zwischen März und April 1930 unter großem Medieninteresse 45 Personen an, weitere 700 wurden verhaftet, eine noch größere Anzahl von Menschen sonstigen Pressionen ausgesetzt. Die beiden ukrainischen Historiker konnten nachweisen, dass die SVU trotz der großen Zahl der Beschuldigten in den Jahren 1929/30 gar nicht existiert hat, sondern lediglich eine Chimäre mit allerdings höchst realen Folgen für die Betroffenen gewesen war. Die sowjetische Geheimpolizei GPU (»Gosudarstvennoe Političeskoe Upravlenie«, »Staatlich-Politische Verwaltung«) hatte 1928 einige Agenten zur Kontaktaufnahme mit ukrainisch-nationalen Kreisen abgestellt, um sog. nationalbolschewistische konterrevolutionäre Aktionen durchzuführen. Es gab aber in der sowjetischen Ukraine nicht nur von der GPU inszenierte Widerstandsnester, sondern auch realen Widerstand. Wie groß dieser quantitativ und qualitativ war, müssen zukünftige Forschungen noch zeigen.

Wirkliche oder vermeintliche bourgeoise Nationalisten

verfolgte man mit der gleichen Verve wie nationale Kommunisten, welche sich ja noch einige Zeit vorher auf Geheiß Moskaus überhaupt erst ukrainisiert hatten. Nach dem Muster des Prozesses gegen den SVU wurde in den Jahren 1932/33, nach dem Ende der Ukrainisierung, gegen hohe Parteifunktionäre vorgegangen, welche Garanten eines nationalen, aber ohne Zweifel sowjetischen Weges zum Kommunismus gewesen waren: Oleksandr Šums'kyj (1890–1946), der das Amt des Volkskommissars für Bildung bekleidet hatte, wurde suspendiert. Sein Nachfolger Mykola Skrypnyk (1872–1933), der »nationalen Abweichung« angeklagt, sollte öffentlich Selbstkritik äußern und entzog sich diesem ›Vorschlag‹ im Juli 1933 durch Selbstmord. Weitere hohe Funktionäre wurden bedrängt. Der Höhepunkt der Säuberungen in der Ukraine wurde dann 1937 erreicht. Insgesamt verloren zwischen 1934 und 1938 fast 170 000 ukrainische Parteimitglieder ihren Status, wenn nicht gar ihr Leben, das entsprach 37 Prozent aller organisierten Kommunisten. Neue Eliten wurden installiert, wozu auch der bis dahin unbekannte Nikita Chruščev gehörte, der bald an die die Spitze der ukrainischen KP aufrückte.

Die USSR begann Ende der 1920er, Anfang der 1930er Jahre ihren Nimbus als nationalukrainisches Arkadien unter Hammer und Sichel einzubüßen, denn die dortige Bevölkerung war Hunger und Verfolgung ausgesetzt. Für die bereits Anfang der zwanziger Jahre nach rechts gerückte ukrainische Nationalbewegung im Exil mag dies ein nachgereichter Beweis dafür gewesen sein, das ambitionierte nationale Projekt mit anderen politischen Partnern in Angriff zu nehmen.

Kapitel 13
Die ukrainischen Länder im Zweiten Weltkrieg

Das von dem ukrainischstämmigen kanadischen Historiker Orest Subtelny gepriesene goldene Zeitalter der Ukrainer unter sowjetischer Herrschaft – die sog. *korenizacija* (»Einwurzelung«) bzw. *ukrainizacija* in den 1920er Jahren – ist zeitlich in eine Ereigniskette eingebettet, die für die Bewohner der ukrainischen Länder alles in allem schlimme Folgen zeitigte. Diese waren nicht das Resultat unvermeidbarer Naturerscheinungen wie Erdbeben oder Überschwemmungen, sondern menschengemachter »Katastrophen«. Intentional begangene Verbrechen gegen die Menschlichkeit standen neben Ereignissen, deren Folgen von den Akteuren zuweilen nicht vorausgesehen wurden.

Die Bewohner der ukrainischen Länder, ob nun Ukrainer, Russen, Juden, Polen oder andere, hatten den Ersten Weltkrieg mit allen seinen militärischen und sozialen Konsequenzen erlebt, es folgten Revolutionen, das Zerbrechen von Imperien, regional begrenzte Kriege und Bürgerkriege. Die sowjetische USSR durchlitt in der Zwischenkriegszeit zwei verheerende Hungersnöte (vgl. hierzu Kapitel 12 und 15) mit mehreren Millionen Toten, denen im Zweiten Weltkrieg unter der deutschen Besatzung eine dritte und in der unmittelbaren Nachkriegszeit (1946/47) eine vierte folgen sollte. Durch die stalinistische Zwangskollektivierung und die damit verbundene sog. Kulakenverfolgung waren genauso Opfer zu beklagen wie durch die Großen Säuberungen in den 1930er Jahren. Ukrainer in anderen Staaten, vor allen Dingen in Polen und in Rumänien, waren ihrerseits einem starken Denationalisierungsdruck ausgesetzt, gegen den sich eine nicht geringe Zahl von ihnen (vor allen Dingen in Polen) mehr oder minder gewaltbereit zur Wehr setzte. Dort waren gleichfalls, auch durch die staatliche Gegenwehr, Verluste an Menschenleben zu beklagen. Der Zweite Weltkrieg sollte jedoch eine neue Qualität von Gewalt und Zerstörung in die ukrainischen Länder bringen. Er prägte überdies, so der Hamburger Historiker Frank Golczewski, »für Jahrzehnte die ukrainische Realität und Traditionsbildung«, denn im Zweiten Weltkrieg wurden Ukrainer gleichermaßen Täter und Opfer. Die Täterperspektive wird jedoch bis in unsere Zeit von Teilen der ukrainischen Gesellschaft nur zögerlich oder gar nicht reflektiert. In nationalukrainischen Kreisen dominiert immer noch die Auffassung, dass die ukrainische Geschichte im Zweiten Weltkrieg vor allem die eines nationalen Befreiungskampfes gewesen sei. Zugleich ist in der heutigen Ukraine die Anzahl der Bürger sehr hoch, die durch die sowjetische Erinnerungspolitik geprägt wurden. Diese verbinden mit den Jahren 1941 bis 1945 in erster Linie die »heldenhafte« Narration des Partisanenkampfes gegen »die Faschisten« (so die offizielle sowjetische Diktion) und den opferreichen Widerstand der Roten Armee und der Sowjetbürger. Und selbst im Erinnern an diese Jahre unterscheidet sich der Westen vom Osten des Landes.

Der Zweite Weltkrieg begann für Ukrainer mit polnischer Staatsbürgerschaft am 1. September 1939 mit dem deutschen Überfall auf Polen, am 17. des Monats folgte die Besetzung der ostpolnischen Gebiete durch die Rote Armee. Die territoriale Aufteilung Polens zwischen dem Deutschen Reich und der UdSSR war gemäß den Vereinbarungen des sog. Geheimen Zusatzprotokolls des Hitler-Stalin-Pakts vom August 1939 erfolgt. Sogleich setzte die Drangsalierung und Verfolgung der Bevölkerung durch die Besatzungsmächte ein. Wieder einmal waren zuvorderst Juden die Opfer, auch im von den Deutschen eingerichteten sog. Generalgouvernement. Die »Endlösung der Judenfrage« war bereits 1939 in diffuser Diktion vom Leiter des Reichssicherheitshauptamtes Reinhard Heydrich (1904–1942) angekündigt worden. Dazu wurden von den Verantwortlichen verschiedene Varianten durchgespielt: die Einrichtung von jüdischen »Reservaten« zwischen Weichsel und Bug, gigantische Umsiedlungsaktionen, die Einkalkulierung von ›Verlusten‹ jüdischer Menschen durch Hunger und Erschöpfung waren nur einige Überlegungen zur Lösung des »Problems«. Sie setzten die jüdische Bevölkerung der Region schon bei Kriegsbeginn einem »dauerhaften Horrortrip« aus, wie es der Historiker Tobias Jersak ausdrückt: »Antisemitische Exzesse und willkürliche Gewalt durch SS-Männer, Soldaten, Volksdeutsche und Polen bedrohten Leib und Leben, der unmittelbare Verlust jeglicher Rechtssicherheit verursachte dauerhafte, nervenzerreibende Angst, die Ghettoisierung bedeutete neben dem Verlust der Freizügigkeit soziales Elend, der Verlust des Eigentums vollständige Armut, und die Einsetzung von ›Judenräten‹ war nicht nur ein Akt der bewussten Demütigung, sondern erzeugte darüber hinaus moralische Dilemmata bei den Betroffenen, an denen sich die deutschen Peiniger mit sadistischem Sarkasmus ergötzten.« Von der örtlichen christlichen Bevölkerung, gleich welcher Natio-

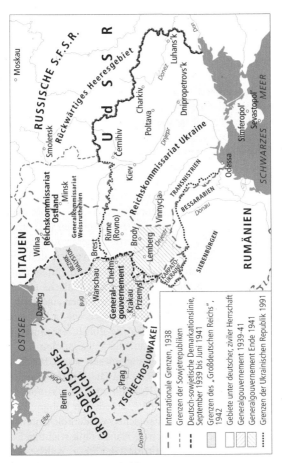

Die Ukraine im Zweiten Weltkrieg

nalität, wurden die Aktionen, wie so oft, mancherorts nachhaltig unterstützt.

Die ukrainischen Bewohner im Gebiet des heutigen südöstlichen Polens hatten sich bei Kriegsbeginn trotz aller Konflikte der vergangenen Jahre mehrheitlich zunächst loyal gegenüber dem polnischen Staat erwiesen. Nach dem Einmarsch der deutschen Truppen 1939 und vor allem nach dem Überfall auf die Sowjetunion im Juni 1941 zeigte sich dann aber, dass sie von der deutschen Besatzung durchaus profitieren konnten. Bei der Durchführung ihrer rassistisch begründeten antipolnischen Politik griffen die Nationalsozialisten nämlich nicht ungern auf die Hilfe zurück, die ihnen von denjenigen ukrainischen Kreisen offeriert wurde, welche die Deutschen als Befreier vom polnischen Joch begreifen wollten. Das im Sommer 1941 um die ostgalizischen Gebiete erweiterte Generalgouvernement wurde von Hans Frank (1900–1946) verwaltet und rücksichtslos ausgebeutet. Gleich nach dessen Implementierung waren polnische, ukrainische und jüdische Hilfskomitees eingerichtet worden, deren Aufgaben eigentlich im karitativen Bereich liegen sollten. Doch wie in Kontexten von Besatzung und Kolonisierung üblich, erkannten die Besatzer schnell, dass man auf die Kollaboration mit der autochthonen Bevölkerung angewiesen war. Ukrainische Organisationen wie das »Ukrainische Zentral-Komitee« (»Ukraïns'kyj Central'nyj Komitet«, UCK), das von dem Geographen am Berliner UWI, Volodymyr Kubijovyč, geführt wurde, boten den Deutschen wiederholt Unterstützung an. Tatsächlich übertrug Hans Frank wichtige Positionen in der Lokalverwaltung Ukrainern, welche umso begeisterter mittaten, als ihnen derartige Posten im Polen der Zwischenkriegszeit in aller Regel nicht offengestanden hatten. Die Nationalsozialisten nutzten den über Jahrzehnte angestauten Hass vieler Ukrainer auf ›die Polen‹ und ermöglichten ein lange verwehrtes nationales Leben: Zwar blieb der ukrainischen Bevölkerung eine offen politische Tätigkeit verwehrt, dafür wurde das Bildungswesen ukrainisiert, während sich parallel die Zahlen polnischer Schulen dramatisch verringerte.

Die wissenschaftliche Diskussion über die Kollaboration wird in den letzten Jahren immerhin zunehmend differenzierter und entemotionalisierter geführt. Inzwischen deutet man die »normale« Zusammenarbeit im täglichen Leben ohne verbrecherische Verstrickungen mit den Besatzern in Okkupationskontexten vielfach sowohl als ein übliches Mittel der Politik als auch eines moralisch nicht zu verurteilenden Überlebenswillens. Denn dieses Motiv spielte auch im ukrainischen Fall mannigfach eine entscheidende Rolle. Hinzu kam, dass die polnische Ukrainepolitik in der Zwischenkriegszeit in vielen Phasen tatsächlich fragwürdig gewesen war, was die spätere Annäherung an die deutsche Seite zweifellos befördert hat. Es gibt jedoch weitere Facetten der deutsch-ukrainischen ›Zusammenarbeit‹, bei der sich die Frage nach Schuld und Verantwortlichkeit eindeutiger stellt. Dies betrifft besonders die Aktivitäten der bereits vorgestellten ethnoradikalen »Organisation Ukrainischer Nationalisten« (OUN; siehe auch Kapitel 11), die sich im September 1939 als sog. Hilfswillige an der Seite der nach Osten vorstoßenden Wehrmacht am Polenfeldzug beteiligte. Dem vorausgegangen war die Annäherung der OUN unter ihrem neuen Führer Andrij Mel'nyk (1890–1964) an die deutsche Abwehrabteilung unter Canaris. Die ukrainischen Kämpfer hofften, bis in das ostgalizische, von den Sowjets besetzte Lemberg und sogar darüber hinaus vorzustoßen. Diese Hoffnung erfüllte sich aber nicht, denn von der Existenz des Geheimen Zusatzprotokolls wussten die Hilfswilligen nichts. Überhaupt sollte sich zeigen, dass die deutsche Seite in der OUN keinesfalls einen gleichberechtigten Partner sah. Berlin hatte keinerlei Interesse daran, den Ukrainern zu einem eigenen Staat zu verhelfen. Auch als Resultat dieser Erkenntnis spaltete sich die OUN in einen gemäßigteren Flügel aus zumeist älteren OUN-Anhängern unter Mel'nyk (OUN-M), dem die radikaleren, weitaus gewaltaffineren »Banderisten« unter Stepan Bandera (OUN-B) gegenüberstanden. Die OUN-Anhänger beider Gruppen positionierten sich nicht ohne Bitterkeit westlich des Flusses San, im westlichen, überwiegend polnisch bewohnten Teil des ehemaligen Galiziens.

Die Enttäuschung der radikalen ukrainischen Aktivisten über den vermeintlichen deutschen Partner hielt jedoch nicht lange vor. Sie war in dem Moment vergessen, als das Deutsche Reich im Juni 1941 die Sowjetunion ungeachtet zahlreicher zwischenstaatlicher Abkommen überfiel. Bereits einige Monate vor Beginn des »Unternehmens Barbarossa« waren unter der Federführung des »Amt Ausland/Abwehr« beim Oberkommando der Wehrmacht (OKW) zwei ukrainische Freiwilligenbataillone aufgestellt worden, die bis zu ihrer Auflösung im Herbst 1941 mitkämpften: »Nachtigall« und »Roland«. An der Seite der Wehrmacht marschierten diese Verbände in die seit fast zwei Jahren von der Sowjetunion besetzte Westukraine ein. Sie machten sich im Sinne des stärkeren Partners alsdann ›nützlich‹, indem sie sich an der unmittelbar nach dem Einsatz beginnenden Judenverfolgung beteiligten. Dieter Pohl gilt als einer der besten Kenner des Massenmordes an Juden während des nationalsozialistischen Vernichtungskriegs. Er bewertet die Rolle der ukrainischen Kombattanten wie folgt: »[...] durch die Westukraine [rollte] eine Welle von Pogromen, die, obwohl von deutscher Seite gewollt, nicht überall von ihr inspiriert worden waren. Vielmehr spielte die OUN [...] und oftmals auch die lokale Bevölkerung dabei eine entscheidende Rolle.« Allein den Pogromen in diesem Zeitabschnitt fielen mindestens 24 000 Menschen zum Opfer.[23] Hinzu kamen die »wilden« Erschießungen vorwiegend jüdischer Männer während des deutschen Einmarschs durch Einsatzgruppen sowie der dort Ende Juli 1941 beginnende ›eigentliche‹ Völkermord, mit seinen »Sonderbehandlungen«, Razzien, Pogromen und Deportationen in die rasch eingerichteten Ghettos; hinter der Front setzten systematische Erschießungen ein. Am 20. Januar 1942 wurde auf der sog. Wannsee-Konferenz schließlich die Errichtung von Vernichtungslagern beschlossen. Insgesamt stammte jedes vierte der etwa sechs Millionen Opfer der sog. Endlösung der europäischen Judenfrage aus den ukrainischen Gebieten.

Immer wieder (und vorzugsweise außerhalb ukrainischer Kreise) wird seit geraumer Zeit darüber diskutiert, warum von einem verhältnismäßig hohen Anteil ukrainischer Hilfswilliger an der von Nationalsozialisten geplan-

---

23 Dieter Pohl, »Schlachtfeld zweier totalitärer Diktaturen. Die Ukraine im Zweiten Weltkrieg«, in: Jordan [u.a.] (Hrsg.) (s. Anm. 12) S. 339–362, hier S. 348 f.

ten und verantwortlich durchgeführten Judenvernichtung auszugehen ist. Seit den 1980er Jahren brandete diese Debatte z. B. anlässlich des Falles Ivan Demjanjuk (1920–2012) wiederholt auf. Der gebürtige Ukrainer und zwischenzeitlich staatenlose Demjanjuk hatte 1958 die US-amerikanische Staatsbürgerschaft erhalten. 1988 wurde ihm in Israel der Prozess gemacht, der mit dem Todesurteil endete. Das Gericht befand ihn für schuldig, während des Zweiten Weltkriegs in den Lagern Treblinka und Sobibór der besonders brutale Aufseher »Ivan der Schreckliche« gewesen zu sein. Weil letzte Zweifel jedoch nicht auszuräumen waren, setzte man das Urteil aus. Auch in weiteren Folgeprozessen in den USA konnte Demjanjuk nicht verurteilt werden. Allerdings wurde seine Abschiebung verfügt. Die deutsche Staatsanwaltschaft in München erreichte aufgrund neuer Beweise seine Auslieferung; Ende 2009 begann der Prozess gegen ihn.

Abgesehen von der mindestens anzunehmenden Verstrickung Demjanjuks, die Teilhabe von Ukrainern am Völkermord gilt als unbestritten. Es ist bewiesen, dass Angehörige des Bataillons »Nachtigall« beim Einmarsch in Lemberg Ende Juli 1941 an Pogromen teilgenommen haben. Manche Historiker gehen allerdings davon aus, dass die innerhalb regulärer militärischer Großverbände der Wehrmacht kämpfenden Ukrainer der Verbände »Roland« und »Nachtigall« sich nicht allzu »engagiert« an den verbrecherischen Aktionen beteiligten. Anders verhält es sich allerdings mit der SS-Freiwilligen-Division Galizien, die 1943 aus ukrainischen Freiwilligen und Volksdeutschen gebildet worden ist. Unter dem Vorwand der Partisanenbekämpfung taten sie sich bei der Judenvernichtung sogar besonders hervor. Und auch bei der verantwortlich von Einsatztruppen des Sicherheitsdienstes (SD) und der Wehrmacht durchgeführten größten Mordaktion an Juden in Babyn Jar (ukr.; russ.: Babij Jar), der über 33 000 Kiever Juden im September 1941 zum Opfer fielen, waren ukrainische Kollaborateure beteiligt. Dieser Massenmord an ukrainischen Juden spielt in der ukrainischen Erinnerungskultur übrigens keine Rolle, wurde vielmehr unter dem Einfluss gelernter sowjetischer gedächtnispolitischer Muster nationalisiert. Denn für die sowjetische Nachkriegszeit und die damalige Gedächtnispolitik gilt, dass es ein sanktioniertes Erinnern weder für die Opfer der Shoah noch für die jüdischen Soldaten in der Roten Armee geben durfte. Ohne den Holocaust an sich in Frage zu stellen, sollte vielmehr der Opfer und »Helden« des antizipierten »Sowjetvolks« öffentlich und kollektiv gedacht werden.

Die bei Massenerschießungen von Juden regelmäßig anwesenden ukrainischen Hilfspolizisten sollen, so wird vermutet, den Löwenanteil an von Ukrainern begangenen Verbrechen während des Zweiten Weltkriegs zu verantworten haben. Dies waren zumeist Männer, die nicht erst durch Kriegs- und Fronterlebnisse stark radikalisiert worden sind, sondern offenbar ohnehin stark antisemitisch eingestellt waren. Solche »ganz normalen Männer« (Christopher Browning) gab es nicht nur unter der deutschen oder ukrainischen Bevölkerung. Eine traditionelle antijüdische Sozialisation, internalisierte und von der nationalsozialistischen Propaganda bediente Stereotype über »jüdische Bolschewisten« und der Wunsch, den neuen Herren möglichst gewissenhaft zu dienen, mögen weitere Gründe gewesen sein.

Trotz des Elans, mit dem sich manche Ukrainer am Überfall auf die Sowjetunion und an der Einnahme Ostgaliziens beteiligt hatten, reagierte die deutsche Seite auf Verlautbarungen eines »Unabhängigen Ukrainischen Staats« (»Samostijna Ukraïns'ka Deržava«) entschieden ablehnend. Diesen »Staat« hatten nämlich Anhänger der OUN-B nach der Einnahme des Lemberger Rathauses am 30. Juni 1941 proklamiert. Groß war das Erstaunen, als die Deutschen diesen nach einer kurzen Weile des Gewährenlassens nicht anerkennen wollten und die Verantwortlichen, Stepan Bandera sowie das seinen späteren Lebensabend im Münchner Exil verbringende »Staatsoberhaupt«, Jaroslav Stec'ko (1912–1986), von der SS verhaften ließen. Bis 1944 blieben sie als Sonderhäftlinge im Konzentrationslager Sachsenhausen. Im Nachhinein war diese Verhaftung für die in der Tradition der OUN stehenden Kreise nach dem Zweiten Weltkrieg, der bekanntlich nicht vom Deutschen Reich gewonnen wurde, eine Art Glücksfall. Sie ermöglichte zweierlei: Die Verstrickung Banderas und seiner Anhänger in die von den Nationalsozialisten begangenen Verbrechen konnte mit dem Hinweis auf die Verhaftung verwischt werden, stand man doch (so zumindest die übliche Interpretation) spätestens von diesem Zeitpunkt an in unverbrüchlicher Opposition zum NS-Regime. Bandera avancierte wegen seiner späteren Ermordung durch einen sowjetischen Agenten, aber eben auch wegen seiner Zeit in Sachsenhausen zu einem nationalen Märtyrer, der sowohl von »links« als auch von »rechts« verfolgt worden sei. Einige nach der Verhaftung Banderas und Stec'kos verfasste Pamphlete aus der Feder von OUN-B-Vertretern, in denen sich etwas müde Bekenntnisse zur Demokratie fanden, taten ein Übriges, um an der Legende einer »sauberen« OUN zu spinnen. Tatsächlich war die Zusammenarbeit mit den Deutschen nach der Verhaftung der führenden OUN-B-Männer fortgesetzt worden, was von beiden Seiten eine gewisse ideologische Flexibilität erforderte, denn strenggenommen galten die ostslavischen Ukrainer der nationalsozialistischen Rassenideologie als »Untermenschen«. Die mit der nationalsozialistischen Weltanschauung schon länger vertrauten nationalen ukrainischen Chefideologen hatten deshalb eine verwissenschaftlichte und damit scheinbar objektive Genealogie des ukrainischen Volks entwickelt, nach der dieses uralt und autochthon sei – und keinesfalls slavisch. Offenbar zeigte sich Hitler von diesen Bemühungen unbeeindruckt, jedenfalls sprach er sich wiederholt, wenngleich folgenlos, gegen den Einsatz von Ukrainern als Hilfswillige (u.a. in KZ-Schutzmannschaften oder im Ordnungsdienst) aus. Ab 1942 wurden diese zum Kampf gegen polnische und sowjetische Partisanen eingesetzt.

Als ukrainische Partisanen werden bis in unsere Zeit besonders in der Westukraine die Angehörigen der u.a. in Polesien und Volhynien tätigen »Ukrainischen Aufstandsarmee« (»Ukraïns'ka Povstans'ka Armija«, UPA) verehrt, die auch personell eng mit der OUN-B verquickt war. Diese Verbände kämpften sowohl gegen polnische und sowjetische Partisanen als auch zeit- und fallweise gegen die deutschen Besatzer und verwickelten sie in einen blutigen Guerillakrieg. Mit zwischen 40 000 und 100 000 Mitgliedern stellten sie keine zu vernachlässigende Größe dar. Noch nach dem Rückzug der deutschen Truppen war die UPA in der Region aktiv: bis Ende der 1940er (in Polen) bzw. Mitte der 1950er Jahre (in den ukrainischen Gebieten der Sowjetunion) lieferten sie zähe und verlustreiche Kämpfe, um die Unabhängigkeit eines nichtsozialistischen ukrainischen Nationalstaats zu erzwingen. Diese Ereignisse wurden (und werden) übrigens von allen Beteiligten instrumentalisiert: Im polnischen Diskurs wurde die Umsiedlung und Enteignung von mehreren zehntausend Ukrainern aus den südwestlichen Gebieten 1947 (bekannt als »Akcja Wisła«, »Aktion Weichsel«) häufig mit dem UPA-Terror gerechtfertigt, nationalbewusste Ukrainer verklären die Angehörigen hingegen als Freiheitskämpfer. Dazu passt, dass der bis Anfang 2010 amtierende ukrainische Präsident Juščenko die Gleichstellung der noch lebenden UPA-Angehörigen mit denen der Roten-Armee-Veteranen betrieb, um diese moralisch zu rehabilitieren und sie in den Genuss bestimmter Sozialleistungen kommen zu lassen.

Es steht zu fragen, wieso sich ukrainische Nationalisten so bereitwillig auf die Nationalsozialisten einlassen konnten. Der bereits geschilderte Rechtsruck des nationalukrainischen Exils in den 1920er Jahren ist hierzu ein Schlüssel. Das Erbe der Populisten, welche ein mehr antizipiertes denn real in nationalen Kategorien denkendes ukrainisches »Volk« in den Mittelpunkt gerückt hatten, wurde von diesen neuen, integralen Nationalisten abgeschüttelt. Anders als ukrainische Linke, die ihre Version eines nationalen ukrainischen Lebens mehr oder weniger in der Sowjetunion verwirklicht sahen, orientierte man sich an europäischen rechten Bewegungen der Zeit. Das Kollektiv einer ukrainischen Nation war bislang, so wurde erkannt, nicht entstanden und musste aktiv ›von oben‹ gestaltet und organisiert werden. Die Vordenker zeigten sich nämlich enttäuscht über das ›ukrainische Volk‹, das die historischen Möglichkeiten der Kriegs- und Revolutionsjahre nicht zur Schaffung eines eigenen, dauerhaften Staates genutzt hatte. Die kleine Gruppe ukrainischer rechter Intellektueller hatte, wie bereits angesprochen wurde, nach dem Ersten Weltkrieg im Deutschen Reich ein Exil und politische Unterstützung gefunden: so der Het'man Skoropads'kyj, der von kaiserlichen Truppen bei ihrem Rückzug im Herbst 1918, bis zur Unkenntlichkeit eingehüllt in dicke Verbandsschichten, aus der Ukraine herausgeschafft worden war. In seiner vornehmen Villa im feinen Berliner Stadtteil Dahlem, die er sich mit der finanziellen Unterstützung deutscher Stellen leisten konnte, entwickelte er den Plan eines streng konservativ-faschistischen Königreichs, mit ihm als Monarchen an der Spitze. Bis zum Bruch 1930 fungierte der ukrainisierte polnische Adlige Vjačeslav Lypyns'kyj (1882–1931) als Chefideologe dieser Het'man-Bewegung. Seine Auffassung, eine ukrainische Nation müsse ›von oben‹ etabliert werden, da im ukrainischen Fall objektive Nationsmerkmale wie eine gemeinsam Sprache, Abstammung, Glaube oder Schicksalsgemeinschaft nicht vorhanden seien, erscheint heutigen konstruktivistischen Nationstheoretikern beinahe modern. Eine ukrainische Nation könne nämlich erst dann entstehen, so Lypyns'kyj, wenn ein ukrainischer Staat existiere. Um die Staatsbildung zu erreichen, sollten die nationalen Vorkämpfer jedes mögliche Bündnis eingehen, sei es mit dem Deutschen Reich, Polen oder auch fallweise mit russischen Kräften. Der zu gründende Staat sollte ständisch organisiert und – was immer das auch heißen mochte – »antiintellektuell« sein.

Die in der Zeit so virulenten rassistischen Elemente fehlten nicht, allerdings spielte der Antisemitismus bei Lypyns'kyj eine vergleichsweise geringe Rolle. Golczewski rückt ihn (und die Het'man-Bewegung insgesamt) in die Nähe des »ständestaatlichen produktivitätsorientierten etatistischen Antidemokratismus des italienischen Faschismus«. Nicht ohne Grund besaß diese Gruppe im NS-Staat weitreichende Entfaltungsmöglichkeiten. Seit 1933 durfte sie beispielsweise trotz der sog. Gleichschaltung politisch und publizistisch aktiv bleiben.

Dies galt auch für die bereits betrachtete UNO, die auf das engste personell und ideologisch mit der OUN verknüpft war. Ihr Vordenker war Dmytro Doncov, der allerdings formal niemals Mitglied einer dieser Organisationen gewesen ist. In seiner Jugendzeit war er, wie auch Benito Mussolini oder der spätere Marschall von Polen, Józef Piłsudski, Sozialdemokrat gewesen, bevor auch er seine ganz persönliche Wende nach rechts vollzog. Anders als Lypyns'kyj ging Doncov von einer strikten Ost-West-Dichotomie aus, wobei er die Ukraine als Teil des Westens sah. »Osten«, das war für ihn der Ort des Chaos, der Schwäche und der Degeneration. Eine im Willen geeinte ukrainische Nation sollte das Bollwerk gegen diese Kräfte sein. Schon 1921 hatte er die dafür notwendige ethische Flexibilität theoretisch begründet: Er forderte die »amoralnist'«, die Abwesenheit moralischer Kriterien bei der Wahl der Bündnispartner. Auch hier in weitgehender Übereinstimmung mit Lypyns'kyj, plädierte er für eine nach fast allen Seiten offene Bündnispolitik: »Die Staaten, auf die man [bei der Schaffung eines ukrainischen Staats] rechnen kann, können ›imperialistisch‹ oder ›reaktionär‹

sein, das geht uns überhaupt nichts an.« Allein ein wie auch immer ausgerichteter großrussischer Staat könne kein potentieller Partner sein. Das Vorgehen der OUN im Zweiten Weltkrieg einschließlich der Kollaboration mit dem NS-Staat war in der »amoralnist'« angelegt wie die späteren, allerdings relativ erfolglosen Versuche, sich den westlichen Alliierten anzudienen, nachdem sich das Kriegsglück gewendet hatte. Eine ukrainisch-nationale Historiographie liest diese Ergüsse nicht als die Weltanschauung ethnoradikaler Gruppierungen. Sie sieht darin eher notwendige, taktische Überlegungen, um das Ziel eines unabhängigen ukrainischen Staates zu erlangen.

Ohne Zweifel hatte auch das rigide Vorgehen der Sowjets in den polnisch-ukrainischen Gebieten der *Rzeczpospolita* zwischen September 1939 und Sommer 1941 erheblich dazu beigetragen, dass viele Ukrainer in den ostgalizischen Gebieten den Einmarsch der Deutschen als eine Art Befreiung empfanden. Nachdem die sowjetischen Machthaber das ihnen zugesprochene Gebiet im Herbst 1939 besetzt hatten, machten sie sich mit großer Entschlossenheit und auch hier mit Hilfe autochthoner Kräfte daran, das stalinistische System einzuführen. Umfangreiche Verstaatlichungen, erste Versuche der Kollektivierung der Landwirtschaft sowie Deportationen von vermutlich über 200 000 Bewohnern polnischer, jüdischer und auch ukrainischer Herkunft (z. B. bei Nichtakzeptierung der neuen Staatsbürgerschaft) waren die Folgen und eine Terror- und Prozesswelle gegenüber tatsächlichen und vermeintlichen Konterrevolutionären oder Funktionsträgern nationaler Verbände an der Tagesordnung. Mehr als 30 000 Bewohner des östlichen Galiziens versuchten zwischen

September 1939 und Sommer 1941 diesem brutalen Regime zu entfliehen – und manche suchten Zuflucht bei einem noch brutaleren: dem des Generalgouvernements. Eine geradezu grotesk anmutende Facette dieses Phänomens ist dabei die Flucht ostgalizischer Juden von Ost nach West gewesen, welche für diese bekanntlich tödliche Folgen haben sollte. Den sowjetischen Verantwortlichen war allerdings bewusst, dass mit Druck allein ein Gebiet, welches über so lange Zeit eine andere Entwicklung genommen hatte als die übrigen ukrainisch besiedelten Gebiete, nicht zu integrieren war. So wurden gegenüber kooperationswilligen Ukrainern, die es in dem sowjetisch besetzten Territorium eben auch gab, ohnehin existente antipolnische Ressentiments gepflegt: Die Besatzung wurde als Befreiung von der Herrschaft der polnischen Großgrundbesitzer gefeiert, die man kurzerhand enteignet hatte. Wie im Generalgouvernement, so wurde auch weiter östlich ein begrenztes ukrainisiertes Schulwesen implementiert. Man bemühte sich sogar (wie Jahre später z.B. in der ČSSR oder in Afghanistan), der völkerrechtswidrigen Besetzung zumindest den Anstrich der Legalität zu geben: Ein von den Sowjets eingesetztes ostgalizisches Wahlkomitee hatte sich nach dieser Lesart an die Sowjetukraine gewandt und um den Einmarsch der Genossen gebeten, was selbstverständlich gewährt worden war. In einer »Wahl« im Oktober 1939 zur sog. Westukrainischen Nationalversammlung ging es, den Kampagnen zufolge, um das langerwartete Ende der kapitalistischen polnischen Herrschaft und die »Wiedervereinigung« mit den sowjetukrainischen Brüdern und Schwestern. Sowohl die Ergebnisse als auch die Mandatsträger standen bereits im Vorfeld fest.

Eine Kommission aus »gewählten« Abgeordneten reiste so nach vollzogener Wahl nach Moskau, wo man um den Beitritt zur UdSSR »bat«. Dass die 1939 von der Sowjetunion okkupierten Gebiete nach dem Rückzug der Deutschen im Verlauf des Jahres 1944 abermals sowjetisch geworden waren, wurde mit Bezug auf diesen zweifelhaften Rechtsakt legitimiert.

Anders als über Ostpolen existieren über die ersten Kriegsjahre in der ukrainischen Sowjetrepublik bislang kaum fundierte Mikrostudien. Unstrittig ist, dass in diesem Territorium wie in der Union überhaupt politische Verfolgung, eine schlechte Versorgung mit Lebensmitteln und Konsumgütern und ein ausferndes Lager- und Zwangsarbeitersystem die Regel waren. Im Verlauf des Rückzugs des sowjetischen Militärs vor den vorwärtsstrebenden Deutschen hatte man zahlreiche Inhaftierte ermordet. Die bereits während des Russlandfeldzugs Napoleons bewährte Taktik der Hinterlassung verbrannter Erde wurde abermals angewandt, bereits in den Jahren des Friedens war die Bevölkerung der Ukraine aber auch ein Opfer des Stalinschen Repressionssystems geworden.

Der im Sommer 1941 zunächst erfolgreiche Vormarsch der deutschen Verbände kam erst gegen Ende des Jahres vor Moskau zum Stillstand. Ostgalizien wurde nach der Eroberung dem Generalgouvernement, die übrigen Gebiete dem Reichskommissariat Ukraine zugeschlagen. Letzteres war eine im September 1941 gebildete mittlere Verwaltungseinheit, der Erich Koch (1896–1986) vorstand, ehedem Gauleiter Ostpreußens, und dem »Reichsministerium für die besetzten Ostgebiete«, dem überdimensionierten »Ministerium Rosenberg«, untergeordnet.

Zum alleinigen Ziel der deutschen Politik in diesem Gebiet, der rücksichtslosen wirtschaftlichen Ausbeutung, gehörte auch der ›Abzug‹ von Zwangsarbeiterinnen und Zwangsarbeitern für den Einsatz im Reich, der über eine Million Bewohner der ukrainischen Gebiete betraf. Die ukrainische Bevölkerung in den deutsch besetzten Gebieten wurde mehrheitlich eindeutig ein Opfer der nationalsozialistischen Politik. Doch weil diese und weitere menschenverachtende Pläne im Sommer 1941 für die Masse der Menschen noch nicht absehbar waren, begrüßte man die vorrückenden Deutschen vielerorts als Befreier, was sich indes rasch als eine trügerische Hoffnung erweisen sollte. Nicht nur im Generalgouvernement, sondern auch im Reichskommissariat waren anfangs viele zur Zusammenarbeit mit den Deutschen bereit. Alles in allem äußerten sich sogar die Deutschen wiederholt zufrieden über den durchaus erheblichen Grad der ukrainischen Kollaboration im sowjetischen Teil der Ukraine. Gegenwärtig wird davon ausgegangen, dass sich allein die baltischen Nationalitäten im Verhältnis zu ihrer Bevölkerungszahl kooperationswilliger zeigten.

Einen Sonderfall bildete das damalige Gebiet Transnistrien, zwischen Dnestr und Bug gelegen. Odessa, das multiethnische städtische Zentrum am Nordufer des Schwarzen Meeres, war ebenfalls Teil dieses etwa zwei Millionen Einwohner zählenden Konglomerats, welches vom deutschen Verbündeten Rumänien besetzt worden war. Die an der Seite der Deutschen während des sog. Unternehmens Barbarossa vordringenden rumänischen Divisionen hatten bis Oktober 1941 das Gebiet eingenommen, in dem man alsdann mit umfangreichen Maßnahmen einer Rumänisierung der slavischen Bewohner begann. Mehr als ein Jahr, bis in den Herbst 1942, wurde das Gebiet zu einem Zentrum der Vernichtung und Deportationen der jüdischen Bevölkerung aus den Gebieten Transnistrien, Bessarabien und der Bukowina.

Der sukzessive Rückzug der Wehrmacht und die (Rück-)Eroberung der ukrainischen Länder durch die Rote Armee sollten die Karten neu mischen.

Kapitel 14

Die ukrainischen Länder nach dem Zweiten Weltkrieg

In den ersten Jahren des 20. Jahrhunderts und vor allen Dingen nach dem Ersten Weltkrieg, als die ukrainische Nationalbewegung ihren bereits geschilderten Rechtsruck vollzogen hatte, war die Verwirklichung der *sobornist'* als Vereinigung aller von Ukrainern bewohnten Gebiete ihr erklärtes Ziel geworden. Zu dessen Erreichung hatte man sich ohne größere moralische Skrupel mit ausländischen Partnern fast jeglicher Couleur und Ideologie verbündet (siehe hierzu Kapitel 13). ›Genützt‹ hat diese Flexibilität – aus der radikalen ukrainisch-radikalen Perspektive betrachtet – herzlich wenig. Nach dem Zweiten Weltkrieg entstand nämlich keine unabhängige, westlich orientierte Ukraine, sondern abermals eine territorial vergrößerte Ukrainische Sozialistische Sowjetrepublik (ukr.: »Ukraïns'ka Socialistična Radjans'ka Respublika«, USRR; russ.: »Ukrainskaja Sovetskaja Socialističnaja Respublika«, USSR), welche nach der russischen und der kazachischen Unionsrepublik das drittgrößte Territorium innerhalb der Union umfasste. Es mutet fast wie eine Ironie des Schicksals an, dass ausgerechnet die von der ukrainischen nationalen Rechten jahrelang so erbittert bekämpfte Sowjetunion den Traum der Vereinigung der ukrainischen Länder unter einer Herrschaft verwirklicht hat, freilich unter gänzlich anderen politischen Vorzeichen und mit ausdrücklicher Billigung der Westalliierten. Diese gestanden diesem »Staat« sogar (wie der Weißrussischen SSR auch) eine eigene Stimme in der Vollversammlung der Vereinten Nationen zu, was freilich in keinem einzigen Fall zu einem sich von dem der UdSSR unterscheidenden Abstimmungsverhalten führte. Das Territorium der USRR war im Vergleich zur Zwischenkriegszeit erheblich vergrößert worden: Nicht nur die zentral- und ostukrainischen Gebiete gehörten nun zur ukrainischen Sowjetrepublik, sondern auch die Karpato-Ukraine, die Nordbukowina und Teile Bessarabiens, das ehemalige Ostgalizien (östlich des San) sowie ab 1954 sogar die Halbinsel Krim (siehe hierzu Kapitel 16).

Die Vereinheitlichung der historisch, wirtschaftlich und politisch höchst unterschiedlich geprägten Gebiete stellte jedoch eine große Herausforderung für die neuen/alten sowjetischen Verantwortlichen dar. Hinzu kam, dass die ukrainischen Länder neben Polen und Weißrussland im Weltkrieg am weitläufigsten zerstört worden waren und überdies einen gravierenden Bevölkerungsverlust hatten erleiden müssen; über fünf Millionen Kriegsopfer waren allein in den ukrainischen Gebiete zu beklagen, ein Drittel aller sowjetischen Zwangsarbeiter im »Dritten Reich« hatten aus der Ukraine gestammt. Der Wiederaufbau wurde mit großer Energie und einer zeitweise politisch sehr harten Hand in Angriff genommen, bei dem politische und ehemalige Kriegsgefangene ebenso wie auch teilweise zur Rückkehr gezwungene Repatrianten ein große Rolle spielen mussten. Entsprechend den anderen ostmitteleuropäischen späteren Blockstaaten lehnte man die angebotene Hilfe aus dem Marshall-Plan ab. Zudem kam es auch in diesem Teil Europas zu einem umfangreichen Bevölkerungsaustausch, was in den westlichen Gebieten der neuen ukrainischen Sowjetrepublik u.a. dort traditionell eingewurzelte Polen traf, während westlich des Flusses San siedelnde Ukrainer den Weg nach Osten antreten mussten. Aus dem recht weltoffenen, urbanen polnisch-jüdisch geprägten Lemberg (poln.: Lwów; ukr.: L'viv) der Vorkriegszeit wurde so eine ukrainisch-bäuerliche sowjetische Provinzstadt. Ziel des großangelegten Transfers von Menschen aus ihrer Heimat war es aber nicht, sie annähernd vollständig zu entfernen, sondern eher, sie nicht mehr länger als distinkte Gruppe im öffentlichen Raum wahrzunehmen. Auch deshalb war es möglich, dass noch 1947 im ehemaligen Ostgalizien etwa 80 000 Polen verbleiben konnten, so Katrin Boeckh.

Die sowjetische Politik in den neuen Gebieten zeigte sich in den ersten Jahren ohnehin durchaus widersprüchlich: Wirtschaftlich passte man die Territorien nach einer kurzen Schonfrist den strukturellen Bedingungen der Union an, was insbesondere die Verstaatlichung von Betrieben, eine intensive Industrialisierungspolitik der bislang überwiegend agrarisch geprägten Gebiete und die Zwangskollektivierung der Landwirtschaft bedeutete. Auf dem Bildungssektor kam es hingegen kurzzeitig zu gewissen Ukrainisierungstendenzen. Ganz anders sah es auf dem Feld der Religionspolitik aus: Während die Russisch-Orthodoxe Kirche nach dem Überfall auf die Sowjetunion durch die Deutschen nach Jahren der Drangsalierung eine gewisse, auch über das Kriegsende hinaus anhaltende Förderung erhielt, traf die besonders in Ostgalizien und z.T. in der Karpato-Ukraine verbreitete Griechisch-Katholische Kirche die volle Wucht des Systems: 1946 wurde die Union in Westgalizien aufgelöst (1949 auch in der Karpato-Ukraine), nachdem bereits seit 1944 vergeblich auf eine »freiwillige« Fusion mit der Russisch-Orthodoxen Kirche hingearbeitet worden war. Nach dem Tod des populären Metropoliten Šeptyc'kyj im selben Jahr verhaftete man dessen Nachfolger, Josyf Slipyj (1892–1984), und deportierte ihn nach Sibirien, wo er mehrere Verurteilungen erfuhr, bis er dann 1963 schließlich nach Rom ausreisen durfte. Dort war er an einer ganzen Reihe von Maßnahmen zur Stärkung einer ukrainischen religiösen Identität beteiligt, wie der Gründung der dortigen ukrainischen katholischen Universität sowie der Umbettung des unierten Märtyrer-Heiligen Josafat Kuncevyč in den Petersdom. So verwundert es nicht, dass Slipyj in der Westukraine eine besondere Verehrung genießt: 1992 wurde sein Leichnam feierlich nach Lemberg übergeführt; bereits im Jahr zuvor war er offiziell rehabilitiert worden.

Im Westen der USRR hatte die Kirche nach ihrer Auflösung recht aktive Untergrundtätigkeiten entfaltet, in späteren Jahren fanden sich in ihren Reihen viele Dissidenten gegen das sowjetische System. Dass die Griechisch-Katholische Kirche trotz des jahrzehntelangen Verbots wenig von ihrem Rückhalt in Teilen der westukrainischen Bevölkerung verloren hat, zumal sie dort durchaus die Funktion einer Nationalkirche einnahm, zeigte sich dann nach der Unabhängigkeit von 1991. Sogleich entfaltete sich dort ein sehr lebendiges religiöses Leben. Weder die Drangsalierung der Kirche noch die ab 1946 eröffnete Hatz auf tatsächliche oder auch vermeintliche »ukrainische Nationalisten« hat sich als geeignet erwiesen, die Kluft zwischen alten und neuen Sowjetbürgern zu überwinden. Gerade im Westen blieb die Distanz gegenüber dem Moskauer System bis zum Ende der 1980er Jahre spürbar. Die von offizieller Seite immer wieder propagandistisch betonte Verwirklichung der *sobornist'* als sowjetische Errungenschaft sollte daran genauso wenig ändern wie die Stilisierung der Ukrainer zur zweitwichtigsten Nationalität nach den Großrussen beim Aufbau des Sozialismus.

In der Gesamtbetrachtung durchlief die USRR alle wesentlichen Stationen der unionsweit verfolgten Politik, was bedeutete, dass sich Phasen der Repression mit solchen gewisser kultureller und politischer Freiheiten abwechselten. Auch dort fielen im Spätstalinismus nationale Abweichler und angebliche »jüdische Kosmopoliten« Säuberungen zum Opfer, welche aber zahlenmäßig nicht mit denen der 1930er Jahre zu vergleichen sind. 1959, also bereits unter Chruščev, wiederholte sich dieses Spiel, diesmal allerdings unter dem Motto des Kampfes gegen »lokalegoistische Auffassungen«. Chruščev war es auch, der nach Stalins Tod und vor allen Dingen in der sog. Tauwetterperiode nach 1956 die ukrainische Kultur förderte und den Parteiapparat der USRR ukrainisierte: Auf der Republikebene gerieten auf diese Weise bis Ende der 1950er Jahre 68 Prozent der leitenden Parteifunktionen in ukrainische Hände – die allerdings, das muss hinzugefügt werden, stark russifiziert waren, denn der soziale Aufstieg in der Nomenklatura blieb ohne die Beherrschung des Russischen auf muttersprachlichem Niveau praktisch ausgeschlossen. In der offiziösen Ideologie der Chruščev-Ära avancierte die Ukraine zur *secunda inter pares*, weil sie über den UN-Sitz hinaus noch mit einigen anderen Insignien der Unabhängigkeit versehen war. Dazu gehörte auch das verfassungsmäßig garantierte Recht jeder Sowjetrepublik auf Sezession von der Union, was real einzufordern jedoch nicht zu empfehlen war. 1954 setzte Chruščev dann einen offenbar schon länger gehegten Plan in die Tat um: Er »schenkte« die bislang zur Russländischen Sozialistischen Föderativen Sowjetrepublik gehörende Halbinsel Krim am nördlichen Schwarzmeer-Ufer der USRR; ein Schritt, den viele Russen bis zum heutigen Tag immer wieder verflucht haben (siehe hierzu Kapitel 16).

In der sog. Geheimrede Chruščevs auf dem 20. Parteitag im Februar 1956, welche in der Sowjetunion erstmals 1989 in voller Länge veröffentlicht wurde, brandmarkte er u. a. die verbrecherische Politik Stalins gegenüber denjenigen Nationalitäten (wie z. B. den Krimtataren oder den Čečenen), die beschuldigt worden waren, im Zweiten Weltkrieg mit den Deutschen kollaboriert zu haben. Sie waren deshalb in den Jahren 1943/44, also nach der Rückeroberung des besetzten Territoriums durch die Rote Armee, kollektiv mit unter unmenschlichen Umständen durchgeführten Deportationen zumeist nach Zentralasien bestraft worden. Die Ukrainer, so Chruščev, seien diesem Schicksal nur deshalb entgangen, »weil sie zu viele sind und es keine Möglichkeit ihrer Umsiedlung gab. Sonst hätte er [Stalin] auch sie ausgesiedelt.« Auch wenn die Ukrainer dem Vorwurf kollektiver Schuld während des Spätstalinismus entgangen waren, waren sie dennoch auch Opfer gewesen und profitierten somit ebenfalls von der Tauwetterperiode. Unter den sieben Millionen Menschen, die man in der Folge aus den Straflagern entließ, befanden sich auch Ukrainer; Maßnahmen wie die Veröffentlichung bislang missliebiger Literatur oder die Abschaffung der Sondergerichtsbarkeit zeitigten auch in der USRR positive

Konsequenzen. Gleichzeitig ließ die Führung keinen Zweifel daran aufkommen, dass die Partei weiterhin die absolute Führungsrolle für sich beanspruchen würde. Eine dauerhafte Folge der Ära Chruščevs war allerdings, dass nun allein ethnischen Ukrainern das so wichtige Amt des Ersten Vorsitzenden der Kommunistischen Partei der Ukraine vorbehalten blieb. Chruščev, der diese Position zwischen 1938 und 1949 bekleidet hatte, oder der in der sowjetischen Politik wiederholt (in den 1920er und 1940er Jahren in der Ukraine) als ›Ausputzer‹ gegen vermeintliche nationale Abweichler dienende Lazar' Kaganovič (1893–1991) hätten als gebürtige Russen bzw. Juden diese Funktion also nicht mehr ausüben können. In der Sowjetunion galten Juden übrigens nicht als Religions- oder Kultusgemeinschaft, sondern als eigenständige Nationalität.

Dieser gewissen politischen Konsolidierung standen noch Jahre nach Kriegsende gravierende Versorgungsengpässe gegenüber. Bei der Überwindung dieser Dauerkrise spielte ein auch propagandistisch großangelegtes sog. Neulandprogramm eine große Rolle, bei der ein »Go East« in die Weiten Asiens als patriotische Aufgabe zum Aufbau des Sozialismus gefeiert worden ist. Erste Überlegungen darüber hatte man bereits 1954 angestellt: Dreizehn Millionen Hektar Nutzfläche zwischen Volga und Südsibirien sollten neu erschlossen werden. Auch Bewohner aus der USRR – man geht von etwa 100 000 aus – machten sich auf den Weg in den Osten und erhöhten damit den Anteil an ethnischen Ukrainern in Sibirien, wohin schon in der unmittelbaren Nachkriegszeit an die 300 000 Ukrainer deportiert worden waren. Das Neulandprojekt als solches zeitigte übrigens anfangs Erfolge, um sich bald aber als

Fehlschlag zu erweisen. Durch die Einbeziehung klimatisch wenig günstiger Gebiete in die Kampagne sowie eine Schaukelpolitik, bei der private ökonomische Aktivitäten mal gefördert, mal verboten wurden, fielen die langfristigen Effekte eher gering aus.

Chruščev persönlich protegierte den ukrainischen Bauernsohn Petro Šelest (1908–1996), die in der Riege der überwiegend blassen ukrainischen KP-Vorsitzenden wohl schillerndste und widersprüchlichste Gestalt. Dieser hatte dieses Amt zwischen 1963 und 1972 inne und war zwischen 1964 und 1973 zudem Mitglied des Politbüros (bis 1966 lautete die offizielle Bezeichnung »Präsidium«), absolut systemtreu und plädierte außenpolitisch für eine Politik der »harten Hand«. Die seit Ende der 1960er Jahre maßgeblich von der bundesrepublikanischen sozialliberalen Koalition im westlichen Bündnis popularisierte Entspannungspolitik lehnte er rundweg ab. Besonders entschieden trat er gegen Abweichler im eigenen Bündnis auf: Er gilt als einer der Initiatoren des Einmarsches der Truppen des Warschauer Paktes in die ČSSR im Jahr 1968. Eine erstaunlich weiche Linie verfolgte er hingegen innerhalb der Ukraine, solange es sich nicht um dissidente Gruppen handelte (vgl. hierzu Kapitel 15). Hier förderte er die ukrainische Sprache und Literatur und reukrainisierte partiell auch das Schulwesen wieder. Im Verlauf der 1950er Jahre hatten sich vor allen Dingen die Grundschulen an der Verbreitung der ukrainischen Sprache erfreut. Höhere Schulbildung und damit der Aufstieg in Partei, Wirtschaft und Kultur blieben jedoch eng an das Russische gekoppelt; Ukrainisch begann im Verlauf der 1960er Jahre allmählich wieder zur Sprache der wenig mobilen Unterschichten und der ohnehin eine Sonderrolle einnehmenden Westukraine herabzusinken. Šelest vermochte nicht nur hierbei neue Weichen zu stellen. Er widersetzte sich mit dem Hinweis auf die ausgemachten Erfolge der ukrainischen Wirtschaft gerade auf dem Gebiet der Schwerindustrie und der Rohstoffförderung der von Moskau eingeforderten zentralen Lenkung der Ökonomie. All dies führte nicht nur zu Konflikten mit der Zentrale, sondern auch mit der mehr auf Moskau ausgerichteten Parteisektion Dnipropetrovs'ks unter Volodymyr Ščerbyc'kyj (1918–1990), der ein treuer Parteigänger Leonid Brežnevs (1906–1982) und dessen Kurses war.

Šelest hatte schließlich mit der Veröffentlichung seines Buches »Du unsere sowjetische Ukraine« (*Ukraïno naša Radjans'ka*, 1970) seinen Spielraum ausgereizt, in dem er »viel Wert auf die Geschichte der Ukraine und den Akzent auf die Eigenständigkeit der ukrainischen Nation« legte.[24] Tatsächlich bot das mit gut 100 000 aufgelegte und schnell vergriffene Werk von einer zentralistischen Moskauer Perspektive aus deutliche Angriffspunkte: Die Erfolge der ukrainischen Sowjetrepublik wurden überschwenglich geschildert, die Zaporoger Kosaken, die Šelest stolz zu seinen Vorfahren zählte, als »Helden« und weniger als Klassenkämpfer geschildert, wie es der offiziellen sowjetischen Lesart entsprach. Der Vertrag von Perejaslav von 1654 (siehe Kapitel 7) schließlich, der 1954 überbordend als Vereinigung zwischen dem russischen und dem ukrainischen

---

24 So heißt es etwas vage in der ukrainischen Ausgabe der Online-Enzyklopädie Wikipedia unter dem Lemma »Šelest Petro Juchymovyč« (http://uk.wikipedia.org/wiki, 3.5.2010).

Brudervolk gefeiert worden war, wurde wenig enthusiastisch dargestellt, und last, but not least: der Schriftsteller Oles' Hončar (1918–1995) galt als eigentlicher bzw. zumindest Mit-Autor der Schrift; auf Letzteres weisen die großen stilistischen Unterschiede in dem Buch hin. Obzwar Anhänger der Kurses von Šelest, hatte der mehrfach als Kriegsheld ausgezeichnete und für sein literarisches Werk 1948 mit dem Stalin-Preis geehrte Autor es sich mit seinem Roman *Sobor* (»Die Kathedrale«, 1968) mit den Mächtigen in Moskau verdorben. Man rechnete ihn nämlich zu einer Richtung der sowjetischen Literatur, der sog. »Dorfprosa«, welche, so zumindest ihre Kritiker, ein idealisiertes, oftmals religiös überhöhtes Landleben schilderte, das von der Moderne bedroht wurde; und diese Moderne war hier gleichbedeutend mit der sowjetischen Industrialisierung und ihren überdimensionierten Großprojekten (»Gigantomanie«). Solch ein Plot entsprach ziemlich genau dem Roman Hončars. Sowohl er als auch Šelest fielen in Ungnade, verloren aber nicht ihr Leben, was als wesentliches Zeichen für immerhin gewisse Fortschritte in der Sowjetunion betrachtet werden kann: Der Schriftsteller fungierte noch bis 1986 als Sekretär des ukrainischen Schriftstellerverbandes; dem Politiker war zwar der Aufenthalt in der USRR untersagt worden, er arbeitete jedoch noch viele Jahre in der Luftfahrtindustrie nahe Moskau.

Der Nachfolger Šelests wurde Ščerbyc'kyj, der eine ukrainische Variante der »Bleiernen Zeit« (so eine gängige Bezeichnung für die Ära Brežnevs) in der USRR einführte. Dies bedeutete u.a., dass in der bis 1989 währenden Ära Ščerbyc'kyj in der ukrainischen Sowjetrepublik eine weitaus rigidere Russifizierungspolitik durchgeführt worden ist als in anderen Teilen der Union. Der Apparat wurde abermals »gesäubert«, was eine Verringerung des Anteils ukrainischer Funktionäre zur Folge hatte und dem neuen KP-Vorsitzenden größere Unterstützung sicherte. Dissidenten verfolgte man dagegen rücksichtslos, insbesondere nachdem im benachbarten Volkspolen durch die Streiks auf der Danziger Lenin-Werft und die Gründung der unabhängigen Gewerkschaft »Solidarność« Bewegung in die politische Landschaft gekommen war. Auf dem unter Šelest weitgehend ukrainisierten Bildungssektor wurde die russische Sprache nun wieder stark gefördert, selbst in den Vor- und Grundschulen. Ščerbyc'kyj erwies sich als ein Garant für das bereits aus der Zarenzeit stammende, aber auch von den kommunistischen Führern immer wieder aktivierte Konzept der »Annäherung« (*sbliženie*) und »Verschmelzung« (*slijanie*) der Ukrainer mit den Russen. Wirtschaftlich erlebte die USRR unter Ščerbyc'kyj einen Einbruch, der Lebensstandard der Bevölkerung sank. Dies ist allerdings im Kontext der gesamtsowjetisch verfehlten Weichenstellung zu sehen, denn Kiev hatte in der zentral gelenkten Ökonomie nur sehr begrenzt Einfluss auf die im Kreml gefällten Entscheidungen. Der nach der Unabhängigkeit von 1991 nur sehr zögerliche *take-off* der ukrainischen Wirtschaft ist zu einem nicht unerheblichen Teil den Fehlentwicklungen dieser Vergangenheit geschuldet. Dem von Michail Gorbačev (geb. 1931) ab 1985 verordneten Reformkurs stand der Ukrainer Ščerbyc'kyj dezidiert ablehnend gegenüber. Da Gorbačev in der Russländischen Föderation vielfach für das Zerbrechen der Sowjetunion verantwortlich gemacht wird, wundert es nicht, dass Ščerbyc'kyj dort und in der Ostukraine als dessen erklärter Gegner vergleichsweise gut beleumundet ist; sein »Kampf« gegen vermeintlich nationalistische Tendenzen, der gerade in der Ukraine zu einer beispiellosen Verfolgung oppositioneller Kreise geführt hatte (vgl. Kapitel 15), wird zuweilen ebenso gelobt wie dessen Wirtschaftspolitik. In der Ukraine sind die Meinungen hingegen geteilt. Immerhin wurde im Jahr 2003 in Dnipropetrovs'k eine Erinnerungstafel enthüllt und eine Straße nach ihm benannt. Er selbst hat diese Ehrung nicht mehr erlebt: Am 16. Februar 1990, nur wenige Monate nach seinem erzwungenen Rücktritt, starb er an einer Lungenentzündung. Doch wollen die Gerüchte nicht verstummen, der 72-Jährige habe Selbstmord begangen. Das durch viele Faktoren, u.a. einer ungelösten Nationalen Frage und der Reaktorkatastrophe von Čornobyl' (ukr.; russ.: Černobyl'), beförderte endgültige Ende der UdSSR mitzuerleben blieb ihm somit erspart.

Kapitel 15
Das ukrainische »Traumagedächtnis«: *Holodomor* und Čornobyl'

Das Entstehen der ukrainischen Opposition ist eng mit zwei Ereignissen verbunden, die nationale Traumata darstellen; dies sind Traumata, die die Qualität von nationalen Mythen erlangt haben. Nationale Neumythen haben oft die heldenhafte, zuweilen erfolglose Opposition gegen fremde Besatzer mit großen Siegen und Niederlagen, die Mobilisierung von Massen oder auch den Kampf des Christentums gegen Nichtchristen zum Inhalt. Sie sind keine erfundenen, sondern ausgeformte, sich ständig wandelnde und verfremdete Narrationen, denen ein Kern realer Ereignisse innewohnt. Sie kreisen nicht nur um die Erfolge, die Siege oder Triumphe, auch die Havarien, das nationale Unglück und die (kollektiven) Opfer, welche die Nation bringen musste, sind ihr Thema. Im nationalen Gedächtnis kommt gerade diesen Opfermythen große integrative Kraft zu. Sie sind geeignet, Identität und Gruppenkohärenz zu schaffen.

Es besteht kein Zweifel daran, dass im kollektiven nationalen Gedächtnis der Ukraine die Hungersnot Anfang der 1930er Jahre, der sog. »Holodomor« (in etwa: »Massensterben durch Hunger« oder »Hungerepidemie«), und das Reaktorunglück von Čornobyl' im April 1986 hervorragende mythische Rollen spielen. Beide stehen für Schmerz und Leid, aber auch für die unterschiedlichen Konsequenzen, welche die ukrainische Nation daraus zog: Der Holodomor der Jahre 1932/33, das ist die in der ukrainischen

Gesellschaft mehrheitsfähige Vorstellung des geplanten, aber gescheiterten Unterfangens Stalins und der sowjetischen Führung, die ukrainische Nation zu vernichten, dem man relativ passiv begegnet war. Die Reaktorkatastrophe mehr als ein halbes Jahrhundert später war die Folge eines außer Kontrolle geratenen Versuchs im Werk selbst, was zu einer Explosion führte, in dessen Folge große Teile Europas mit Radioaktivität verseucht wurden. Die damals herrschenden Windverhältnisse sorgten dafür, dass nicht nur die unmittelbare Umgebung des im Einzugsgebiet Kievs liegenden Kraftwerks mit seiner Musterstadt Pryp-jat' stark betroffen wurde, sondern auch der nördliche Nachbar, die weißrussische Sowjetrepublik. Čornobyl' steht im kollektiven ukrainischen Gedächtnis für den Aufbruch der nicht länger widerstandslosen Nation. Dieser Name ist verbunden mit dem unionsweiten Entstehen von Umweltschutzorganisationen. In der Ukraine nahm die Ende 1987 von dem Kiever Arzt und Schriftsteller Jurij Ščerbak (geb. 1934) gegründete Umweltschutzgruppe »Zelenyj Svit« (»Grüne Welt«) eine Vorreiterrolle ein. Sie zeichnete für die ersten Anti-Atom-Demonstrationen nach dem Reaktorunglück verantwortlich und ging später in der *Ruch* (»Bewegung«) auf. Letztere war eine Ende der 1980er Jahre in der USRR entstandene Bürgerbewegung, deren Formation erst unter den politischen Bedingungen der *perebudova* – so das ukrainische Wort für den im deutschsprachigen Raum geläufigeren russischen Begriff *perestrojka* (»Umbau«) – möglich geworden war. Der Reaktorunfall vom April 1986 entfaltete in der Rückschau eine geradezu katalysatorische Wirkung, denn die Gründung von *Ruch* im Gefolge der landesweiten Umweltschutzdemonstrationen des Januars 1988 schuf die Öffentlichkeit, vor der bald allgemeinere politische Fragestellungen verhandelt werden sollten.

Ruch war auf dem Territorium der USRR keineswegs die erste Dissidentenbewegung gewesen. Sie hatte zahlreiche Vorläufer, die aber schon allein quantitativ nicht umfassend genug waren, als dass sie sich systemgefährdend hätten auswirken können. In der Westukraine hatte es nach dem erzwungenen Anschluss an die Sowjetunion und dem Verbot der Griechisch-Katholischen Kirche einen gewissen Widerstand religiöser Kreise gegeben. Dort war Ende der 1950er, Anfang der 1960er auch die sog. »Ukrainische Arbeiter- und Bauernunion« von Levko Luk-janenko (geb. 1928) aktiv. Diese Gruppe forderte die Unabhängigkeit der Ukraine von Moskau und stand ideologisch in der Tradition der OUN und UPA. Viele Mitglieder wurden in geheimen Verfahren zu langen Gefängnisstrafen verurteilt, aber immerhin nicht, wie es noch unter Stalin zu erwarten gewesen wäre, zum Tode. Nicht einmal das Todesurteil für Luk-janenko selbst exekutierte man.

Wie in anderen Dissidentenkreisen des sog. Ostblocks auch, plädierten die meisten ukrainischen Oppositionellen nicht für einen Systemwechsel, sondern für eine reformerische Umgestaltung. Eine herausragende Rolle spielt die in den 1960er Jahren auftauchenden *šistdesjatnyky* (»Sechziger«), die eine ausgeprägte intellektuelle Basis hatten. Die »Sechziger« waren weniger eine straff organisierte Vereinigung als vielmehr ein lockerer Zusammenschluss von Kulturschaffenden. Schriftsteller und der Schriftstellerverband dominierten also in der Ukraine in den 1970er und 1980er Jahren den dissidenten Diskurs. Nicht den Sozialismus als solchen lehnten bekannte »Sechziger« wie Vasyl' Stus (1938–1985) ab, sondern forderten einen kulturellen Aufbruch, bei dem auch die ukrainische Kultur eine größere Rolle spielen sollte. Stus war zugleich das wohl populärste Opfer: Schon früh wiederholt den Repressionen des Systems ausgesetzt, wurde der Lyriker und Übersetzer deutscher Dichtung ins Ukrainische (u. a. Rilkes) mehrmals in die Verbannung geschickt. 1985, also bereits unter Gorbačev, verstarb er in einem Arbeitslager wie viele andere mit ihm. Die eklatanten Verletzungen der Menschenrechte in der Sowjetunion ließen eine unionsweite Kommunikation zwischen den bislang disparat agierenden Oppositionskreisen entstehen. Eine begrenzte Öffentlichkeit wurde vor allen Dingen durch die im Selbstverlag (ukr.: *samvydav*, russ.: *samizdat*) herausgegebene Literatur geschaffen. Von überragender Bedeutung waren dann die unionsweit entstehenden »Helsinki-Gruppen«, welche nach der Unterzeichnung der Schlussakte der »Konferenz für Sicherheit und Zusammenarbeit in Europa« (KSZE) von Helsinki im August 1975 zu beobachten waren. In dem durch die Vereinbarungen von Helsinki eingeleiteten Prozess ging es u. a. um die Fortführung der Entspannungspolitik in Europa, die Anerkennung der nach dem Zweiten Weltkrieg gezogenen Grenzen, um »Nichteinmischung« wie auch um einen verbindlichen Grundrechtekatalog, der auch von der UdSSR unterzeichnet worden war. Dies wiederum bildete nun einen Anknüpfungspunkt für die »Ukraïns'ka Hel'sins'ka Hrupa« (»Ukrainische Helsinki-Gruppe«), in der Dissidenten verschiedener politischer Grundhaltungen aktiv wurden. Neben ursprünglichen Reformkommunisten wie Stus oder Petro Hryhorenko

(1907–1987), einem geschassten ehemals hohen Militär der Roten Armee, der sich u. a. für die Rückkehr der deportierten Krimtataren eingesetzt hatte (vgl. Kapitel 16), standen auch westukrainische Nationalisten wie Luk-janenko zu der Gruppe. Dies war auch deshalb möglich, weil viele Mitglieder nicht mehr länger an eine systemische Reform des Sozialismus glaubten und man stattdessen nun eher pragmatisch, aber weiterhin mit einem hohen persönlichen Risiko vorging. Man forderte die Einhaltung der KSZE-Schlussakte und erreichte so auch im westlichen Ausland eine gewisse Popularität. Der Anteil der bis 1985, dem Jahr des Amtsantritts Gorbačevs, verhafteten und in Lager eingewiesenen Ukrainer war dennoch überproportional hoch. Gemessen an der absoluten Bevölkerungszahl stellten nur Litauer, Esten und Letten mehr politische Gefangene. Diese und andere, hier ungenannt bleibende Dissidenten-Gruppen hatten schon vor Čornobyl' geholfen, den Boden für die Entstehung von *Ruch* mit vorzubereiten.

Ruch war ein im ukrainischen Kontext wohl einmaliges Phänomen: Die Forderung nach Umweltschutzmaßnahmen war unter dem Eindruck des Reaktorunfalls formuliert worden. Umweltschutz, das war im sog. Westen die längste Zeit ein traditionelles Terrain politisch linker oder »grüner« Gruppierungen. Hier, in der Ukraine, wurde er scheinbar selbstverständlich mit einem anderen ›Programmpunkt‹ kombiniert, der herkömmlich eher als Domäne des rechten Parteienspektrums gilt: dem Nationalismus. Bei *Ruch* passte all dies jedoch zusammen: Čornobyl' wurde nicht nur für ukrainische Nationalisten, sondern auch für große Teile der Bevölkerung der sinnfällige Beweis für einen die Ukraine versklavenden und zerstörenden großrussischen Kolonialismus. Dieses »Verbrechen« am ukrainischen Volk richtete den Blick auf ein weiteres: den Holodomor, ein bislang in der sowjetischen Gesellschaft tabuisiertes Thema. Beide Katastrophen wurden nun im Wesentlichen von oppositionellen Kreisen wie *Ruch* in den öffentlichen Diskurs eingebracht. Diese Gruppe konnte nicht zuletzt deswegen in ihren Anfängen eine breite Basis suchen und finden. Mit der Kommunistischen Partei verbundene Intellektuelle – oft Gorbačev-Unterstützer – standen neben klassischen Dissidenten. Das Programm mutete auch deshalb eher eklektizistisch an. Man plädierte u. a. für die moralische Erneuerung der sowjetischen Gesellschaft, eine allgemeine Demokratisierung, die politische und ökonomische Souveränität der Ukraine, Reformen auf dem Gebiet der Verfassung, Sozialgesetzgebung und Ökonomie, für Umweltschutz und die Außerbetriebnahme aller ukrainischen Atommeiler, die Pflege der ukrainischen Sprache, den Minderheitenschutz und – den Weltfrieden. Durchaus diplomatisch wurden in diesem Programm, in dem jeder etwas für sich zu finden vermochte, weder der Führungsanspruch der Partei in Frage gestellt noch das Unwort *nezaležnist'* (»Unabhängigkeit«) erwähnt. Dies geschah nicht nur in Rücksicht auf die KP, welche zumindest anfangs die Bewegung durchaus tolerierte, da man annahm, sie könnte radikalere Gruppierungen an sich binden bzw. neutralisieren. Erst in der Endphase der Sowjetunion entschied man sich dann für ein härteres Vorgehen. *Ruch* hoffte aber auch, eine möglichst breite Basis in weiten Bevölkerungskreisen gewinnen zu können. Und diese Strategie funktionierte tatsächlich:

Ende 1989 zählte *Ruch*, so das Ergebnis von Kuzio, etwa 280 000 Mitglieder. Diese Stärke war aber gleichzeitig ein Schwachpunkt, denn mittelfristig, besonders nachdem die Sowjetunion zerfallen war, sollte sich kein gemeinsamer politischer Nenner finden. Bald dominierten nationalistische Kräfte, so dass nicht ganz von der Hand zu weisen ist, dass die ursprünglich im Vordergrund stehenden Umweltfragen für einige Akteure eigentlich nur ein Mittel zur Erreichung einer möglichst umfassenden Mobilisierung gewesen sind. Ein altes ukrainisches Leiden, die Zersplitterung der politischen Kräfte, ist auch bei dieser Bewegung zu beobachten. Der Politologe Wilson sieht auch *Ruch* einen Rechtsruck vollziehen.

Die These von einer inhärenten Verbindung zwischen Holodomor und Čornobyl' als dezidert antiukrainischen Maßnahmen Moskaus geht auf den Kiever oppositionellen Schriftsteller Ivan Drač (geb. 1936) zurück. Auf einem Kongress des ukrainischen Schriftstellerverbandes, der zu diesem Zeitpunkt bereits als ein Zentrum der Opposition galt, machte Drač im Juni 1986 die Führung der Kommunistischen Partei nicht allein für die verheerende Havarie in Čornobyl' verantwortlich. Zugleich erwähnte er die Große Hungersnot der 1930er Jahre, die nach seiner Rechnung mehr ukrainische Opfer gefordert habe als der Zweite Weltkrieg. Und er tat noch mehr als das: Er verknüpfte den ›Ökozid‹ Čornobyl', aber auch die Folgen für Mensch und Natur in den verwüsteten industriellen Zentren im Osten mit der Vernichtungserfahrung der Hungersnot. All dies sei Teil der ethnisch-kulturellen Repression der Ukraine innerhalb der Sowjetunion. Wie sehr dies einem Tabubruch gleichkam, wird nur verständlich, wenn man weiß, dass der Holodomor bis zu diesem Zeitpunkt im offiziellen sowjetischen Diskurs nicht vorgekommen war. Auf dem offiziellen Gründungskongress von *Ruch* im September 1989 wurde in der Präambel des bereits erwähnten Programmentwurfs schließlich eine ganze Palette von Verbrechen präsentiert, welche Moskau am ukrainischen Volk begangen habe. Sie thematisierte den »künstlichen Hunger 1933 mit Millionen von Opfern« ebenso wie die »Verbrechen der Stalinschen und neostalinschen Brežnevschen obersten Führer«. Čornobyl' wurde als vorläufiger krimineller Abschluss einer angenommenen Moskauer Strategie gesehen, welche auf die Vernichtung eines ukrainischen Sonderbewusstseins zielte.

Das Wort »Katastrophe« bezeichnet eine entscheidende Wendung, einen gewaltsamen Einschnitt, einen Zusammenbruch, zugleich oft einen Prozess der Reinigung und Neuwerdung. Das neue Leben erscheint »danach« als wahrer, wertvoller. Kollektive Katastrophenerfahrungen werden oft in Neuanfänge umgedeutet. Nach dieser Definition kann eigentlich nur das Reaktorunglück von 1986 als Katastrophe im eigentlichen Sinn interpretiert werden, da es eine ungeahnte gesellschaftliche Mobilisierung (nicht nur in der Ukraine) auslöste; sein Anteil am Ende der Sowjetunion ist nicht definitiv zu bestimmen, allerdings auch nicht zu bezweifeln. Dennoch ist unbestritten, dass sowohl die Havarie als auch die Hungersnot das kollektive ukrainische Gedächtnis nachhaltig geprägt haben. Auch wenn es letztlich wenig sinnvoll ist, beide Katastrophen miteinander vergleichen zu wollen – denn wer will entscheiden, welche Tode sinnloser, schmerzhafter oder tragischer waren –, kann man im Fall der Hungersnot genaugenommen von einer »List der Geschichte« sprechen, denn »aus dem vorsätzlichen Entzug und dem Mangel, der zu millionenfachem Verdursten und Verhungern führte, [wurde] die Idee der Ukraine als Nation und als Staat gespeist«, so Rudolf A. Mark und Gerhard Simon im Sonderheft der Zeitschrift *Osteuropa* zur Hungersnot. Dies ist eine Idee von Gemeinschaft, die auf kollektiv erfahrenes Leid und millionenfaches Sterben rekurriert. Vergleichbar dem irischen *Great Famine* zwischen 1846 und 1851, der etwa eine Million Opfer forderte, hat der Holodomor das Land irreversibel verändert.

Die Folgen von Černobyl' nicht allein für die Ukraine lassen sich auch gegenwärtig nur eingeschränkt ermessen. 1600 Ortschaften mit rund 1,4 Millionen Bewohnern gelten als verstrahlt und offiziell als Katastrophengebiete. Über die Zahl der Opfer herrscht Unklarheit: Nach einer 2006 veröffentlichten Erhebung der Internationalen Atomenergiebehörde mit Sitz in Wien – 2005 mit dem Friedensnobelpreis geehrt – habe der GAU »nur« 56 Tote gefordert, allerdings wurde diese Zahl im September 2008 nach oben korrigiert. Ukrainische Wissenschaftler halten hingegen bislang die Zahl von 50 000 Opfern für wahrscheinlicher. Ähnlich sieht es die Weltgesundheitsorganisation (WHO), die z. B. die vielen von den ehemaligen sog. Liquidatoren begangenen Selbstmorde in die Statistik hat einfließen lassen; anders als die Atomenergiebehörde, welche die Suizide als Folge einer »Nuklear-Phobie« bezeichnet hat. Wie hoch die Ziffer der Spätschäden sein wird, ist bislang nicht abzusehen. Missbildungen bei Neugeborenen, ein eklatanter Anstieg von Schilddrüsenerkrankungen (allein im weißrussischen Homel' wird von etwa 80 000 Fällen ausgegangen), Fälle des sog. »Atom-Aids« vor allen Dingen bei Kindern und ein allgemeines Ansteigen der Krebsraten sind auch Jahrzehnte nach dem Unfall zu erwarten.

Unstrittig ist, dass den zuständigen Stellen eklatante Versäumnisse beim Management der Krise vorzuwerfen sind. Erst 32 Stunden nach dem Bekanntwerden des GAUs wurde die Evakuierung der Stadt Pryp-jat' mit ihren 49 000 Einwohnern angeordnet. Ungeachtet der freigesetzten Strahlenmenge ließ man die traditionelle Parade zum 1. Mai stattfinden, während die Richtung Moskau ziehenden Wolken von der Luftwaffe zum Abregnen gebracht worden sind. Diese und viele weitere Maßnahmen sind zum einen Signum der üblichen verschleiernden sowjetischen »Informationspolitik« in Krisenfällen, zum anderen aber gleichfalls im Zusammenhang mit der besonderen Sicherheitsempfindlichkeit des nuklearen Sektors zu sehen. Einer besonderen Geheimhaltungsstufe unterlagen zumal alle Anlagen der sog. RBMK-Hochleistungs-Druckröhren-Reaktoren, wie es sie auch in Čornobyl' gab; diese waren nämlich Teil des militärisch genutzten Atomenergieprogramms. Gerade angesichts solcher teils zivilen, teils militärischen Nutzung der Atomkraft wäre sicher auch bei westlichen Ländern nur eingeschränkt ›Glasnost‹ zu erwarten. Bis zum Jahr 2000 blieben einzelne Reaktoren von Čornobyl' in Betrieb. Unter anderem mit Hilfe der internationalen Gemeinschaft wird seit Ende der 1990er Jahre eine weitergehende Sicherung des havarierten Reaktors umgesetzt. Im Hinblick auf die Atomfrage ist zu vermerken, dass der antinukleare Konsens, der nach Čornobyl' das amorphe ukrainische Volk geeinigt zu haben schien, allmählich aufgeweicht wird: Auch wegen der alljährlichen Gaskriege zwischen der Ukraine und der Russländischen Föderation seit der Orangen Revolution des Winters 2005/06 setzt die ukrainische Administration nun wieder voll auf Atomkraftwerke und findet sich dabei in weltweiter Gesellschaft. Elf neue Meiler zu den gegenwärtig fünfzehn existierenden sind geplant. Allein der geplante Import verbrauchter Brennstäbe aus dem westlichen Ausland zur Endlagerung gegen harte Devisen wurde ausgesetzt – aufgrund massiver Proteste aus der Bevölkerung.

Obwohl insbesondere die Spätfolgen der Strahlungen für Mensch und Natur nicht exakt zu beziffern sind, gemessen an der Zahl der Todesopfer muss der Holodomor der Jahre 1932/33 als ›größere Katastrophe‹ gewertet werden, wenngleich diese allein numerische Betrachtungsweise zynisch erscheint. Die Schätzungen über die Opferzahlen gehen weit auseinander, einerseits aufgrund der wohl gefälschten Bevölkerungsstatistiken der Sowjetunion in den 1930er Jahren, andererseits wegen der ideologischen Instrumentalisierung. Hinzu kommt, dass die Hungersnot dieser Jahre nicht allein das Gebiet der USRR betraf, sondern auch die kazachische Sowjetrepublik, Teile des Kaukasus und selbst der Russischen SSR. Relativ die meisten Opfer hatte die Kazachische SSR zu beklagen, wo der Hunger im Zusammenhang mit der erzwungenen Sesshaftmachung der dortigen Nomaden betrachtet werden muss. Gegenwärtig geht man allein für das Gebiet der heutigen Ukraine von 3 bis 3,5 Millionen Toten aus, davon achtzig Prozent ethnische Ukrainer. Unionsweit werden Zahlen von bis zu elf Millionen Toten genannt, wobei erste Opfer aus den Jahren davor unberücksichtigt bleiben. Schwer zu ermessen sind auch die langfristigen demographischen Folgen wie der Geburtenrückgang oder ein früheres Sterben durch den durchlittenen Mangel. In dieser Frage besteht also immer noch ein Dissens in der historischen Forschung. Unstrittig ist hingegen, dass es eine verheerende Hungersnot in der Ukraine gegeben hat und diese nicht durch eine Reihe Missernten oder Naturkatastrophen ausgelöst wurde. Die Katastrophe war, so Mark und Simon, »nicht unabwendbar und insofern von der politischen Führung gemacht, die dafür die politische Verantwortung trägt«.

Die Hungerkrise steht auch im Kontext mit den bereits in den 1920er Jahren forcierten Kollektivierungsversuchen des Regimes, welche besonders in der Ukraine wegen des zähen Widerstandes ukrainischer Bauern wenig erfolgreich gewesen waren. Das Ziel der »Liquidierung der Kulaken als Klasse« sollte, so gewinnt man den Eindruck, um jeden Preis erreicht werden. Die von Moskau gewollte Industrialisierung und Urbanisierung geriet durch den bäuerlichen Beharrungswillen in Gefahr, denn die ausreichende Versorgung der industriellen Zentren mit Lebensmitteln erschien nicht mehr gesichert. Seit 1928 waren Zwangsrequirierungen von Agrarprodukten wieder üblich geworden und nahmen in den folgenden Jahren ein immer größeres Ausmaß an, bis den Bauern schließlich zunehmend weniger und auf dem Höhepunkt der Krise im Winter 1932/33 vielfach überhaupt keine Nahrung mehr übrig blieb. Da die Hungernden oftmals auch das eigentlich für die nächste Ernte vorgesehene Saatgut essen mussten, perpetuierte sich die Krise. Der Schwerpunkt der Requirierungen lag in den traditionellen Getreideüberschussregionen im Süden und Südosten der Ukraine, und dort war es seit 1930 vermehrt zu teilweise bewaffneten Aufständen gegen die staatlichen Praktiken gekommen. Härteste Strafen wurden bereits beim Verdacht des »Hamsterns« verhängt, Soll-Nichterfüllungen mit stetig erhöhten Quoten beantwortet. Während im Jahr 1931 staatlicherseits 112 kg Getreide pro Person und Jahr als für das Überleben als ausreichend erachtet wurden, lag die Quote ein Jahr später nur noch bei 83 kg. Die nach dem Abebben des Hungers mancherorts völlig entvölkerten Landstriche mussten in den 1930er Jahren vielfach neu besiedelt werden. Der russische Germanist Lev Kopelev war an den Getreidesammlungen als junger Aktivist beteiligt gewesen. In seinen Erinnerungen *Und schuf mir einen Götzen* schildert er anrührend das eigene brutale Vorgehen und das seiner Mitstreiter. In der Rückschau stand er zu seiner Mitverantwortung an einem der größten Verbrechen des Stalinismus.

Bis zu diesem Punkt könnte man wohlwollend argumentieren, dass Moskau weit war und die Folgen einer verfehlten Landwirtschaftspolitik nicht so schnell abzusehen waren. Tatsache ist jedoch, dass die sowjetischen Verantwortlichen auch noch zu einem Zeitpunkt an ihrer Politik festhielten, als sie bereits alarmierende Nachrichten aus den Notstandsgebieten erreicht hatten. Im Gegenteil unternahm man daraufhin alles, um die Not zu verschleiern: Sowjetisches Getreide wurde weiterhin zu Dumping-Preisen auf dem Weltmarkt angeboten – und von den von der Weltwirtschaftskrise gebeutelten Kunden auch gekauft. Trotzdem gelangten neben Protestnoten aus der ganzen

Welt internationale Hilfsangebote ein, die allerdings (anders als noch 1921) allesamt abgelehnt wurden. Unter Linksintellektuellen im Westen genoss die Sowjetunion in dieser Zeit große Sympathien, galt sie ihnen doch als Verwirklichung einer positiven Utopie. Die sowjetische Führung machte sich diesen Umstand zunutze, indem sie westliche Autoren wie Romain Rolland, Henri Barbusse oder George Bernard Shaw zum internationalen Schriftstellerkongress 1935 einlud und – natürlich entsprechend überwacht – durch die »angeblich« von der Hungersnot entvölkerten Landstriche führte. Die Schriftsteller sollten sich davon überzeugen, dass an den ›Gerüchten‹ nichts dran, diese vielmehr von konterrevolutionären Kräften gestreut worden seien, um die überwältigenden Erfolge der Sowjetunion zu schmälern. Und obwohl schon im Sommer 1932 erste Meldungen über ein Massensterben durch Hunger im Westen auftauchten, fanden sich willfährige Zeugen, die genau dies bestritten. Berühmt-berüchtigt wurde Walter Duranty, seines Zeichens Korrespondent der *New York Times*. Im März 1933 schrieb er dort, dass es in der Sowjetunion keine Hungerkatastrophe gebe; allenfalls seien einige Todesfälle als Folge von Unterernährung bekannt. Sein Konkurrent Rolf Burns von der *New York Herald Tribune* kritisierte diese Aussage; er selbst bezifferte die Zahl der Toten auf mindestens eine Million. Duranty musste nachrecherchieren und anschließend sogar von etwa zwei Millionen Opfern ausgehen. Bis heute versuchen nationale ukrainische Kreise, dem Journalisten den für seine Reportagen aus der UdSSR verliehenen Pulitzer-Preis postum abzuerkennen.

Insbesondere nach der Freigabe von Archivmaterial seit den 1990er Jahren gilt als hinreichend wahrscheinlich, dass die sowjetische Führung den Hunger in der Ukraine dazu nutzte, gegen angebliche und tatsächliche Nationalkommunisten und sonstige »Konterrevolutionäre« aktiv zu werden (vgl. auch Kapitel 12). In jedem Fall, so der Historiker Gerhard Simon, sei der Hunger »ein Instrument der Konsolidierung des Stalinismus« gewesen, eine »Waffe gegen den Widerstand der Kollektivierung«. Ob diese Befunde allerdings ausreichen, um von einem gezielten, ›von oben‹ gewollten, geplanten und schließlich durchgeführten Hungergenozid (*holod-henocyd*) gegen das ukrainische Volk zu sprechen, kann noch nicht endgültig beurteilt werden. Gleichwohl entzündete sich daran seit den 1980er Jahren eine mit beispielloser Verbissenheit geführte wissenschaftliche Kontroverse, die immer noch nicht abgeschlossen ist. Sie ist gleichsam ein Lehrstück dafür, dass nicht nur die historische Forschung, sondern auch das menschliche Leid für politische Zwecke instrumentalisiert wird. Die Auseinandersetzung wurde nicht nur in akademischen Zirkeln, in Studierstuben oder auf den Seiten einschlägiger wissenschaftlicher Publikationen geführt, sondern seit 1985 während der Reagan-Regierung darüber hinaus von US-amerikanischen Kreisen: Damals setzte der Kongress eine »Kommission über die ukrainische Hungersnot« ein, deren Vorsitz der Historiker und Holodomor-Forscher James E. Mace übernahm. Beteiligt waren zudem ukrainischstämmige Lobbyisten in der Diaspora, welche eine sehr wirkungsvolle Kampagne entfalteten, um auf das Leid der Brüder und Schwestern im Sozialismus aufmerksam zu machen. Ein Nebeneffekt war, die in der Sowjetunion mit Hochdruck vorangetriebenen Vorbereitungen der Feierlichkeiten zum 70. Jahrestag der Großen

Oktoberrevolution zumindest öffentlichkeitswirksam zu stören.

Das veränderte politische Klima, der vollzogene Tabubruch durch die Opposition und vielleicht auch der Druck aus dem Ausland bewirkten, dass ausgerechnet dem zur »Beton-Fraktion« gerechneten Ščerbyc'kyj die Aufgabe zukam, 1987 erstmals das Faktum der Hungersnot 1932/33 öffentlich einzugestehen; als Grund für das Massensterben gab er allerdings eine Missernte an. Auch das Mitglied einer Forschungsgruppe an der Ukrainischen Akademie der Wissenschaften Stanislav Kul'čyc'kyj untermauerte diese Lesart. Hinzugekommen seien aber gewisse Fehler der Parteiführung und die »alte Psychologie« der ukrainischen Landbevölkerung. Alles in allem sei der Hunger eine schreckliche Ausnahme in der ansonsten so erfolgreichen Geschichte der sowjetischen Landwirtschaft. In der unabhängigen Ukraine avancierte Kul'čyc'kyj übrigens zu einem Vertreter der These, bei der Hungersnot habe es sich um einen intentionalen Genozid Moskaus am ukrainischen Volk gehandelt (siehe unten). Obwohl in diesen und ähnlichen offiziellen Verlautbarungen noch viel von der »alten Psychologie« der Sowjetunion zu spüren war, sie markieren dennoch eine Zäsur. Denn der Hunger war nicht länger mit einem staatlich verordneten Schweigen belegt. Vielmehr wurde er in den 1990er Jahren in das nationale Geschichtsbild eingeschrieben und zum Symbol des kollektiven Leidens des ukrainischen Volks. Als integrativer Mythos wird er geschichtspolitisch instrumentalisiert, etwa als Thema einer Briefmarke zum 60. Jahrestag des Holodomor 1993. Unter Präsident Viktor Juščenko wurde diese Ressource gerne und intensiv zur Schaffung eines integrativen Geschichtsbildes genutzt. »Der Ehrung und dem Bewahren der Erinnerung an die Opfer politischer Repressionen und der Hungersnöte in der Ukraine« galt nämlich sein besonderes Interesse. Die Einrichtung eines bereits von Juščenkos Vorgängern geplanten »Nationalen Erinnerungsinstituts« schreitet deswegen voran, der Bau eines Denkmal- und Museumskomplexes zu Ehren ukrainischer Opfer in der Menschheitsgeschichte ist außerdem avisiert – und wird konzeptionell wohl ziemlich genau dem entsprechen, was die Publizistin Susan Sontag als Erinnerungsstätte neuen Typs, nämlich als *Memory Museum* bezeichnet hat. Eine erinnerungspolitische Zäsur markierte die Orange Revolution in Bezug auf den Holodomor also nicht, eher eine verstärkte Fortführung.

Abseits offizieller Geschichtspolitik hat der Hunger gleichermaßen Spuren hinterlassen, natürlich vor allen Dingen im Gedächtnis der betroffenen Familien, aber auch in der Kunst. Diaspora-Ukrainer verarbeiteten das Sujet schon sehr bald, etwa der im kanadischen Exil lebende Ulas Samčuk (1905–1987) in seinem Roman *Marija* (1933) oder Vasyl' Barkas (1908–2003) mit seinem zwischen 1958 und 1961 verfassten Werk *Žovtyj knjaz'* (»Der gelbe Prinz«). Dieser Roman ist übrigens immer noch nicht ins Deutsche übersetzt worden.[25]

Gerade in den ersten Jahren der Unabhängigkeit illustrierte die Hungerdebatte, so der deutsche Historiker Wil-

25 Zu nennen sind überdies Semen Starivs *Strata holodom* (»Vom Hunger gerichtet«, 2002), Jurij Bedzyks *Hipsova ljal'ka* (»Die Gipspuppe«, 1989), Vasyl' Zacharčenkos *Dovhi prysmerky* (»Lange Dämmerung«, 2003) oder der Film *Holod 33* von Oles' Jančuk, der 1993 nach dem Roman von Vasyl' Barkas gedreht wurde.

fried Jilge, »wie durch die Moralisierung des ›Diskurses des Nationalen‹ und die davon abgeleitete ›Wahrheit‹ Freund- und Feindbilder« geschaffen wurden. Die Täter, das waren die Sowjets, die Russen. Die strafrechtliche Verfolgung gemäß der UN-Völkermordkonvention von 1948 wurde gefordert, die Russländische Föderation als Rechtsnachfolger der Sowjetunion müsse die Verantwortung für den Holodomor übernehmen, so wie es die Bundesrepublik Deutschland in Bezug auf die nationalsozialistischen Verbrechen getan habe. Die Einschätzung des Hungers als Völkermord – eben vergleichbar mit der Shoah – wurde innerukrainisch konsensfähig. Eine deutliche antisowjetische bzw. antirussische Argumentation nahm in den darauffolgenden Jahren noch zu, etwa während der Präsidentschaft. Im Wahlkampf 1999 instrumentalisierte er – im Ergebnis erfolgreich – das Thema gegen seine kommunistischen Konkurrenten. Die Hungersnot wurde als kollektives Schlüssel-»Erlebnis« in das nationale Geschichtsbild implementiert. ›Vergessen‹ bzw. ignoriert hat man dabei diejenigen Opfer – ob nun auf dem Gebiet der Ukraine oder anderswo –, welche nicht ethnisch ukrainisch waren, sowie die ukrainischen Täter, deren Anzahl bei den Getreiderequirierungen zu Beginn der 1930er Jahre nicht ganz unerheblich gewesen sein dürfte. Als Ausdruck einer gewissen Pluralität im innerukrainischen Diskurs ist hingegen zu begrüßen, dass wichtige wissenschaftliche Publikationen staatlich gebundener Institutionen wie der Akademie der Wissenschaften zwar die Genozid-These übernehmen, sich aber »gegenüber ethnonationalen Argumentationen zurückhaltend« zeigen. Und in den offiziellen ukrainischen Geschichtsbüchern, deren Rolle als Multiplikatoren kaum zu überschätzen ist, »wurde die Genozid-These als Teil eines keineswegs unumstrittenen nationalstaatlichen Geschichtsbildes verankert« (Wilfried Jilge). Dennoch, wie in so vielen anderen europäischen Gedächtniskulturen auch ist eine starke Tendenz zur Viktimisierung des ukrainischen Volkes zu beobachten.

Kapitel 16
Die Krim-Frage, die Annexion durch die Russländische Förderation 2014 und das Problem ethnischer Sondergruppen

Die ukrainischen Länder waren zu allen Zeiten ethnisch heterogen, daran konnten weder die teils gewaltsamen, teils freiwilligen Bevölkerungsverschiebungen noch die Grenzänderungen nach dem Zweiten Weltkrieg etwas ändern. In der heutigen Ukraine befinden sich die Ukrainer (bzw. diejenigen, die sich in der Volkszählung von 2001 als solche bezeichnet haben) mit 37,5 Millionen klar in der Mehrheit; das entspricht gut 78 Prozent der Gesamtbevölkerung. Mit siebzehn Prozent bzw. 8,3 Millionen folgen die Russen. Dass diese Minderheit mit fast einem Fünftel der Gesamtbevölkerung in vielerlei Hinsicht eine Herausforderung für jede ukrainische Administration darstellt, darauf wurde in diesem Buch wiederholt hingewiesen, und das hat nicht zuletzt die Krise von 2014 unterstrichen. Andere Gruppen wie Weißrussen (0,6 Prozent), Moldauer (0,5 Prozent) oder Bulgaren (0,4 Prozent), um nur einige wenige zu nennen, fallen demgegenüber numerisch wie politisch kaum ins Gewicht. Anders verhält es sich mit den Krimtataren, die zwar ebenfalls nur 0,5 Prozent der Gesamtbevölkerung ausmachen, die aber dennoch aus verschiedenen Gründen eine große politische Relevanz besitzen, vor allem da mit ihnen die sog. Krim-Frage schon vor der russischen Annexion von 2014 verbunden war.

Die gegenwärtig überwiegend russisch- und ukrainischstämmigen Krimbewohner waren seit Beginn der

1990er Jahre Zeuge der Rückkehr vieler Krimtataren in ihre alte Heimat. Sie waren nach der Rückeroberung der Krim durch die Rote Armee im Frühjahr 1944 nach Zentralasien deportiert worden. Die nicht erst seit dem Überfall des nationalsozialistischen Deutschlands im Juni 1941 den russisch-sowjetischen Machthabern als illoyal geltende Minderheit traf damit das gleiche Schicksal wie zahlreiche andere nationale Gruppen. Die damals etwa 200 000 Krimtataren (23 Prozent der Vorkriegsbevölkerung der Halbinsel) gelangten primär nach Usbekistan, wo für ihre Ankunft kaum etwas vorbereitet worden war. Viele von ihnen verloren entweder bereits während des Transports ihr Leben oder aber in der ersten Zeit in der unwirtlichen ›neuen Heimat‹, in der selbst eine ausreichende Versorgung mit Lebensmitteln anfangs nicht gesichert war. Über die Opferzahlen dieses stalinistischen Verbrechens wird ebenso gestritten wie über die Zahl der Toten während des oben beschriebenen Holodomor: Nach krimtatarischen Schätzungen überlebte fast jeder Zweite die Folgen der Deportation nicht. Russischerseits wird mit ›nur‹ 18 Prozent von einer weitaus geringeren Sterberate ausgegangen. Die Folgen waren so oder so tiefgreifend und veränderten nicht allein die krimtatarische Gesellschaft grundlegend, für die sich *sürgün* (krimtatarisch für »Exil«) zum kollektiven Trauma auswuchs. Darüber hinaus wurde die Halbinsel nach dem Zweiten Weltkrieg das bislang erste Mal in ihrer Geschichte ethnisch mehr oder weniger homogen. Sie wurde die einzige Region der Ukraine, in der ethnische Russen mit fast sechzig Prozent die Mehrheit stellten. Hinzu kamen knapp 25 Prozent Ukrainer, so dass eine stabile slavische Majorität die Halbinsel prägt. Doch die

Krimtataren waren nicht die Einzigen, welche ihre angestammte Heimat verloren: Die Krimdeutschen hatte man bereits im August 1941 nach dem deutschen Überfall auf die Sowjetunion deportiert. Im Juni 1944 schließlich mussten auch die bulgarischen und griechischen Bewohner die Krim verlassen. Ein Großteil der jüdischen Bevölkerung, die sog. Bergjuden und die Krimčaken (turksprachige Juden), waren vordem Opfer der nationalsozialistischen Besatzung und der Shoah geworden. Diesem Schicksal entkamen allein die Karaiten, eine jüdische, nichtrabbinistische Religionsgemeinschaft, welche den Talmud ablehnt. Sowohl auf der Grundlage obskurer wissenschaftlicher Befunde deutscher Rasseideologen als auch einer offenbar überzeugenden Beweisführung durch karaitische Kreise selbst stufte man sie nicht als semitisches Volk ein. Der erhebliche Bevölkerungsverlust durch Krieg und Deportation wurde nach 1944 durch den forcierten Zuzug russischer und ukrainischer Zuwanderer kompensiert.

Als Grund für die Deportationen führte Stalin jedenfalls die angeblich ausufernde krimtatarische Kollaboration mit den Deutschen an, welche die Krim vom Sommer 1941 bis zum Frühjahr 1944 besetzt gehalten hatten. Dass die deutschen Stellen mit der Kooperationsbereitschaft der krimtatarischen Bevölkerung tatsächlich zufrieden gewesen waren, wurde bereits gezeigt. Auch wenn manche Krimtataren nach den Erfahrungen mit dem Stalinismus die Ankunft der Deutschen durchaus begrüßt hatten, kann von einer überwiegenden Zusammenarbeit dennoch keine Rede sein: Viele krimtatarische Männer dienten in der Roten Armee, es gab krimtatarische Partisanen und später ausgezeichnete »Helden der Sowjetunion« krimtatarischer Herkunft. Insgesamt war die Zahl der im Kampf gegen die Wehrmacht gefallenen Krimtataren weitaus höher als die der Kollaborateure. Das Schicksal dieser Nationalität zeigt einmal mehr, wie absurd ein Generalverdacht gegen ein ganzes Volk und dessen kollektive Bestrafung ist. Die sog. Geheimrede Chruščevs auf dem 20. Parteitag der KPdSU von 1956 rehabilitierte die Krimtataren zwar, das Recht auf Repatriierung verband sich damit indes nicht. Trotzdem setzte Ende der 1960er Jahre eine von den sowjetischen Behörden als illegal betrachtete Rückwanderung ein, die in der Mitte der 1990er Jahre einen ersten Höhepunkt erreichte. Mittlerweile stellen die Krimtataren wieder rund 12 Prozent der 2,5 Millionen zählenden Krimbevölkerung, ihr Anteil ist damit im gesamtukrainischen Verhältnis zwischen 1989 und 2001 um erstaunliche 463 Prozent gestiegen.

Die Rückkehr dieser mehrheitlich sunnitischen Muslime in eine Heimat, welche nur die Alten noch aus eigener Anschauung kennen, führte seit Anfang der 1990er Jahre zu großer Unruhe und barg politischen Sprengstoff. Die krimtatarischen Ansprüche auf Grund und Boden kollidierten nicht allein mit der Überzeugung vieler slavischer Krimbewohner, dass die Halbinsel nun einmal russisch sei. Es ging auch um z. T. ganz konkrete Ängste vor dem Verlust des Besitzstandes, denn auch für die russischsprachigen Bewohner war die Krim inzwischen zur Heimat geworden. Wiederholt wurden gewaltsame Auseinandersetzungen zwischen den Gruppen, Angriffe russischer Skinheads auf die tatarischen Zuzügler in ihren teilweise ohne Genehmigung errichteten Siedlungen gemeldet. Gleichzeitig wiesen Krimrussen und russifizierte Ukrainer auf den wachsenden Einfluss fundamentalistischer islamischer Gruppen auf die Krimtataren hin. Diese Auffassung vertraten auch politische Moskauer Kreise, welche die Krim-Muslime zuweilen sogar in die Nähe von tschetschenischen Terroristen rückten. Obwohl dies übertrieben war, fielen in den letzten Jahren bei Spaziergängen durch Bachčisaraj (russ./ukr.) / Bağçasaray (krimtat.), das krimtatarische Zentrum auf der Halbinsel, allerdings zunehmend verschleierte Frauen auf, was lange völlig unüblich war. Unbestritten ist die finanzielle und personelle Unterstützung der Krimtataren durch arabische Länder, und in jedem Fall spielte die Religion eine größere Rolle als in sowjetischer Zeit; bislang gewannen auf der Krim islamistische Kräfte nicht die Oberhand, obwohl die sicherlich legitimen Ansprüche der Krimtataren nicht vollständig befriedigt wurden. Politisch war immerhin einiges erreicht worden: Seit 1991 existiert eine krimtatarische Selbstverwaltung, die *Medžli*, wodurch die krimtatarische Bevölkerung auf der von Kiev mit Autonomierechten ausgestatteten Halbinsel angemessen an den politischen Vertretungskörperschaften beteiligt ist. Es gelang, ein nationales kulturelles Netzwerk mit Schulen, Kindergärten, Radioprogrammen sowie einer tatarisch dominierten Universität in Simferopol' aufzubauen, und ein Großteil ihrer seit 1944 verwaisten Moscheen wurde ihnen zurückgegeben. Ungelöst bleibt demgegenüber ein wesentlicher Aspekt: Die krimtatarische Frage ist auch eine soziale. Die wirtschaftlichen Probleme der Halbinsel waren schon vor der russischen Annexion gravierend; und manche Krimtataren glaubten, dass sie auf dem ohnehin angespannten Arbeitsmarkt wegen ihrer Herkunft benachteiligt wurden. Kiev widerstand immerhin seit 1991 weitgehend, aber nicht immer einer Instrumentalisierung der Krimtatarenfrage. Die Ukraine war nebenbei bemerkt der einzige Staat aus der Erbmasse der Sowjetunion, welcher die Betroffenen der Deportationen der 1940er Jahre finanziell entschädigen wollte; etwas, was von Moskau nicht zu erwarten ist. Die krimtatarische Diaspora bemüht sich seit einigen Jahren, die Deportation international als Genozid anerkennen zu lassen; auch hierin sind durchaus Parallelen zum ukrainischen Bemühen in Bezug auf den Holodomor zu sehen.

Die schöne Halbinsel an der Nordküste des Schwarzen Meeres, die zu sowjetischen Zeiten eines der beliebtesten Urlaubsgebiete des werktätigen Touristen war, war in mannigfacher Hinsicht für Kiev ein Problem. Der völkerrechtliche Status der Krim bot jede Menge Konfliktpotential zwischen Kiev und dem großen nördlichen Nachbarn, denn seit der Auflösung der Sowjetunion gab es nicht wenige Russen, welche deren Zugehörigkeit zur Ukraine rundweg ablehnten. Tatsächlich galt das 1783 vom Zarenreich annektierte Krimchanat den meisten frühen ukrainischen Patrioten keineswegs als integrales ukrainisches Gebiet, was nebenbei bemerkt auch nur unter eklatanten Umschreibungen der Krim-Geschichte einigermaßen plausibel gewesen wäre. Nach Revolutionen und Bürgerkrieg wurde 1921 dort eine Autonome Sozialistische Sowjetrepublik (ASSR) installiert, in welcher die Krimtataren zwar bereits zu diesem Zeitpunkt nicht mehr die Mehrheit stellten, aber immerhin Titularnation waren. Die ASSR wurde 1944 im Zusammenhang mit dem Kollaborationsvorwurf und den Deportationen aufgelöst und unterstand administrativ für die nächsten zehn Jahre der RSFSR. Die 1954 von Chruščev verfügte »Schenkung« an die ukrainische Sowjetrepublik anlässlich der dreihundertsten Wiederkehr der Vereinbarung von Perejaslav (siehe hierzu Kapitel 7) und der offiziellen Implementierung der Ukrainer als wichtigste Nationalität innerhalb der UdSSR nach den Russen entwickelte sich dann zum ständigen Quell russisch-ukrainischer Auseinandersetzungen. Von den meisten Russen wurde die Schenkung als falsch, wenn nicht gar als ungesetzlich angesehen. Chruščev selbst fehlte seinerzeit sicher die Phantasie, sich eine von Moskau unabhängige Ukraine vorzustellen, dazu noch im Besitz der Krim. Aufgrund dieser besonderen Umstände und einer mehrheitlich russischen Bevölkerung erhielt die Halbinsel nach der Unabhängigkeit von 1991 als einzige Region den Status einer autonomen Republik Krim mit einer eigenen Flagge und Wappen. Vielen Nationalukrainern war dies ein Dorn im Auge, zumal besonders deren prorussischer erster Ministerpräsident Jurij Meškov (geb. 1945) eindeutig separatistische Politik betrieb. Wiederholt musste Kiev eingreifen, so z. B. 1992, als man eine Krim-Verfassung verabschiedete, die im Widerspruch zur ukrainischen stand.

Ein Streitpunkt war immer die Frage nach der in Sevastopol' liegenden ehemaligen sowjetischen Schwarzmeerflotte, die von beiden Nationen beansprucht wurde. Erst 1997 wurde deren Aufteilung geregelt und schließlich ein bis 2017 bzw. 2042 gültiger Pachtvertrag zwischen den Staaten abgeschlossen, der nicht unwesentlich zur Finanzierung des desolaten Haushalts der Hafenstadt beitrug. Die jährlich von der Russländischen Föderation zu entrichtenden 98 Millionen US-Dollar würden allerdings, so war aus Kiev zu hören, die anfallenden Kosten nicht decken; man drängte auf Nachbesserung. Ein Großteil der Schiffe war zum Zeitpunkt des Vertragsabschlusses 1997 tatsächlich nur bedingt einsatzfähig, das jüngste Schiff bereits siebzehn Jahre alt; lediglich durch den Verkauf des Schrotts konnte man erhebliche Gewinne erzielen. Es ging aber nicht allein um den Kampfwert der Flotte. In russischen Kreisen machte vor allem die Vorstellung von der Ukraine als »trojanischem Pferd der NATO« Angst; zumal nach der Orangen Revolution, da Präsident Juščenko die Mitgliedschaft im westlichen Militärbündnis offen, aber vergeblich anstrebte. Wiederholt kam es deswegen zu diplomatischem Schlagabtausch, so z.B. Anfang des Jahres 2006, als ukrainische Vertreter der Hafenverwaltung von Jalta einen Leuchtturm in Besitz nahmen, den Ya-13, der bis dahin von der russischen Flotte genutzt worden war. Für die ukrainischen Behörden stand aber fest, dass dieser keine militärische Anlage, sondern eine »hydrographische Installation« sei und somit allein von der Ukraine genutzt werden dürfe. Eine endgültige Nutzungsliste auch militärisch relevanter Einrichtungen existierte lange nicht.

Ein weiterer Höhepunkt der ukrainisch-russischen Differenzen um die Krim war im Spätsommer 2008 im Zusammenhang mit der Südossetien-Krise erreicht: In der Ukraine ging die Angst um, dass man das nächste Opfer des als Aggressor ausgemachten Russlands sein könnte. Kiev stellte sich in diesem Konflikt eindeutig auf die Seite Tblissis und des georgischen Präsidenten. Die in Abchasien und auch in Südossetien angewandte russische Politik der Ausgabe von russischen Pässen an ukrainische Staatsbürger auf der Krim führte prompt dazu, dass Kiev die

Doppelstaatsbürgerschaft unter Strafe stellte. In russisch dominierten Städten wie Simferopol' und Sevastopol' kam es daraufhin zu Anti-Kiev- und Anti-NATO-Demonstrationen.

Ohnehin setzte ein nicht unerheblicher Teil der ganz überwiegend ethnisch russischen Bevölkerung der Krim zumindest seine wirtschaftlichen Hoffnungen auf Moskau. Der Traum, dass die bestens mit Rohstoffen und vor dem dramatischen Sinkflug des Öl- und Gaspreises ökonomisch so gut aufgestellten ›Brüder und Schwestern‹ im sog. Nahen Ausland ihnen unter die Arme greifen würden, war in der Tat nicht unrealistisch. In seiner sog. Medvedev-Doktrin von 2010 hatte der damalige russische Präsident die besondere und unverbrüchliche Schutzfunktion gegenüber den Landsleuten in den ehemaligen Sowjetrepubliken im Falle besonderer Bedrückungen garantiert. Doch trotz der insgesamt unübersichtlichen Situation nach der Flucht des gewählten Präsidenten Janukovyč in der Nacht zum 22. Februar 2014 (siehe Kapitel 1), den Demonstrationen in Sevastopol' gegen die aus der Perspektive der meisten Krimbewohner unverständlichen Forderungen des Euromajdan und der Absetzung gewählter politischer Vertreter in den Gemeinden der Krim in den darauffolgenden Tagen konnte von einer Pression russischsprachiger Krimbewohner weder in der damaligen Situation noch in den Jahren seit der Unabhängigkeit die Rede sein.

Gleichwohl: In den letzten Februartagen des Jahres 2014 besetzten nicht eindeutig zu identifizierende bewaffnete Kämpfer, d.h. keine im Sinne des Kriegsvölkerrechts zu qualifizierende Kombattanten, die wichtigen strategischen Punkte und stürzten die legitime autonome Regierung der

Krim. Sergij Aksenov, Mitglied der vordem auf der Krim peripheren Partei Einiges Russland, übernahm das Kommando und bat noch in der Nacht zum 1. März den russischen Präsidenten Putin ›um Schutz der Russen auf der Krim‹; dies war eine Art Drehbuch, welches Kennern der ehemaligen UdSSR aus zahlreichen Interventionen in nichtsowjetische Territorien bekannt ist. OSZE-Beobachtern wurde der Zugang zur Krim verweigert, und russischerseits wurde jede Beteiligung an der Einnahme der Krim geleugnet; stattdessen wurden die »Selbstverteidigungskräfte der Russen auf der Krim« gelobt, welche einem angeblichen Völkermord seitens der Ukrainer zuvorgekommen seien. Kaum zwei Wochen nach dem ersten Auftauchen ›unbekannter Kämpfer‹ wurde ein von der internationalen Gemeinschaft beanstandetes und in seinem Zustandekommen nicht überprüfbares Referendum abgehalten, dessen Ergebnis schon vorher feststand: Um die Aufnahme der Krim in den Bestand der Russländischen Föderation wurde am 20. März 2014 ersucht, dieses alsbald von der Duma positiv beschieden und der Beitritt umgehend ratifiziert. Der zuvor innenpolitisch angeschlagene Präsident Putin konnte mit der Annexion der Krim im Land selbst jedenfalls erheblich an Boden gutmachen.

Russlands Truppen nahmen spätestens jetzt also die Krim ein, obwohl kein Russe, keine Russin dort an Leib und Leben bedroht worden war. Moskau rief auch nicht den UN-Sicherheitsrat an, sondern nahm die Halbinsel innerhalb kürzester Zeit ein. Nun gibt es durchaus Gründe, die Krim zumindest seit dem ausgehenden 18. Jahrhundert als primär ›russisches‹ Gebiet zu betrachten, allerdings ist zu fragen, ob die Einverleibung der Krim im Jahr 2014 in

Übereinstimmung mit dem Völkerrecht zu sehen ist. Auch wenn es hierbei – wie in anderen, ebenfalls die Ukraine betreffenden Fällen – verschiedene Auffassungen gibt, so scheint Folgendes doch zu gelten: Russland hat mit der Annexion der Krim geltendes Völkerrecht verletzt. Dabei geht es weniger um das im Jahr 2014 so häufig zitierte Budapester Memorandum von 1994, als Russland im Gegenzug für die Rückgabe der noch in sowjetischer Zeit in der Ukraine stationierten Atomwaffen die Anerkennung der deren territorialen ukrainischen Integrität erklärte, oder um das ohnehin ambivalente Recht auf Selbstbestimmung in Abwägung zur territorialen Integrität von Staaten. Von anerkannten Völkerrechtlern wird vielmehr insbesondere moniert, dass Moskau bei seinem Vorgehen auf der Krim gegen den Artikel 2, Nummer 4 verstoßen habe, nämlich gegen das allgemeine Gewaltverbot. Somit, und da die russische Bevölkerung entgegen anderslautender Meldungen eben nicht von den ukrainischen Behörden drangsaliert worden war, sei das Verhalten Moskaus nicht zu akzeptieren. Die EU und die Vereinigten Staaten von Amerika verhängten wegen der russischen Annexion der Krim eine ganze Reihe von Sanktionen (u.a. den Ausschluss aus dem Bund der wirtschaftlichen Großmächte im Rahmen der sog. G8-Treffen), die indes nur ein Grund für die schwierige wirtschaftliche Lage Russlands Ende 2014 sind. Ob sich die Russländische Föderation mit dem Projekt Krim nicht übernimmt, zumal dieses Gebiet ja gegenwärtig exterritorial ist und keine Landverbindung zu Russland hat, wird sich weisen. Finanziell und politisch ist es in jedem Fall ein höchst anspruchsvolles Projekt.

Für Außenstehende, die die völkerrechtswidrige Aneignung der Krim im Frühjahr 2014 in den Medien verfolgt haben, ist es vermutlich nur schwer zu begreifen, warum so heftig um die Krim gerungen wurde, dass Moskau sich zum Paria der internationalen Gemeinschaft gemacht hat. Doch schon ein Rundgang durch die in sowjetischer Zeit für auswärtige Besucher geschlossene Stadt Sevastopol' mag einen ersten Eindruck vermitteln, weswegen die Halbinsel für Russen inner- und außerhalb der Ukraine eine immense psychologische Bedeutung hat. Die Gestaltung des öffentlichen Raums der Hafenstadt zeugt beispielsweise von einer dezidiert russisch-sowjetisch geprägten Gedenkkultur. Mehr als 2000 Denkmäler (manche gehen sogar von etwa 5000 aus) und Museen zur Erinnerung an die Belagerung der Stadt im Krim-Krieg und im Zweiten Weltkrieg sowie an den Bürgerkrieg verdeutlichen die Relevanz der Halbinsel als eines russischen Erinnerungsorts. Dieser wird zuvörderst als integraler Bestandteil eines gedachten Russlands wahrgenommen, das über die international anerkannten, unstrittigen Staatsgrenzen hinausreicht. Im russischen Krim-Diskurs werden die zeitlich bei weitem überwiegenden nichtrussischen Epochen weitgehend ausgeblendet. So gehört es zu den historisch auf wackligen Füßen stehenden, deswegen aber nicht minder liebgewonnenen Sichtweisen, auf der Halbinsel habe es bereits im frühen Mittelalter eine ernstzunehmende slavische Besiedlung gegeben. Und das antike Chersones unweit des heutigen Sevastopol' ist im russischen kollektiven Bewusstsein der Ort der Taufe Vladimirs/Volodymyrs Ende des 10. Jahrhunderts, welche die Christianisierung »der Russen« zur Folge gehabt habe. Im ausgehenden 18. Jahrhundert schließlich habe das Zarenreich durch die Annexion der

Halbinsel nicht nur die südrussischen Gebiete, sondern ganz Europa von der Bedrohung durch die Krimtataren und die Osmanen befreit, welche jahrhundertelang durch ihre räuberischen Einfälle Angst und Schrecken verbreitet hätten. Überdies sei die russische Krimherrschaft ein gelungenes Beispiel für »gute« Kolonialpolitik, was in Anbetracht der in Westeuropa verbreiteten Auffassung eines »halbasiatischen« Zarenreichs nicht ohne Bedeutung war. Darüber hinaus und nicht zuletzt besitzt die Krim auch eine große kulturelle Bedeutung: In Gestalt des bereits im Altertum bekannten Taurien ›gewann‹ Russland seinen Anteil an der Antike. Dichter wie Puškin, Tolstoj oder Čechov verbrachten einige Zeit dort und setzten das Krim-Thema auch literarisch um. Ohnehin war und ist die landschaftlich so reizvolle Halbinsel auch der Ort der kollektiven Sommerfrische ›normaler‹ Menschen ebenso wie der Romanovs und der sowjetischen Nomenklatura. Im Übrigen sind diese mit der Krim verbundenen Denkgewohnheiten nicht allein spezifisch russisch, sondern spielen im gegenwärtigen ukrainisch-nationalen Diskurs selbst eine Rolle. Auch ukrainische Sowjetbürger hatten beispielsweise im legendären »Artek«-Pionierlager an der Südküste ihre Ferien verbracht. Man kann infolgedessen getrost von einem russisch-ukrainischen Krim-Mythos sprechen, der sich vielfach aus gleichen Elementen speist und damit die gemeinsame Vergangenheit und Gegenwart beider Völker abermals dokumentiert. Gerade deswegen wird um dieses Terrain so zäh gerungen.[26]

---

26 Kerstin S. Jobst, *Die Perle des Imperiums. Der russische Krim-Diskurs im Zarenreich*, Konstanz 2007.

Gänzlich verschieden geartet ist die Diskussion über ethnische Sonderidentitäten wie die Russinen, eine ostslavische Bevölkerungsgruppe, die außer in der Karpato-Ukraine noch in der im Nordosten der Slovakei gelegenen Region Prešov, im Lemken-Gebiet im südöstlichen Polen, in der Vojvodina, in dem zu Rumänien gehörenden Maramureş-Gebiet, in einigen slavisch bewohnten Gebieten im Nordosten Ungarns sowie in der inzwischen weltweiten Diaspora siedeln. Damit leben Russinen nicht nur innerhalb der Ukraine, wo sie anders als in anderen Staaten (mit Ausnahme Rumäniens) nicht als eigenständige Nationalität anerkannt werden, sondern weiterhin als ethnische Gruppe innerhalb der ukrainischen Nationalität gelten. Denn Präsident Juščenko hatte sein vor Vertretern der nordamerikanischen russinischen Gemeinde gegebenes Versprechen, dies zu ändern, nicht eingelöst. Im August 2008 wurde die Ukraine deshalb offiziell von einem Ausschuss der Vereinten Nationen gerügt. Verkompliziert wird die Sache dadurch, dass sich beileibe nicht alle Russinen als solche definieren, manche sich vielmehr als Teil des ukrainischen Staatsvolks betrachten. Befürworter einer vom Ukrainertum unabhängigen Entität gehen davon aus, dass es zwischen 800 000 und einer Million Russinen gibt; 600 000 bis 800 000 sollen allein in der Ukraine leben, die übrigen in der Slovakei (100 000), Polen (60 000), dem Gebiet des ehemaligen Jugoslavien (30 000) sowie in Rumänien (20 000) und Ungarn (3000). Zu ihren Untergruppen werden die Lemken, Bojken, Huzulen, Doljanen und die Verchovyncy gerechnet.

Die Etymologie der Begriffe *Rusyny*/Russinen ist indes nicht endgültig geklärt und soll hier nicht ausführlicher erörtert werden. Ursprünglich das Ethnonym der slavischen Bewohner der Rus', wurde diese Bezeichnung seit dem hohen Mittelalter nicht nur in der Karpatenregion üblich. Dort setzte sich der Name bis zum Beginn des 20. Jahrhunderts bei Teilen der ostslavischen Bewohner der zu Ungarn gehörenden Region durch, welche die offizielle Titulierung als »Oberungarn« ablehnten. Als »Ruthenen« wurden hingegen die ostslavischen Bewohner Polen-Litauens bzw. später der habsburgischen Kronländer Galizien und Bukowina bezeichnet, ehe sich allmählich der Begriff »Ukrainer« (bzw. »Weißrussen«) als Eigenbezeichnung etablierte. Seit der Zwischenkriegszeit titulierte man vor allen Dingen die Slaven im weiteren Karpatengebiet respektive Emigranten aus diesen Regionen als Russinen. Diese weisen über die Staatsgrenzen hinweg einige Gemeinsamkeiten auf: Sie bedienen sich ostslavischer Idiome in unterschiedlichen dialektalen Varianten und verwenden die kyrillische Schrift. Sie haben im Unterschied zu den sie umgebenden anderen ethnischen Gruppen wie Polen, Slowaken, Ungarn oder Rumänen eine distinktive Volkskultur und gehören zumeist der orthodoxen oder Griechisch-Katholischen Kirche an. Dabei ist die Binnenwahrnehmung der einzelnen russinischen Gruppen durchaus verschieden, was mit der inneren Verfasstheit sowie den gesellschaftlichen und staatlichen Rahmenbedingungen zu tun hat, denen die Gruppen unterworfen sind oder in der Vergangenheit waren. Die von der russinischen Bewegung als »eigen« beanspruchten Huzulen (vorwiegend in den ukrainischen Karpaten siedelnd) oder Lemken (Siedlungsgebiet u. a. in Polens Südosten bzw. in der ukrainischen Region um Ternopil') nutzen das russinische kollektive Identitätsangebot nur partiell für sich und gelten so manchem russinischen Aktivisten als noch unerweckter Teil der eigenen Gruppe. Für sie sind vor allem die Huzulen schlicht Abtrünnige. In der Zwischenkriegszeit, als ein Großteil dieser Gruppen unter polnische Herrschaft geriet, waren diese Regionen einerseits einem starken Polonisierungsdruck ausgesetzt. Andererseits versuchte sich Warschau an einer Politik des *Divide et impera*, indem man eine huzulische oder bojkische Sonderidentität unterstützte, um so die ukrainische Nationalbewegung zu schwächen. Heerscharen polnischer Wissenschaftler versuchten den Beweis zu führen, dass die Huzulen genauso wie die Bojken oder Lemken von den Ukrainern völlig verschiedene Ethnien seien. Um die religiöse Spaltung der Ostslaven voranzutreiben, förderte die polnische Seite die orthodoxe Kirche gegenüber der griechisch-katholischen.

Nach dem Zweiten Weltkrieg wurden die im heutigen südöstlichen Polen siedelnden Ostslaven wieder mit weniger Sympathie behandelt. Lemken und Bojken avancierten genauso wie die in Polen siedelnden Ukrainer und Russen zu Opfern des großangelegten Bevölkerungstransfers zwischen November 1944 und November 1946: Allein 100 000 Lemken (d. h. rund 60 bis 80 Prozent der Bevölkerung) mussten ihre Heimat unter Zwang verlassen, wogegen sich UPA-Kämpfer gewaltsam wehrten. Trotzdem siedelte man sie in den Gebieten von Lemberg, Ternopil' und dem Gebiet von Stanislau (dem heutigen Ivano-Frankivs'k) wieder an und ließ weitere ethnische Säuberungen folgen: Durch die sog. Volhynische Aktion im Sommer 1947 sollten 40 000 Tschechen aus Volhynien im Austausch für 40 000 Ukrainer, Russen und Weißrussen aus der ČSR umgesiedelt werden. Da diese Zahl nicht erreicht wurde, warben die Behörden unter den ärmeren russinischen Gruppen. Einige tausend Russinen machten sich daraufhin tatsächlich auf den Weg in die Sowjetunion, welche von der Propaganda als ein gelobtes Land gepriesen worden war; entsprechend groß geriet die anschließende Enttäuschung der russinischen Umsiedler. Der bekannteste Bevölkerungstransfer der Zeit in der Region dürfte die »Akcija Wisła« (»Aktion Weichsel«, siehe auch Kapitel 14) gewesen sein, von der insgesamt etwa 150 000 polnische Staatsbürger, davon 50–60 000 Lemken, betroffen waren. Sie wurden in Spezialwaggons in die westlichen und nördlichen Territorien des neuen Polen deportiert, nämlich in die von den Deutschen zwangsläufig geräumten Landstriche. Das Ansiedlungsgebiet war in der Regel mindestens fünfzig Kilometer von den Staatsgrenzen und zwanzig Kilometer von größeren Städten entfernt. Ziel war es, die Neuankömmlinge zu isolieren und die interethnische Gruppenkommunikation zu behindern. Nach 1956 erhielten die Deportierten zwar offiziell die Erlaubnis zur Rücksiedlung, doch die Umsetzung war durch eine Vielzahl administrativer Hindernisse erschwert. Nicht einmal nach 1989 konnte sich der polnische Sejm zu einer offiziellen Entschuldigung wegen des an seinen ostslavischen Staatsbürgern begangenen Unrechts durchringen, obwohl die Parlamentarier lebhaft darüber debattierten. Die Frage der Kompensation blieb folglich ebenfalls ungeklärt.

Gegenwärtig müssen vor allen Dingen die Huzulen in der Ukraine als Teil einer westukrainischen Bewegung gesehen werden, wo ukrainisch-nationale Strömungen bekanntlich stark ausgebildet sind. Ukrainische Identitätsangebote werden vehement nachgefragt, was sich u.a. in den zahlreichen Denkmälern für Ševčenko zeigt, die seit der Unabhängigkeit im huzulischen Siedlungsgebiet entstanden sind. Wie lange diese vor allem aus einem Antisowjetismus bzw. Antizentralismus gespeiste Einheit zwischen dem Transkarpatengebiet und Lemberg noch von Dauer sein wird, scheint fraglich, denn von einem gewissen sprachlichen Separatismus ist mittlerweile auszugehen. Eine wachsende Zahl von huzulischstämmigen Intellektuellen bezeichnet sich inzwischen als *rusyny*, und bekennende Russinen hatten bereits 1991 für eine Autonomie innerhalb der Ukraine votiert. Anders als im Fall der Halbinsel Krim ignorierte Kiev diese Abstimmung allerdings so wie eine ähnliche Forderung des »Europäischen Kongresses der Russinen Niederkarpatiens« im Herbst 2008.

Aber gibt es nun also eine von den Ukrainern verschiedene russinische Nationalität? Unbestritten ist zumindest unter Linguisten, dass das im Karpatenraum gesprochene Idiom sich vom standardisierten Ukrainisch z. B. durch eine hohe Anzahl von Lehnwörtern aus dem Polnischen, Slowakischen, Ungarischen und auch Rumänischen unterscheidet. Inwieweit diese dialektalen Besonderheiten ausreichen, um von einer eigenen russinischen Sprache sprechen zu können, darüber herrscht Uneinigkeit, denn für einige Fachleute bildet das Russinische eine nur geringfügig vom Hochukrainischen abweichende Variante. Wie dem auch sei, das Russinische genießt genauso wie das Russinentum zum großen Bedauern ihrer Aktivisten ein äußerst geringes Sozialprestige. Außerhalb der slavischen Welt ist diese Gruppe, was fast noch schlimmer ist, jenseits einiger eingeweihter Zirkel von Osteuropa-Kennern kaum bekannt.

Zur Popularisierung der russinischen Sache hat im Westen vor allen Dingen der an der Universität von Toronto lehrende Historiker Paul Robert Magocsi beigetragen. Wie immer man auch zu den Aktivitäten in Sachen russinisches *nation building* stehen mag: Es ist nicht zuletzt diesem ungeheuer produktiven Mann zu verdanken, dass der Blick auf die Existenz unterschiedlich ausgeprägter ostslavischer Sonderidentitäten wie der russinischen gelenkt wurde; ein Blick, welcher selbst den zu ukrainischen Fragen arbeitenden Historikerinnen und Historikern oftmals verstellt war, weil die ukrainisch-nationale Narration dominierte. Ein Projekt Magocsis war die Veröffentlichung der aufwendig gestalteten *Encyclopedia of Rusyn History and Culture*, um darin, so die Herausgeber, »den Verlust der historischen Erinnerung und des Wissens« der Russinen auszugleichen. Zu diesem Zweck wurden Personen, Organisationen, Parteien u. a. aufgenommen, die noch im weitesten Sinn etwas zur russinischen Kultur beigetragen haben, und sei es auch dadurch, dass sie dieses Identifikationsmodell entschieden bekämpf(t)en. Auf diese Weise gelangte übrigens auch der US-amerikanische Pop-Art-Künstler Andy Warhol (1928–1987) in diese Sammlung. Seine Eltern waren vor dem Ersten Weltkrieg aus dem seinerzeit zur transleithanischen Reichshälfte gehörenden Dorf Miková in die USA emigriert. Von Warhol selbst ist bekannt, dass er sich nicht als Russine fühlte, was von Magocsi auch nicht verschwiegen wird. Doch die Popularität des Künstlers wurde nach dessen Tod 1987 von russinischen nationalen Aktivisten genutzt, um auf die Existenz der russinischen Nationalität überhaupt aufmerksam zu machen.

Nicht alle Autoren des russinischen Lexikons argumentieren jedoch derart differenziert wie Magocsi. In den biographischen Einträgen fehlt nur selten der Hinweis auf die Sympathie oder Antipathie des Beschriebenen für die russinische Sache. Die unbestrittene Tatsache, dass sich differente Gruppen im andauernden Kontakt miteinander annähern und verändern, assimilieren und akkulturieren, wird in manchen Beiträgen nicht als ›natürlicher‹ Prozess gesehen, sondern als quasi kolonisatorischer Akt zum Nachteil der Russinen. Damit erscheint die russinische Bewegung mit ihren harschen Urteilen zuweilen als Wiederholung der ukrainischen Nationalbewegung en miniature. Gleichermaßen ungewiss ist gegenwärtig, wie die russinische Frage ausgehen wird, ob sich tatsächlich eine vierte ostslavische Nationalität bildet und welchen Status diese dann in der unabhängigen Ukraine erlangen könnte. Dass die selbst um nationale Integrität ringende ukrainische Titularnation das russinische Projekt zu diesem Zeitpunkt noch ablehnt und gar als trojanisches Pferd Russlands bezeichnet, lässt immerhin eine gewisse Dynamik erwarten. Gerade in Anbetracht der in diesem Buch hinlänglich, aber noch nicht abschließend beschriebenen Ukraine-Krise, welche die Weltpolitik des Jahres 2014 entscheidend geprägt hat, ist dieses russinische Projekt vermutlich noch nicht abgeschlossen.

Weitere Überblicksdarstellungen

Andruchowytsch, Juri (Hrsg.): Euromaidan. Was in der Ukraine auf dem Spiel steht. Berlin 2014.

Aust, Martin: Polen und Russland im Streit um die Ukraine. Konkurrierende Erinnerungen an die Kriege des 17. Jahrhunderts in den Jahren 1934 bis 2006. Wiesbaden 2009.

Besters-Dilger, Juliane (Hrsg.): Die Ukraine auf dem Weg nach Europa. Die Ära Juschtschenko. Frankfurt a.M. [u.a.] 2011.

Boeckh, Katrin / Völkl, Ekkehard: Ukraine. Von der Roten zur Orangen Revolution. Regensburg 2007.

Brandon, Ray / Wendy Lower (Hrsg.): The Shoah in Ukraine. History, testimony, memorialization. Bloomington (Ind.) 2010.

Dathe, Claudia (Hrsg.): MAJDAN! Ukraine, Europa. Berlin 2014.

Dornik, Wolfram [u.a.]: Die Ukraine. Zwischen Selbstbestimmung und Fremdherrschaft 1917–1922. Graz 2011.

Doroschenko, Dmytro: Die Ukraine und Deutschland. Neun Jahrhunderte deutsch-ukrainischer Beziehungen. München 1994.

Fr.-Chirovsky, Nicholas L.: An introduction to Ukrainian history. 3 Bde. New York 1981–86.

Geissbühler, Simon (Hrsg.): Kiew – Revolution 3.0: Der Euromaidan 2013/14 und die Zukunftsperspektiven der Ukraine. Stuttgart 2014.

Golczewski, Frank: Deutsche und Ukrainer. 1914–1939. Paderborn [u.a.] 2010.

– (Hrsg.): Geschichte der Ukraine. Göttingen 1993.

Graziosi, Andrea (Hrsg.): After the Holodomor. The enduring impact of the Great Famine on Ukraine. Cambridge (Mass.) 2013.

Hausmann, Guido / Kappeler, Andreas (Hrsg.): Ukraine. Gegenwart und Geschichte eines neuen Staates. Baden-Baden 1993.

Höhne, Steffen (Hrsg.): Wo liegt die Ukraine? Standortbestimmung einer europäischen Kultur. Köln [u.a.] 2009.

Hruschewskyj, Michael: Das übliche Schema der ›russischen‹ Geschichte und die Frage einer rationellen Gliederung der Geschich-

te des Ostslaventums. In: Michael Hruschewskyj: Sein Leben und Wirken. Berlin 1935. S. 38–48.
- History of Ukraine-Rus'. Bd. 1ff. Edmonton/Toronto 1997ff.

Jobst, Kerstin S.: Die Perle des Imperiums. Der russische Krim-Diskurs im Zarenreich. Konstanz 2007.

Jordan, Peter [u.a.] (Hrsg.): Ukraine. Geographie – Ethnische Struktur – Geschichte – Sprache und Literatur – Kultur – Politik – Bildung – Wirtschaft – Recht. Wien 2000.

Kann, Robert A.: Werden und Zerfall des Habsburgerreichs. Graz [u.a.] 1962.

Kappeler, Andreas: Culture nation, and identity. The Ukrainian-Russian encounter 1600–1945. Edmonton [u.a.] 2003.
- Der schwierige Weg zur Nation. Beiträge zur neueren Geschichte der Ukraine. Wien 2003.
- (Hrsg.): Die Ukraine. Prozesse der Nationsbildung. Köln [u.a.] 2011.
- Kleine Geschichte der Ukraine. München ⁴2014.
- Russland und die Ukraine. Verflochtene Biographien und Geschichten. Wien [u.a.] 2012.

King, Charles: Odessa. Genius and death in a city of dreams. New York [u.a.] 2011.

Krupnyckyj, Borys D.: Geschichte der Ukraine von den Anfängen bis zum Jahre 1920. Leipzig 1939. [Wiesbaden ³1963.]

Kuchabsky, Vasyl: Western Ukraine in conflict with Poland and Bolshevism. 1918–1923. Edmonton [u.a.] 2009.

Kurkow, Andrej: Ukrainisches Tagebuch. Aufzeichnungen aus dem Herzen des Protests. Übers. von Steffen Beilich. Innsbruck [u.a.] 2014.

Lüdemann, Ernst: Ukraine. München ³2006.

Magocsi, Paul R.: A history of Ukraine. The land and its peoples. Toronto [u.a] ²2010.
- Galicia. A historical survey and bibliographic guide. Toronto 1983.
- Ukraine. An illustrated history. Toronto/Buffalo/London 2007.
- / Pop, Ivan (Hrsg.): Encyclopedia of Rusyn history and culture. Toronto/Buffalo/London 2002.

Mirtschuk, Ivan: Geschichte der ukrainischen Kultur. München 1994.

Petrovsky-Shtern, Yohanan (Hrsg.): Jews and Ukrainians. Oxford [u.a.] 2014.

Plokhy, Serhii: Ukraine and Russia: Representations of the past. Toronto 2008.

Polons'ka-Vasylenko, Natalija D.: Geschichte der Ukraine. Von den Anfängen bis 1923. Übers. von Roman Szuper. München 1988.

Potichnyj, Peter (Hrsg.): Poland and Ukraine. Past and present. Edmonton/Toronto 1980.

Risch, William Jay: The Ukrainian west. Culture and the fate of empire in Soviet Lviv. Cambridge (Mass.) [u.a.] 2011.

Rubchak, Marian J. (Hrsg.): Mapping difference. The many faces of women in contemporary Ukraine. New York 2011.

Rudnytsky, Ivan L. (Hrsg.): Rethinking Ukrainian history. Edmonton 1981.

Sapper, Manfred [u.a.] (Hrsg.): Gefährliche Unschärfe. Russland, die Ukraine und der Krieg im Donbass. Berlin 2014.

– (Hrsg.): Im Namen des Volkes. Revolution und Reaktion. Berlin 2014.

– (Hrsg.): Schichtwechsel. Politische Metamorphosen in der Ukraine. Berlin 2010.

– (Hrsg.): Zerreißprobe. Ukraine: Konflikt, Krise, Krieg. Berlin 2014.

Sasse, Gwendolyn: The Crimea question. Identity, transition, and conflict. Cambridge (Mass.) 2007.

Scharr, Kurt: Die Landschaft Bukowina. Das Werden einer Region an der Peripherie 1774–1918. Wien [u.a.] 2010.

Schnell, Felix: Räume des Schreckens. Gewalträume und Gruppenmilitanz in der Ukraine, 1905–1933. Hamburg 2012.

Schuller, Konrad: Ukraine. Chronik einer Revolution. Berlin 2014.

Simon, Gerhard: Die neue Ukraine. Gesellschaft, Wirtschaft, Politik. Köln [u.a.] 2002.

Snyder, Timothy: Bloodlands. Europa zwischen Hitler und Stalin. Übers. von Martin Richter. München 2011.

Spahn, Susanne: Staatliche Unabhängigkeit – das Ende der ostslawischen Gemeinschaft? Die Außenpolitik Russlands gegenüber der Ukraine und Belarus seit 1991. Hamburg 2011.

Strutynski, Peter (Hrsg.): Ein Spiel mit dem Feuer. Die Ukraine, Russland und der Westen. Köln 2014.

Subtelny, Orest: Ukraine. A history. Toronto [4]2009.

Turczynski, Emanuel: Geschichte der Bukowina in der Neuzeit. Zur Sozial- und Kulturgeschichte einer mitteleuropäisch geprägten Landschaft. Wiesbaden 1993.

Ukraine. A concise encyclopedia. 5 Bde. Toronto 1983–94.

Velychenko, Stephen: National history as cultural process. A survey of the interpretation of Ukraine's past in Polish, Russian and Ukrainian historical writings from earliest times to 1914. Edmonton 1991.

– State building in revolutionary Ukraine. A comparative study of governments and bureaucrats, 1917 – 1922. Toronto [u.a.] 2011.

Wehrschütz, Christian: Brennpunkt Ukraine. Gespräche über ein gespaltenes Land. Wien [u.a.] 2014.

Wilson, Andrew: The Ukrainians. Unexpected nation. Yale [u.a.] [3]2009.

Wolff, Larry: The idea of Galicia. History and fantasy in Habsburg political culture. Stanford (Calif.) 2010.

Wynar, Bohdan S.: Independent Ukraine. A bibliographic guide to English-language publications 1989–1999. Englewood Cliffs 2000.

Zhurzhenko, Tatiana: Borderlands into bordered lands. Geopolitics of identity in post-soviet Ukraine. Stuttgart 2010.

– (Hrsg.): Maidan. Die unerwartete Revolution. Frankfurt a.M. 2014.

Zimmer, Kerstin: Machteliten im ukrainischen Donbass. Bedingungen und Konsequenzen der Transformation einer alten Industrieregion. Berlin 2006.